心の専門家養成講座⑦

窪田由紀・平石賢二 編
Yuki Kubota & Kenji Hiraishi

●シリーズ監修
森田美弥子
松本真理子
金井篤子

学校心理臨床実践

Professional Psychologist Training Series 7
Practice of Clinical Psychology
in the School

ナカニシヤ出版

まえがき

　本書『学校心理臨床実践』は，森田美弥子・松本真理子・金井篤子監修『心の専門家養成講座（全12巻）』の第7巻にあたり，学校心理臨床の場で活躍する「心の専門家」を目指す学生のための入門書です。

　多様化・複雑化する児童生徒の問題に，最早教員のみで対応するのは難しいとして，公立学校へのスクールカウンセラー（以下SC）の派遣が開始されたのは1995年であり，既に20年以上が経過しました。当初，全額国庫補助で全国154校の配置からスタートしたSC活用調査研究委託事業は，その後事業名を変え，また国庫補助の割合を1/2，1/3としながらも2016年度には全国23,000校以上の小中高特別支援学校への配置へと拡大してきています。事業開始時，「黒船の到来」とまで揶揄されたSCでしたが，今や，学校における標準装備の一つとなり，期待される役割も時代の流れに応じて，いじめ・不登校から，暴力行為，児童虐待，子どもの貧困，自殺などへの対応と広がり続けています。しかしながら，他の心理臨床の領域と同様に，SCの大半は1年更新の非常勤という雇用形態におかれてきたため，経験知が蓄積され難く，体系的に伝達する体制が取り難い現実がありました。

　そのような中，心理臨床に携わる者の長年の悲願であった資格法制化が実現し，公認心理師という新しい枠組みの専門家が誕生することになりました。また，2015年12月には，中央教育審議会から「チームとしての学校の在り方と今後の改善方策について」という答申がなされ，それを受けて，2017年3月にSC，スクールソーシャルワーカーといった心理や福祉の専門家の法的な位置づけや教職員数としての定数化についての検討を開始することが提起されました。これを受けて，2017年4月には学校教育法施行規則の一部を改正する省令において，SCは学校における心理支援を行う職として初めて法的に位置づけられました。このように，現在は学校心理臨床の在り方が1995年の導入時以上にドラスティックな転換を遂げようとしている時期であり，養成の現場においても歴史的な経緯を踏まえた新たな視点での教育が求められています。そのような趣旨から，本書を企画しました。

　第Ⅰ部では，学校心理臨床の基礎として理論とモデル，そして今後より重要となる法律や倫理との関係を取り扱っています。第Ⅱ部では，SC活用調査研究委託事業開始時からチーム学校に至る日本における学校心理臨床の発展過程や都道府県単位での実施体制にふれ，第Ⅲ部では，学校への参入や校内連携，相談室運営など学校心理臨床の具体的な職務内容について述べています。第Ⅳ部では学校臨床におけるさまざまな問題へのアプローチ，第Ⅴ部では予防啓発的な活動の実際を示しています。

　SCとしての臨床経験豊富な新進気鋭の実践家 - 研究者の皆さんに執筆をお願いしました。今日の学校現場に即した実践的な内容になったと自負しています。20年余りの実践の蓄積に学びながら，新しい時代の学校心理臨床の担い手への期待にも応えられる1冊になることを期待しています。最後になりましたが，ナカニシヤ出版の宍倉由高編集長と山本あかね氏のお力がなければ本書が世に出ることはできませんでした。この場を借りて改めてお礼申し上げます。

2018年2月　編者を代表して
窪田由紀

本書で用いる用語について

　本書の執筆にあたっては，心理学を基盤とした「心の専門家」のためのものであることから，心理臨床学研究論文執筆ガイド（日本心理臨床学会学会誌編集委員会編，2012）を参考にしながら，原則として以下のように用語を統一することを心掛けた。

　〇医学用語である「診断」「治療（者）」「患者」「症例」などは可能な限り避け，「アセスメント／心理査定／見立て」「面接／援助／支援」「セラピスト／面接者」「クライエント／来談者」「事例」などとした。
　〇心の専門家の仕事を包括的には「心理臨床（実践）」とし，技法として「心理療法」，個別の事例場面では「（心理）面接」という言葉を用いた。
　〇「養育者」「保護者」「親」については，対象が成人である場合と子どもの場合，さらには学校，福祉，医療といった領域によって異なると考えられたため，それぞれの章の中で統一を図ることとした。
　〇なお，文献の引用部分や，面接における発言については，この限りではない。文脈によって異なる場合があることをご了解いただきたい。

目　次

まえがき　i
本書で用いる用語について　　ii

第Ⅰ部　学校心理臨床の基礎

1　学校心理臨床とは何か・・・・・・・・・・・・・・・・・・・・・・・・・・・・・3
　　　学校心理臨床の成り立ち――学校教育相談から学校心理臨床へ　3
　　　学校心理臨床の対象――支援対象と支援の次元　5
　　　学校心理臨床の担い手　8
　　　むすびに代えて　10

2　学校心理臨床の背景理論とモデル・・・・・・・・・・・・・・・・・・・・・13
　　　学校心理臨床におけるさまざまなモデル　13
　　　学校心理臨床モデルにおける独自性と留意点　18
　　　学校心理臨床を支える心理学の領域と諸理論　22

3　学校心理臨床を支える法と倫理・・・・・・・・・・・・・・・・・・・・・・27
　　　学校心理臨床を支える法律・制度・事業　27
　　　学校心理臨床における倫理　31
　　　むすびに代えて――学校心理臨床における法と倫理　35

第Ⅱ部　日本における学校心理臨床の発展

1　日本の学校と子どもの実態・・・・・・・・・・・・・・・・・・・・・・・・・39
　　　日本の学校の実態　39
　　　日本の子どもの実態　40
　　　おわりに　46

2　日本における学校心理臨床の発展過程・・・・・・・・・・・・・・・・・49
　　　スクールカウンセラー事業のこれまで　49
　　　チーム学校に向けて　54

3　日本における学校心理臨床の実施体制・・・・・・・・・・・・・・・・・57
　　　日本における学校心理臨床の実施体制の変遷　57

　　　　SCの選考　57
　　　　心理臨床職能団体による学校心理臨床の実施体制とコーディネーター　57

4 日本における学校心理臨床のさまざまな展開
　　――常勤型スクールカウンセラーに向けた新たな期待・・・・・・・・・・65
　　　　常勤型SCに対する期待　65
　　　　常勤型SCの実際　66
　　　　常勤型SCに求められる力量　68
　　　おわりに　70

第Ⅲ部　学校心理臨床の職務内容

1 学校組織への参入と校内連携・・・・・・・・・・・・・・・・・・・・75
　　　　学校で心理臨床を実践するということ　75
　　　　学校へ入るための準備活動（準備期）　75
　　　　学校の特徴に応じた活動形成と校内連携（形成期）　77
　　　　学校に合った活動の展開（展開期）　79

2 学校における相談室運営・・・・・・・・・・・・・・・・・・・・・・81
　　　　スクールカウンセラーによる相談室運営　81
　　　　学校内での相談室運営の特性　81
　　　　学校のルールと相談室運営　81
　　　　学校内での具体的な相談室運営　82
　　　　学校体制に根付く相談室運営を目指して　86

3 対象者別の支援・・・・・・・・・・・・・・・・・・・・・・・・・・87
　　　　児童生徒への支援　88
　　　　教職員への支援　90
　　　　保護者への支援　92
　　　　地域への支援　93

4 関係機関との連携・・・・・・・・・・・・・・・・・・・・・・・・・95
　　　　学校と関係機関の連携とは　95
　　　　連携の基盤となるもの　95
　　　　関係機関への橋渡し　96
　　　　関係機関との行動連携　98
　　　　関係機関との連携事例　98

5 校種別の展開・・・・・・・・・・・・・・・・・・・・・・・・・・・101
　　　　公立小学校　101

公立中学校　103
　　　公立高等学校　106
　　　まとめ　106

第Ⅳ部　学校心理臨床の実践的展開①　さまざまな問題へのアプローチ

1　不登校への支援 ・・111
　　　不登校の現状　111
　　　不登校の背景にある課題　112
　　　不登校への支援　113

2　いじめ問題への支援 ・・・・・・・・・・・・・・・・・・・・・・・・・・・・・・・・・・117
　　　いじめのメカニズム　117
　　　いじめへの対応　120

3　非行・問題行動への支援 ・・・・・・・・・・・・・・・・・・・・・・・・・・・・・125
　　　SC の生徒指導領域での活動が限定的な理由　125
　　　非行・問題行動の児童生徒・保護者と SC がつながる時　127
　　　さいごに　131

4　発達障害への支援 ・・・・・・・・・・・・・・・・・・・・・・・・・・・・・・・・・・・133
　　　発達障害の特性　133
　　　数値で見る学齢期の発達障害　134
　　　発達障害へのアプローチ　134
　　　むすびに代えて――教師や保護者の葛藤について　139

5　児童虐待への支援 ・・・・・・・・・・・・・・・・・・・・・・・・・・・・・・・・・・・141
　　　架空事例Ⅰ：子どもから虐待の被害を打ち明けられた時　141
　　　架空事例Ⅱ：子ども虐待に対する介入的なアプローチ　144

6　学校心理臨床で出会うさまざまな問題 ・・・・・・・・・・・・・・・・147
　　　学校場面で出会う頻度の高い問題　147
　　　学校という構造の中でのケースに対する立ち位置　151

7　学校危機への緊急支援 ・・・・・・・・・・・・・・・・・・・・・・・・・・・・・・153
　　　学校危機とは　153
　　　学校危機によって起こる個人・集団の反応　154
　　　緊急支援とは　155
　　　緊急支援の実際例　156
　　　緊急支援における SC の役割　157

緊急支援の際の留意点　158
　　　学校危機が起きる前に準備すべきこと　158
　　　緊急支援の課題　159

第Ⅴ部　学校心理臨床の実践的展開②　予防啓発的な活動

1　学校心理臨床における予防啓発的活動・・・・・・・・・・・・・・・・・163
　　　予防啓発活動とは何か　163
　　　3段階の心理的援助サービス　163
　　　生徒指導の中での予防啓発的活動　164
　　　学業へのつまずきから心理面での問題を予防する　166
　　　さまざまな問題に対処するスキルを身につける　167
　　　助けられ上手になる　167
　　　スクールカウンセリング活動の中で　168
　　　おわりに　168

2　学校心理臨床における心理教育の実際1・・・・・・・・・・・・・・・・171
　　　学校教育における心理教育　171
　　　心理教育の実際　171
　　　心理教育におけるスクールカウンセラーの役割　175
　　　まとめ　177

3　学校心理臨床における心理教育の実際2・・・・・・・・・・・・・・・・179
　　　特定問題の予防教育とは　179
　　　喫煙・飲酒・薬物乱用防止教育　179
　　　自殺予防教育　181
　　　心の減災教育　182
　　　その他の特定問題の予防教育　183
　　　特定問題の予防教育を実践するうえでの留意点　183

　索　引　187

I　学校心理臨床の基礎

　学校心理臨床とはどのような活動なのであろうか？　また，学校心理臨床の領域で，心理臨床家はどのような役割を果たすべきなのだろうか？
　ここでは，学校心理臨床の基礎として，まず，その成り立ちと発展，背景となる理論とモデルについて提示するとともに，心の専門家として社会のニーズに応じて適切に役割を果たしていくために求められる法律や倫理について取り扱う。

1 学校心理臨床とは何か

　学校心理臨床とは，学校に通う児童生徒の学校適応を援助するのみならず，すべての児童生徒の成長・発達を支援するための臨床心理学を基礎とした理解と実践である。その起源は，戦後間もない時期からの学校教育相談に遡る。本章では，学校心理臨床の成り立ち，対象領域，担い手などを概説することで，第2章以降の導入とする。

◉学校心理臨床の成り立ち──学校教育相談から学校心理臨床へ

(1) 学校教育相談の歴史

　わが国の学校教育相談の歴史について，日本学校教育相談学会が公開している学校教育相談に関する研修テキストの中で，今井 (2015) は，3期に分けて論じている。

　1) 第1期〜戦後から1970年代に至る時期　　この時期の教育相談に関わる出来事として，① 1947年の児童福祉法の制定に伴って全国に児童相談所が設置され，1950年代には公立の教育相談機関が設置され，問題を抱えた児童生徒への心理治療が行われるようになったこと，②カウンセリングに関心をもつ教師が専門機関と関わりをもち，50年代半ばには，学校に教育相談室が設置される例も出てきたこと，③ 1964年に改訂された学習指導要領には「教育相談」の文言が現れ，「教育相談（進路指導を含む）などを，計画的に実施することが望ましい」と記されたこと，④同時期に発行された『教育相談の手引き』（東京都教育委員会，1964，1965，1966）では「教育相談は，相談室という場で行われる特別な活動というよりも『いつでも，どこでも，だれでも』行う教育活動の一つで，すべての教師にかかわりのあること」とされたことなどを挙げている。この時期，問題を抱えた児童生徒への専門機関による心理治療として始まった教育相談の位置づけが，すべての児童生徒を対象としたものへと徐々に変化してきたことが窺える。品川 (1966) は，全5巻からなる『学校教育相談の実践』において学校における教育相談のありかたや一般の教師のありかたを論じている。

　2) 第2期〜1970年代半ばからの時期　　この時期の動きとしては，①顕在化してきた不登校，いじめ，暴力といった学校不適応への取り組み，特に不登校への対応を通して学校教育相談の重要性が認識されるようになり，教育相談的な子ども理解の必要性が普及したこと，② 1980年代に入るとカウンセリング・マインドという造語が流行し，児童生徒をありのままに受けとめ共感的に理解する態度として，学校教育相談の一般化につながったこと，③文部省が学校教育相談に関する講座の開設や資料の公刊などで学校における教育相談を推奨したこと，

④その中で「すべての児童生徒を対象とした，予防的な側面，開発的な側面への役割の重要性」を指摘したこと，⑤1990年度以降，小・中・高等学校の免許取得科目に「生徒指導及び教育相談に関する科目」2単位が必修化されたこと，⑥自治体の公立相談機関や教育委員会による研修体制が整っていったことなどを挙げている。このような流れの中で，⑦教育相談に高い関心をもち，実践を重ねた教師が増えてきて，そのような教師を対象とした更なる研鑽と研究の場として1990年に日本学校教育相談学会が誕生している。

3）第3期～1990年代半ばから現在

この時期は，グローバル化の進行やバブル経済の崩壊などの社会構造の大きな変化に伴って人々の価値観が多様化し，核家族化・地域の人間関係の希薄化が進む中，①複雑化・重篤化する子どもたちが呈する問題に対して，その解決を学校に期待する社会の傾向が強まってきた時期である。このような中で，1980年代ごろから文部省（当時）は不登校，いじめ，集団不適応などの問題行動の対応に，外部の専門家を導入することについての検討を重ね（鵜養，2004），②1995年からスクールカウンセラー活用調査研究委託事業が開始された。スクールカウンセラー（以下SC）の資格が臨床心理士，精神科医，児童生徒の臨床心理に関して高度に専門的な知識および経験をもつ大学教員とされたことについて，「学校教育相談は『教師が児童生徒最優先の姿勢に徹し，児童生徒の健全な成長・発達を目指し，的確に指導・支援すること』」（日本学校教育相談学会）であり，「学校教育相談のカウンセラーは教師で，学校の理解者であり経験者である」（松原，1978）として，研鑽を積んできた学校教育相談関係者からは，学校現場がわかっている人がふさわしいなどの意見が寄せられていた（今井，2015）。

（2）学校心理臨床の成り立ちと発展

公立の教育相談機関においては，心理臨床の専門性をもつ相談員が早くから問題を抱えた児童生徒への治療的アプローチを担い，カウンセリングに関心をもつ教師と連携してきた歴史があるが，学校の中で心理臨床活動を担うようになったのは，一部の私立学校での導入例を除けば，おおむねSC活用調査研究委託事業が開始された1995年からと言ってよいだろう。それに先立ち，近藤（1994）は学校臨床心理学の枠組みを提起しており，その後の学校心理臨床の方向性に大きな影響を与えた。

1）学校臨床心理学の提案

近藤（1994）は，それまでの心理臨床家による学校や教師への提案が，学校から離れた治療の場で開発された技法をそのまま学校という教育の場にもち込もうとして，学校・教師との間に「さまざまな齟齬を生み出してきた」ことに鑑み，伝統的な心理療法のパラダイムと異なる学校臨床心理学という枠組みを提起した。

伝統的な心理療法のパラダイムとの違いを，①問題のとらえ方と介入の対象，②介入の担い手，③介入の場，④介入の時期について示している（表1-1参照）。

学校臨床心理学においては，問題を不適応を呈している児童生徒個人の問題としてではなく，児童生徒と教師や学級，学校との関係や学級，学校というシステムそのものの問題としてとらえること，したがって介入の対象は不適応を呈している児童生徒にとどまらず児童生徒と教師や学級，学校との関係およびシステムそのものであり，そのためには介入の担い手は専門家にとどまらず，教師による直接的な介入を専門家が間接的に支援するように，非専門家の役割が

表1-1 伝統的な心理療法を比較した学校臨床心理学のパラダイム (近藤, 1994をもとに作表)

	学校臨床心理学 (成長促進モデル)	伝統的な心理療法 (病理—治療モデル)
問題のとらえ方	子どもと教師, 学級, 学校との関係の問題, 学級や学校のシステムそのものの問題。	不適応を呈している個人の問題
介入の対象	子どもと教師, 学級, 学校との関係や学級や学校のシステム。すべての児童生徒。	異常行動を示す個人
介入の担い手	専門家に加え, 非専門家(教師)へ拡大。教師による直接的支援と専門家による間接的支援。	専門家による直接的支援
介入の場	児童生徒の生活の場である学校。	現実世界から隔離された非日常的な場
介入の時期	問題の発生後に限らず, 予防的・成長促進的介入を重視。	問題が発生し, 重篤化した後

大きくなること, すべての児童生徒を対象として学校における教育活動のさまざまな場面を通しての介入が可能であることから, 問題が発生する前の予防的な介入や成長促進的な介入が重要となることを指摘している。

2) 学校臨床心理学の成立　前述したように, SC活用調査研究委託事業が1995年に開始され, 学校現場において外部の専門家としての心理臨床家が活用されるようになった。学校現場への心理専門職の導入は, 当時「黒船の到来」とまで言われた画期的なことであった。

鵜養(2004)は, 改めて学校臨床心理学を, 学校教育に関わる臨床心理業務, すなわち, 学校教育場面における「学校臨床心理査定」「学校臨床心理面接」「学校臨床心理地域援助」に関わる研究成果をまとめた学問体系としている。ここで, 「学校教育領域で臨床心理業務を担う臨床心理士」を学校臨床心理士とすることで, これまで学校の中で教育相談を担ってきた教師カウンセラーとの差別化が図られた。

SC活用調査研究委託事業開始に際して, 学校臨床心理士ワーキンググループ(1997)はガイドラインにおいて, 「問題を抱えた児童生徒の担任への支援」「小グループ形式の話し合い等による校内関係者の相談活動の活性化」「学校内外の地域関連機関との連携的援助の在り方についての配慮」の3点を強調している。本事業自体が, 児童生徒の呈する問題の深刻化に伴って導入されたこともあって, 問題対応的な側面が前面に出ているものの, 間接的な支援や学校全体への支援など, 近藤が提起した方向性が示されている。

日本における学校心理臨床のその後の発展過程について, 詳しくは第Ⅱ部第2章を参照いただきたい。

●学校心理臨床の対象——支援対象と支援の次元

(1) 学校心理臨床の支援対象

1) 問題を抱えた児童生徒からすべての児童生徒へ　学校心理臨床は「すべての児童生徒の成長・発達を支援するための臨床心理学を基礎とした理解と実践」と定義される活動であるように, 対象者はすべての児童生徒である。これまで述べてきたように, 1950年代に問題を

抱えた児童生徒への心理治療として始まった学校教育相談であったが，1960年代の半ばには既に「すべての児童生徒を対象としたもの」（東京都教育委員会，1964, 1965, 1966）という考え方が示されている。その背景には，教育相談的な子ども理解が普及する中で，そのような考え方とそれに基づく関わりが，教科指導や学級運営においても有効であるという教師の実感の広がりや，文部省（当時）が「すべての児童生徒を対象とした，予防的な側面，開発的な側面への役割の重要性」を指摘したことなどがあると考えられる。1990年に発足した学校教育相談学会による定義においても「学校教育相談は『児童生徒の健全な成長・発達を目指し，的確に指導・支援すること』」とすべての児童生徒を対象とすることを全面的に打ち出している。

近藤（1994）は，心理臨床家の学校現場への参入が始まる前の段階で，学校臨床心理学のパラダイムの中で，学校心理臨床の対象を，問題を呈した児童生徒にとどまらず児童生徒と教師の関係性への支援も含む構成員全体とした。この考え方はSC活用調査研究委託事業開始後も基本的には踏襲され，鵜養も前掲書（鵜養，2004）において，スクールカウンセリングの焦点をすべての在籍生徒と記している。

2) 児童生徒のみならず，身近な支援者である教師や保護者，支援システムまで　児童生徒の最も身近な支援者は，教師と保護者であり，彼らの適切な理解とそれに基づく関わりなしには，児童生徒の学校適応の向上やさらなる成長・発達は難しい。実際には，子どもの問題に心理の専門家が関わる際には，古くから親面接という形での問題を抱える児童生徒の保護者への支援や担任等教師へのコンサルテーションが行われてきており，SC活用調査研究委託事業開始時に学校臨床心理士ワーキンググループがガイドライン（1997）で「問題を抱えた児童生徒の担任への支援」を強調していることからも，身近な支援者への支援の重要性は早くから認識されていた。同ガイドラインでは，校内外の教師や関係機関のネットワーキングや支援システムづくりへの言及もなされている。なお，対象別の支援の実際については，第Ⅲ部第3章を参照いただきたい。

(2) 学校心理臨床における支援の段階と対象領域

1) 学校心理臨床における支援の段階　これまで述べてきたように，学校心理臨床は，問題を抱えた児童生徒への治療的な援助に限らず，すべての児童生徒を対象とした予防・開発的な活動も含んでいる。

表1-2　学校心理臨床における対象別段階別支援（窪田，2009）

	学校				地域
	当事者 児童生徒	身近な支援者		学校コミュニティ （管理職）	
		教職員	保護者		
予防啓発段階	心理教育	研修	講演会	啓発資料（スクールカウンセラー便り等）作成・配布	講演会
早期発見・早期対応段階	居場所活動 （相談室開放）	情報交換 （随時）	子育て 井戸端会議	支援システム 検討・構築	
問題対応段階	カウンセリング	ケース・コンサルテーション	保護者面接	プログラム・コンサルテーション	ケース会議

表1-2に，対象別段階別の支援プログラムの一部を示した（窪田，2009）。予防啓発段階，早期発見・早期対応段階，問題対応段階は，それぞれ一次予防，二次予防，三次予防（Caplan, 1964）に該当し，石隈（1999）も一次的援助，二次的援助，三次的援助としているものである。児童生徒への予防啓発段階の支援は心理教育を始めとする学級単位での支援が代表的なものである。教職員，保護者への予防啓発段階の支援として研修会や講演，資料の作成・配布などを行うことで，児童生徒に生じやすい問題への理解が進み，適切な関わりによって問題の発生予防が可能となるほか，問題の兆候への早い段階での気づきによって早期発見・早期対応にもつながる。昼休みや放課後などに相談室を開放して自由な来室を促す居場所活動は多くのSCが行っているが，雑談やちょっとしたゲームなどの活動そのものが児童生徒の息抜きとして機能するほか，SCが彼らの何気ない言動から早期に問題をとらえ対応につなぐという意味も大きい。管理職などとの間では，たとえば危機対応のためのシステム構築に関する検討（早期発見・早期対応段階）や実際に問題が生じた際の運用に関するコンサルテーション（問題対応段階）もSCの重要な役割となる。

　SCの配置時間が十分でないと，とかく既に問題が顕在化している児童生徒への問題対応段階の支援のみに追われることになりがちだが，あえてすべての児童生徒対象の予防啓発的支援に時間を割くことで学校環境がより温かく支持的なものに変化することは，問題を抱えた児童生徒の学校適応の促進につながることや，このような支援が相談室やSCの広報効果をもっていることなどを念頭に，各段階の支援がバランスよく行われることが望ましい。より詳しくは，第Ⅲ部第2章を参照いただきたい。

2）学校心理臨床における支援の対象領域——SCが関わるさまざまな問題と領域　　SC活用調査研究委託事業の導入は，当初増加する不登校やいじめなどの学校不適応に対する外部の専門家の活用という趣旨でスタートした。加えて，事業が開始された1995年の1月に阪神淡路大震災が発生したことから，他都道府県あたりの配置校が3校である中で，被災した兵庫県では急遽配置校が増やされるなど，当初から災害後の子どもの心のケアが否応なくSCの役割として位置づけられることになった。さらに，1990年代後半から2000年代初頭にかけて，全国各地で学校を現場として児童生徒が被害にあう悲惨な事件が続出したこともあり，事件・事故後の支援もSCに期待される重要な役割となった。その後，子どもの虐待問題が顕在化して法整備がなされるにつれてSCの虐待問題への関わりも重要となり，特別支援教育の導入に伴って，通常学級における発達に偏りをもつ児童生徒の支援をめぐって一定の役割を求められるようになってきた。2013年にいじめ防止対策推進法が制定され，その定めによって策定されたいじめ防止基本方針には，未然防止や事後対応におけるSCの役割が明記された。子どもの貧困対策推進法の制定とそれに伴う子どもの貧困対策大綱では，その対策の一つとしてSCやスクールソーシャルワーカー（以下SSW）の重点配置が謳われた。また，性別違和をもつ児童生徒への学校の対応に関する文部科学省の通知においても，SCの役割についての言及がなされているなど，時代の流れの中で児童生徒の問題が顕在化するたびに，SCの学校に求められる役割が拡大してきた。これらに関連した法律や制度，通知等については，第Ⅰ部第3章や第Ⅱ部第3章により詳細に挙げられている。

　一方，石隈（1999）は，学校における心理教育的援助サービスの領域として，心理・社会面，学習面，進路面を挙げている。というのも，学校教育が，児童生徒の心理・社会面，学習面，

進路面の発達援助を目指しているからである。多くの場合，それらの領域の課題が複合することによって児童生徒の学校適応はより難しいものとなる。たとえば，不登校のきっかけとして，友人関係のトラブルといった心理・社会面の問題が大きかった場合も，長期化することによって学習面の遅れが気になるようになり，さらに家族以外の人との関わりが乏しく，活動が家庭内に限定される中で進路面の発達が阻害されるようなことが起こる。学習のつまずきがきっかけで登校渋りが始まった場合も，徐々に友人との関係が疎遠となって心理・社会面の課題が顕在化し，不登校が長期化することもある。同級生とのコミュニケーションが上手くいかないといった心理・社会面の課題や授業についていけないといった学習面の課題，家庭の経済的な困窮のために将来に希望がもてないという進路面の課題を複合的に抱えた生徒は，学校生活に充実感を感じることができず，声をかけてくれた小学校時代の先輩の誘いに乗って深夜出歩くようになり，怠学傾向が強くなるといったこともある。いじめの加害生徒が同じような課題を抱えていることも少なくない。

　このように，SCが学校で出会うさまざまな問題の背景には，学習面，心理・社会面，進路面の3つの領域の課題が多くの場合複合的に存在しており，その予防や対応には，学習面，心理・社会面，進路面の課題を明らかにし，そこにアプローチすることが求められる。

●学校心理臨床の担い手

(1) SC

　学校心理臨床の主たる担い手はSCである。ご承知の通り，わが国で公立学校にSCが配置されるようになったのは，1995年以降だが，初年度は全国154校への配置だったものが翌年度は553校，翌々年度は1,065校となり，2016年度は23,000校以上となっている。標準的には週4時間×2回，もしくは8時間×1回でのスタートだったが，当初は100％だった国の補助率が1/2，1/3となるにつれ，配置時間を含む活用形態も自治体によって非常に多様化してきている。この辺りの詳細については，第Ⅱ部第2章，第4章に述べられている。

　SC活用調査研究委託事業開始時のSCの資格要件としては，臨床心理士，精神科医，児童生徒の臨床心理に関して高度に専門的な知識および経験を有する大学教員となっている。SCにおける臨床心理士の割合は2014年度の段階で99％に達しているが，地域によってはSCに準ずるもの（準SC）として精神科医以外の医師や臨床心理士資格取得見込者，心理臨床業務または児童生徒を対象とした相談業務について5年以上の経験を有する者などが勤務する割合が高いところもある。

　外部の専門家としてのSCの質を担保し，バックアップする役割は，SC活用調査研究委託事業開始以来，全国レベルでは（一社）日本臨床心理士会，（公財）日本臨床心理士資格認定協会，（一社）日本心理臨床学会の三団体で構成される学校臨床心理士ワーキンググループが，都道府県レベルでは都道府県臨床心理士会の学校臨床担当理事，コーディネーターが文部科学省（当時は文部省），教育委員会と協議しながら担ってきた。これについては第Ⅱ部第3章を参照いただきたい。

　外部の専門家としてのSCの導入時からSCの専門性と外部性が重視されてきたが，今後チーム学校の一員として，教員定数への組込み・常勤化が検討され始めている今日，外部性をどう担保するかが大きな課題となってくる。既にSCが常勤配置されている私立学校や一部の自

治体による先行事例から学びつつ，新たな関係性の築き方を明らかにしていく必要がある。

(2) 教育相談担当教師（教師カウンセラー）

第1節で述べたように，学校における心理支援は学校教育相談として，早い時期から『いつでも，どこでも，だれでも』行う教育活動の一つで，すべての教師にかかわりのあること」（東京都教育委員会，1964, 1965, 1966）ということが強調された。自治体の公立教育相談機関主催の継続的なカウンセリング講座や学校教育相談学会の研修会などで研鑽を積んだ教師が，それぞれの立場で児童生徒の心理支援に携わってきた。SCが配置されるようになった以後も学期に1回程度の教育相談という枠組みが維持されており，児童生徒の第一線での心理支援の担い手は教師となっている。

高等学校における教育相談担当教師の場合は，授業担当のほかに週に一定時間は教師カウンセラーとして，相談室に待機して生徒のカウンセリングを担当しているケースがある。SC活用調査研究委託事業開始時にSCは学校臨床心理士と名乗ることで，このような教師カウンセラーを排除するものではないことを明示したことは既に述べた通りである。現在でも高等学校ではSC配置時間が小中学校に比べて圧倒的に少ないこともあり，研修を積んだ教育相談担当教師が学校における心理支援の担い手として一定の役割を果たしている。

教育相談担当教師は，このように直接的に児童生徒のカウンセリングを行うほか，教育相談コーディネーターとして，SCと学級担任等をつなぐ重要な役割を担っている。教育委員会からの派遣などで指定大学院に進学して臨床心理士資格を取得している教師も一定数に上り，そのような心理臨床の専門性を併せもつ教師は，学校における心理支援が効果的に行われるうえで非常に貴重な存在となっている。

(3) 養護教諭

大野・窪田（2018）によれば，心の健康問題の深刻化に伴って1997年の保健体育審議会答申（文部科学省，1997）において養護教諭が行うヘルスカウンセリング（健康相談活動）が重視されるようになり，さらに2008年の中央教育審議会答申（文部科学省，2008）において健康相談は，養護教諭の5つの業務の一つとして明確に位置付けられた。けがや身体不調で保健室を訪れる児童生徒の身体的なケアを通しての心理的なサポートのほか，担任や授業担当教師とは異なって評価をしない養護教諭が児童生徒の身近な相談相手として重要な役割を果たしていることは広く知られている通りである。保健室登校はいつしか始まった校内適応指導教室の原型とも言うべき形態であるが，学級において集団で授業を受けることが負担になっている不登校初期や回復期の児童生徒の休息やエネルギー供給の場として貴重な居場所となっている。養護教諭は児童生徒の状態に応じて，黙って休息させる，自習を見守る，担任やクラスメイトなどとつなぐ，簡単な作業を依頼するなどの柔軟な対応を行って，児童生徒の回復を支援している。SCにとっても養護教諭は，このような児童生徒をさり気なくつないでもらえる最も身近な連携対象である。児童生徒の身体不調として現れる心の問題に最も早く気づく立場と専門性を備えており，担任教師や教育相談担当教師，管理職，SCなどとのネットワークの中で，学校における心理支援の担い手としてきわめて重要な存在である。

また，阪神淡路大震災以来，大規模自然災害発生時において養護教諭は，児童生徒の安否確認に始まり，救急処置や衛生管理，感染症予防活動に加え，心のケアにおいても，第一線にお

いて児童生徒を受けとめる体制を整え，必要に応じて医師や臨床心理士など学内外の専門家・機関との連携の要となっていたことが，中越地震，東日本大震災時の活動に関する報告書（文部科学省，2014）などから窺える。事件・事故後においても同様で，直接的に事件・事故によって被害を受けた児童生徒のみならず，事件・事故を目撃したり被害を受けた児童生徒と関わりが深かったりして動揺している児童生徒の心理支援の第一線での活躍が期待されている。

(4) SSW

わが国ではいくつかの自治体での先行導入を経て，2008年度からSSW活用事業が開始され，いじめ防止対策推進法や子どもの貧困対策推進法の施行により，急速に配置が拡充されている。その職務内容は，ソーシャルワークの理論に基づく，問題を抱えた児童生徒や環境への働きかけ（ミクロへのアプローチ），学校内の支援体制構築と支援（メゾへのアプローチ），関係機関とのネットワーク構築，連携・調整（マクロへのアプローチ）と整理される（山野，2015）。環境への働きかけやシステム構築が強調されるが，SCの業務もこれまで述べてきたように児童生徒個人への支援にとどまらず，教職員，保護者，地域との連携・協働を重視しており，SSWの業務としても児童生徒や保護者からの個別相談に応じてアセスメントと支援を行うことが明記されている（文部科学省，2017）など両者の仕事は重なる部分も大きい。背景理論が心理学であるか社会福祉学であるかの違いはあるものの，どこまでがSCの仕事，どこからがSSWの仕事といった線引きは困難かつ不毛であり，それぞれ心理や福祉の専門家として互いの違いを尊重しつつ，共通する部分を広げて教師と協働していくこと（野田，2011）は，チーム学校時代に向けてますます重要となってくる。

(5) 校内教育相談委員会

学校心理臨床が機能するには，組織的な実施体制が欠かせない。SC活用調査研究委託事業開始後早い段階から，SCの校務分掌上での位置づけや校内教育相談体制の重要性が指摘されてきた。多くの学校で，各学年の教育相談担当教師や学年主任，学校全体の教育相談担当教師，管理職，養護教諭，特別支援コーディネーターにSCが入る形での教育相談委員会（生徒指導委員会として行われることもある）が設置され，「気になる」児童生徒についての情報共有・協議，支援方針の確認が行われている。各教師が校内教育相談体制の中で果たす役割については，教育相談等に関する調査研究協力者会議（2017）に詳細に述べられている。そこでは，校内教育相談組織が実質的に機能するために，「学校全体の児童生徒の状況及び支援の状況を一元的に把握し，学校内及び関係機関等との連絡調整，ケース会議の開催等児童生徒の抱える問題の解決に向けて調整役として活動する教職員を教育相談コーディネーター」として配置・指名することが明記されている。情報収集・アセスメント・支援計画の策定・結果のモニタリング・計画の修正といったいわゆるPDCAサイクルに基づく実践が期待されている。

なお，これらを含む校内連携については，第Ⅲ部第1章，第2章を参照されたい。
また，関係機関との連携については，第Ⅲ部第4章で詳細に取り扱われている。

●むすびに代えて

学校は地域コミュニティの拠点であり，当該校区に居住するすべての児童生徒が一日の大半

を過ごす場である。地域によって事情は異なるもののある意味社会の縮図でもあるため，さまざまな生物的－心理的－社会的な特性や背景をもつ児童生徒が参集し，その背後には当然ながら，同じようにさまざまな特性や背景をもつ保護者が存在する。学校心理臨床の対象は，このような多様なニーズをもつすべての児童生徒である。本書の第Ⅳ部では，学校心理臨床の主たる担い手である SC が出会う問題として，不登校（第1章），いじめ（第2章），非行・問題行動（第3章），発達障害（第4章），児童虐待（第5章）を始め，精神疾患や子どもの貧困，LGBT や種々の喪失体験などの多様な問題（第6章），災害，事件・事故への遭遇（第7章）について取り上げているが，これでも決して十分カバーしきれているとは言えない。

　学校心理臨床の主たる担い手となる SC は，現代社会の縮図である学校においては社会で起きているあらゆる問題に遭遇する可能性があること，むしろ大人の庇護なしに生活そのものが成立しがたい無力な子どもには社会で起きている問題がより早い段階で顕在化する可能性があることを十分認識し，目の前のクライエントの内面を詳細に検討するミクロな視点とともに，国内外の社会情勢を敏感にとらえるマクロな視点を併せもつことが求められる。SC 一人で可能なことはほとんどなく，本書のあらゆるところに述べられているように，同職種内－他職種間，校内－校外のネットワークや他領域との連携・協働が必然であることを，ここでも再度強調しておきたい。

　なお，本書では，学校内における心理臨床としての SC の活動に焦点を当てたため，古くから児童生徒の心理支援に重要な役割を果たしてきた公立の教育相談センター等での実践については連携・協働先としての取扱い（第Ⅲ部第4章）にとどめざるを得なかったことをお断りしておきたい。

引用文献

Caplan, G.（1964）．*Principles of preventive psychiatry*．New York：Basic Books．（新福尚武（監訳）（1970）．予防精神医学　朝倉書店）
中央教育審議会（2008）．子どもの心身の健康を守り，安全・安心を確保するために学校全体としての取組を進めるための方策について　文部科学省　http://www.ekokyoso.server-shared.com/annzennannshinn.pdf（2017年12月1日取得）
学校臨床心理士ワーキンググループ（1997）．学校臨床心理士の活動と展開　学校臨床心理士ワーキンググループ
保健体育審議会（1997）．生涯にわたる心身の健康の保持増進のための今後の健康に関する教育及びスポーツの振興の在り方について　文部科学省　http://www.mext.go.jp/b_menu/shingi/old_chukyo/old_hoken_index/toushin/1314691.htm（2017年12月1日取得）
今井五郎（2015）．学校教育相談の定義と歴史　日本学校教育相談学会　研修テキスト　http://jascg.info/%e7%a0%94%e4%bf%ae%e3%83%86%e3%82%ad%e3%82%b9%e3%83%88/（2017年10月16日取得）
石隈利紀（1999）．学校心理学　誠信書房
近藤邦夫（1994）．教師と子どもの関係づくり―学校の臨床心理学　東京大学出版会
窪田由紀（2009）．学校におけるコミュニティ・アプローチ　子どもの心と学校臨床, 1, 15-22.
松原達哉（1978）．学校教育相談　現代教育心理学　日本文化科学社
文部科学省（2014）．平成24年度非常災害時の子どもの心のケアに関する調査報告書　http://www.mext.go.jp/a_menu/kenko/hoken/1337762.htm（2017年11月30日取得）
文部科学省（2017）．教育相談等に関する調査研究協力者会議報告書　―児童生徒の教育相談の充実について―学校の教育力を高める組織的な教育相談体制づくり　http://www.mext.go.jp/component/b_menu/shingi/toushin/__icsFiles/afieldfile/2017/07/27/1381051_2.pdf（2017年11月30日取得）
野田正人（2011）．スクールソーシャルワーカー（SSWer）とスクールカウンセラー（SC）の共通性と独自性　春日井敏之・伊藤美奈子（編）　よくわかる教育相談　ミネルヴァ書房　pp.174-175.
大野志保・窪田由紀（2018）．養護教諭の職務と役割の変遷―災害・学校事故発生時における養護教諭の役割の観点から―　名古屋大学大学院教育発達科学研究科紀要（心理発達科学専攻), 64, 91-96.
品川不二郎（1966）．実践学校教育相談第1集　相談的教師　国土社
東京都教育委員会（1964）．教育相談の手引き　1集

東京都教育委員会 (1965). 教育相談の手引き 2集
東京都教育委員会 (1966). 教育相談の手引き 3集
鵜養美昭 (2004). 学校臨床心理学の課題と展望 大塚義孝・岡堂哲雄・東山紘久・下山晴彦（監修） 倉光 修（編） 学校臨床心理学 誠信書房 pp.35-109.
山野則子（編）(2015). エビデンスに基づく効果的なスクールソーシャルワーク─現場で使える教育行政との協働プログラム 明石書店

2 学校心理臨床の背景理論とモデル

　本章では学校心理臨床におけるさまざまなモデルと，その活動を支えるための心理学の諸理論について紹介したい。なお，ここでは「学校心理臨床」を広義のスクールカウンセリングと同義であるとみなし，「スクールカウンセリング」という用語のもとでそのモデルや理論について論じることにする。

● 学校心理臨床におけるさまざまなモデル

　まず始めに，学校心理臨床におけるさまざまなモデルを理解するためにアメリカ合衆国におけるスクールカウンセリングと日本におけるそれとを対比的に取り上げることにしたい。

(1) アメリカ合衆国におけるスクールカウンセリング

1) 歴　史　アメリカ合衆国（以下アメリカ）におけるスクールカウンセリングには100年以上の歴史があり，初期のころは職業指導（vocational guidance）として始まっている。しかし，その後，1920年代に入り，精神保健や心理測定，児童研究運動などによる影響を受けてその役割が変化していった（American School Counselor Association, 2012）。また，1957年のロシアによる人工衛星スプートニク1号の打ち上げ以降，アメリカでは中等教育における理数系教育が重視され，その影響によりスクールカウンセラー（以下SC）も来談者中心療法的なカウンセリングよりも直接的な教育指導や進路指導を志向するガイダンスカウンセラーとしての位置づけが進んでいった。アメリカではSCではなくガイダンスカウンセラーという名称で呼んでいることがあるが，それはこのような歴史的背景があるためである。日本では教員が担っている生徒指導や進路指導などをカウンセラーが行うという点は日米の大きな違いであろう。

　そして，今日では以下に述べるように包括的または包括的発達的スクールカウンセリング（comprehensive developmental school counseling）という考え方が定着している（Wittmer & Clark, 2007）。

2) 包括的スクールカウンセリング　包括的とは，支援の対象が問題を抱えている特定の子どもだけではなく，すべての子どもであるということ，さらに保護者や教職員なども支援の対象に含まれていることを意味する。また，スクールカウンセリングプログラムの役割が，問題の予防や発達促進から，初期の危機介入，特定の問題を抱えた子どもへの長期的な介入までの幅広い問題を包括しているという意味も含まれている。これは石隈（1999）の言う一次的援

表2-1 包括的スクールカウンセリングの目的，サービス内容，プログラム開発
(Schmidt, 2014に基づき作成)

目的
- 教育的発達（educational development）
- キャリア発達（career development）
- 人格的・社会的発達（personal and social development）

サービス内容
- カウンセリング（個人・集団カウンセリング，保護者と教師に対するカウンセリング）
- コンサルティング（情報的，道具的，問題解決的サービス，その他）
- コーディネーティング（データ収集と共有，協働とシステム変化）
- 評価（子ども個人の評価，環境評価）

プログラム開発
- 第1段階：計画（現行プログラムの査定，改善のための情報提供やサポートを求める，子ども・保護者・教師のニーズ査定，資源の決定）
- 第2段階：組織化（目標設定，責任権限の割り当て，プログラムのマーケティング，技術の利用）
- 第3段階：実行（スケジューリングと優先順位の設定，時間のバランスを取る，4つのサービスの実行）
- 第4段階：評価　※第4段階の後，第1段階に戻る

助サービスから三次的援助サービスまでを含んでいるということである。また，発達的という言葉は，それまでのスクールカウンセリングが中等教育を中心に考えられていたのに対して，小学校以前も含むものとして拡大し，幼稚園から高校生（しばしば，K-12 として表される）までの幅広い発達段階を含んでいるという意味を示している。これは，スクールカウンセリングが，治療的機能を担うミニチュアのクリニックモデルではなく発達的観点を重視した発達支援モデルであることを強調しているのである（Wittmer & Clark, 2007）。

　シュミット（Schmidt, 2014）は，包括的スクールカウンセリングの目的，サービスの内容，プログラム開発の段階について，表2-1に示される内容を挙げている。目的の中には学習指導の側面である教育的発達や，進路指導とキャリア教育が目標とするキャリア発達も含まれており，スクールカウンセリングが問題行動を示している特定の児童，生徒への心理学的支援であるというイメージとはまったく異なることがわかる。また，教師に対するカウンセリング，教師を含む支援者へのコンサルテーションという形での間接的支援，学校内のチームや学校外の専門機関との連携・協働を重視したコーディネーション，子ども個人に対する評価だけでなく学校環境のアセスメントも積極的に行う点から包括的であることの特徴がよく表れている。

　3）ナショナルモデル　最後に，アメリカ・スクールカウンセリング協会が提唱しているナショナルモデルを紹介したい。スクールカウンセリングプログラムでは，まず①基盤（foundation）があり，それに基づく②マネジメント（management）と③デリバリー（delivery）が続き，最後にそれらの結果として④説明責任（accountability）があるとされている。基盤として位置づけられているのは，プログラムの焦点，児童生徒のコンピテンス，カウンセラーの職業的コンピテンスの3つである。プログラムが何を目標として焦点づけているのか，その背景にある信念，ビジョン，ミッションを明示することが大切になる。児童生徒のコンピテンスとは，すべての児童生徒の学習，キャリア発達，人格的・社会的発達によって促進されるコンピテンスを重視しているということである。そして，効果的なスクールカウンセリングプログラムを計画・実施するために必要とされるカウンセラーの職業的なコンピテンスが強調され

ている。

　続いてマネジメントでは，プログラムを計画し実行するために必要な，さまざまな査定，ツール，戦略などに関する体制化された構造が重視されている。たとえば，時間配分，年度初めの年間計画に関する合意，諮問委員会の構成，カリキュラムやさまざまな予防的，介入的活動の計画，プログラムの年間・週間のカレンダー作成などが含まれる。

　デリバリーには，児童生徒に対する直接的なサービスと間接的なサービスが含まれる。直接的サービスは，すべての子どもを対象にしたスクールカウンセリングのコアカリキュラムから特定の子どもへの個別支援計画，カウンセリングや危機介入といった応答的サービス（responsive service）が含まれる。サービスの対象は，学級集団やさらに大きな集団を単位とするものから，小集団，個人とさまざまである。間接的サービスには，コミュニティ内の他機関紹介，保護者や教員その他の教育関係者などへのコンサルテーション，協働などが含まれる。

　最後に説明責任では，プログラムの結果に関するデータ分析と評価，改善が重視されている。SC は学校のデータプロファイルの分析，時間的利用に関する査定，コアカリキュラムや小集団グループの結果の分析などさまざまな観点からプログラムの成果を分析，評価し，そして，その評価を公表し，共有することが求められている。

　また，ナショナルモデルでは，これらのスクールカウンセリングプログラムの構成要素を取り巻く主題（themes）が設定されている。それは，①リーダーシップ，②権利擁護（advocacy），③協働（collaboration），④システム変化（system change）の4つである。リーダーシップは包括的スクールカウンセリングを計画，実行するうえでのカウンセラーの基本的なスキルである。権利擁護は，すべての子どもに学習，キャリア，人格的，社会的発達を促進するための支援を受ける権利があり，それを擁護することがSCの役割であることを強調している。アメリカのスクールカウンセリングにおいては，人種や民族，性的指向性（sexual orientation）などの点でマイノリティグループに属する子どもたちへの配慮が強く求められているが，そのことはこの権利擁護の理念が背景にあるものと思われる。協働は，単なる学校内の教職員間の協働という意味ではなく，学校と家庭，そしてコミュニティの間の協働が大切であることを示唆している。特にカウンセラーがコミュニティ感覚を形成することが重視されている。最後に，システム変化とは，学校をシステム論的に理解し，そこに存在するさまざまなシステムの障壁（systemic barriers）を理解し，それに対処していく必要性を示唆する考えである。SC はシステムの維持を重視するのではなく，スクールカウンセリングプログラムを遂行する中でより望ましい方向でのシステムの変化を創造することが期待されているのである。

　以上に述べてきたものが，アメリカにおける SC の職務ということになるが，ここで忘れてはならないのは，これは常勤の SC モデルだということである。しかも，学区や学校の予算次第で配置される人数は異なるが，通常，ガイダンススタッフと呼ばれるチームには，常勤のSC が複数配置されていたり，スクールソーシャルワーカー，スクールナースなどもメンバーに含まれていたりする。また，常勤のスクールサイコロジストが SC の上司として配置されていたり，あるいは学区で雇われて各学校を巡回してアセスメント業務等を引き受けていたりすることもある。つまり，教員以外の複数の専門家が常勤職として勤務していることを前提としたモデルである。この点を考慮すると，このような包括的なモデルを直ちに日本におけるスクールカウンセリングに適用することは決して適切とは言えない。しかし，将来的に日本においても SC が常勤化された場合にこのような職務の可能性があるという点では非常に参考になる

と思われる。

(2) 日本におけるスクールカウンセリング

日本における学校心理臨床の成り立ちについては，既に前章で詳しく解説されており，一部重複するが，ここでは前項で述べてきたアメリカのスクールカウンセリングモデルとの対比の中で日本の現状について検討してみたい。

1) 学校教育相談モデル　日本においては1995年にSC活用調査研究委託事業が導入されるまでは，学校教育相談という名前のもとで子どもたちへの心の支援が行われてきた。学校教育相談は広く生徒指導や教育相談を包括するもので，常勤の教諭が校務分掌として，教育相談係や生活指導（生徒指導）担当者という役割で支援を行っていた。

大野（1996）は自身の学校教育相談実践と国内外の学校教育相談またはスクールカウンセリング制度を概観し，次のような学校教育相談モデルを提唱している。まず第一に学校教育相談活動の内容について，表2-2のように整理している。前節で紹介したアメリカのスクールカウンセリングにおけるSCの活動と役割と重なっている面が多いことがわかる。

また，大野（1996）は学校教育相談担当者をSCと同義の者として位置づけ，そこには学校カウンセラーと学校プロモーターの2つの役割があると述べている。また，学校カウンセラーには，①カウンセラー，②コンサルタント，③コーディネーター，④リサーチャーの4つの機能が含まれている。そして，学校プロモーターには，①プランナーまたはオーガナイザー，②トレーナーまたはファシリテーター，③インフォーマント，④アドヴァタイザーの4つの機能が含まれている。

ここで挙がっている学校教育相談活動は非常に網羅的に記述されたものである。日本において公的なSC事業が導入されたのとほぼ同時期にこのような包括的なモデルが学校現場や教育行政機関での実践を積み上げてきた立場から示されたことには意義があると思われる。しかし，大野（1996）は，学校教育相談活動が校務分掌によって担われる場合，幾つかの問題が生じる

表2-2　学校教育相談活動の内容（大野，1996に基づき作成）

統合（包含を含む）活動（インテグレーティング）
・組織活動（オーガナイジング）
・評価活動（エヴァリュエイティング）
・相談活動（カウンセリング）
・推進活動（プロモーティング）

相談活動
・カウンセリング（カウンセリングや危機介入，心理テスト等のアセスメントなど）
・コンサルティング（担任，各校務分掌，保護者等への協力・助言・協働など）
・コーディネーティング（専門機関等の学校内外の人的物的資源との連携・調整など）
・相談室の管理・運営（備品や記録用紙等の保管・管理や相談担当者の決定など）
・その他（当面する生徒指導上の課題の調査・研究など）

推進活動
・相談活動の計画・立案（年間計画や予算の作成，次年度への展望など）
・校内研修会・事例研究会の企画・運営（テーマ設定，講師依頼，広報活動，司会進行や反省評価など）
・相談関係情報の提供（文献や資料の収集・配付，校外研修会の紹介等）
・相談に関わる広報・調査・研究（相談室だよりの発行，相談室に関するアンケート調査や研究など）
・その他（次の担当者へのスムーズなバトンタッチや近隣の中学校・各校相談担当者との交流など）

と指摘している。それは，安定性，一般性（公開性と流動性），必要性（固有性）の問題である。校務分掌は通常，一般性がありどの教員も担当できることが前提となっている。しかし，学校教育相談に関しては担当する教員の関心や意欲，専門性が特に重視されやすい。仮に学校教育相談に関して熱心で有能な教員がいたとしても，人事異動で他校に転出してしまうとそれまでに培ってきた学校教育相談体制も安定性を失うことになりやすい。また，児童生徒の心の問題に対して，何らかの治療的な支援が必要であると判断される場合には，学校外の専門機関に任せれば良いという考えがあり，学校教育相談の必要性に関しても各教員での認識に違いが生じやすい。

校務分掌における一般性と専門性の問題は，学校教育相談だけに限らない。たとえば，2007（平成19）年4月1日，文部科学省は特別支援教育の推進のために，各学校の校長は特別支援教育のコーディネーター的役割を担う教員を「特別支援教育コーディネーター」として指名し，校務分掌の中に明確に位置づけるよう通達している。これを受けて，各学校では特定の教員が特別支援教育コーディネーターとして指名されているが，実態としては指名を受けた教員の特別支援教育に関する専門性は決して高いとは言えない現状がある。このような問題が生じる背景には，日本の学校教育においては，教員はスペシャリストである以上にジェネラリストであることを期待されていることが原因の1つとして考えられる（桐山，1993）。教員であれば，学校内におけるどのような役割も引き受けていくことが求められるのである。

2) 学校精神保健モデル　続いて養護教諭による学校精神保健モデルを取り上げたい。学校における子どもたちへの心の支援は，学校精神保健活動の一部としても位置づけられている。徳山（1995）は，養護教諭の立場から，学校精神保健には，一次予防（開発的機能），二次予防（予防的機能），三次予防（治療的機能）の3つのレベルの機能があると述べている。そして，養護教諭の治療的な関わりとして，①導入役（インテーカー），②連絡・調整役（コーディネーター）・組織者（オーガナイザー），③相談役（カウンセラー），④相談役・助言者・補完役・援助者（コンサルタント・アドバイザー・サポーター）という4つの役割を挙げている。ここではこれらの役割の詳細について説明することは省くが，これらの役割も学校教育相談モデルと同様にアメリカのSCの役割と類似した点が多く，学校精神保健活動全体を統括する中心的な役割を想定していることが窺われる。ただし，徳山（1995）は，養護教諭による学校現場での相談活動は，「心理療法的色彩の強い，来談者中心で，一対一のカウンセリングのみを行う技法に徹するのではなく，学校という社会の中で教育活動として関係者に役割を分担し，養護教諭が主としてカウンセラー的役割を担い，柔軟な理論と技法を織り混ぜて実施していく方が実際的である」と述べ，臨床心理士の行うようなカウンセリングは想定していない。また，実際の学校現場においては，すべての養護教諭がこのような包括的な心の支援を自らの職務として重視している訳ではなく，関心や専門性においても個人差があるというのが実状であろう。さらに管理職を中心にして，養護教諭または保健主事に対して教員組織がどこまでここで提唱されているような役割や権限を付与するかは学校によって異なることが考えられる。

3) 学校臨床心理士モデル　文部科学省によるSC活用事業における最も重要なポイントは，日本のSCは，アメリカにおけるような「常勤」モデルではなく，「非常勤」モデルであるということである。たとえば，文部科学省が掲げていた原則として年間35週，週当たりの

配置時間は8時間以上12時間以内という基準は，常勤に比べて圧倒的に時間的資源が足りないことを示唆している。他方で，文部科学省が示しているSCの業務には，カウンセリング（対象は生徒，保護者，教職員を含む），コンサルテーション，協議（カンファレンス），研修・講話，査定・診断的観点からの見立て・調査，予防的対応，危機対応・危機管理が挙げられており，非常勤職とは思えないほどの包括的なスクールカウンセリングモデルが想定されている（詳細については第Ⅱ部第2章を参照）。そのため，限られた時間の中で，どの業務内容を重点的に行うべきか，その選択の判断が求められる。

もう一つの重要なキーワードは，「外部性」である。わが国において，SC（ここでは臨床心理士を指すことにする）は，教員にはない高度に専門的な臨床心理学の知識や臨床経験（専門性）を有することと，教員とは異なる校外の者であること（外部性）の2点において評価を受けている。ここで言う外部性とは何だろうか。松岡（2013）は文献レビューを通して，外部性には，①学校に外から派遣されて関わっているという外部者（第三者）の立場，②教員とは異なる職務と専門性という意味が含まれており，また，③非常勤という勤務体制も非日常につながり，外部性と関連していると述べている。このような外部性が生徒や保護者に対する支援という場面で重要な要素であるという見解がある一方で，学校内における教員との連携や協働，という点ではこの外部性が大きな障壁になる可能性も示唆されている。松岡（2013）は私立高校での常勤SCの経験を踏まえて，SCには，外部性と同時に「内部性」も必要であると主張している。「内部性」は，「関係づくり」「身内になる」「同僚」という心理的な繋がりとしての「ウチ」の関係性である。このような関係性が教職員とのチームとしての連携や協働（コラボレーション）において重要な要素になる。また，「即時性」というすぐに関われることも重要である。大切なのは対立するように見える外部性と内部性を両立させることであり，外部と内部の境界にいて「ウチ」と「ソト」の両方の機能をもつことである（松岡，2013）。

以上に述べてきたように日米のスクールカウンセリングモデルには共通点も認められるが違いも大きい。日本においては教員がジェネラリストとして，学習指導の他にも生徒指導，教育相談，進路指導など幅広い役割をすべて担っているのに対して，アメリカでは教員は学習指導の専門家（スペシャリスト）として位置づけられ，生徒指導その他の役割はSC等のガイダンススタッフが同様に専門家として分担しているという違いがあるように思われる。このような専門性に対する議論が将来の日本の教育改革において重要になると考えられる。

また，日本では学校がSCをどう上手く活用するか，という視点が基本にあるが，アメリカ・スクールカウンセリング協会によるナショナルモデルでは，SCの強い主体性が存在する。アメリカのSCは，学校全体のシステムをより良い方向に改善していくための中心的な役割を背負っている。日本においてもSCが高度な専門性を活かしてより主体的に学校組織全体に対するエンパワーメントを促進できるようになることが望まれる。

●学校心理臨床モデルにおける独自性と留意点

心理臨床の実践は，学校教育の現場だけでなく，医療，福祉，産業，司法などさまざまな分野において展開している。それぞれのフィールドにはそれぞれの機関を設置している法的根拠があり目的も異なっている。言い換えればそれぞれのフィールドにおいて独特な文化があると考えることができる。

本節では学校心理臨床のモデルの特徴を理解するために，医療機関や相談機関における外来型の個人のカウンセリングや心理療法における支援モデル（いわゆるクリニックモデル）と対比させて，その独自性や特殊性を述べていくことにしたい。

(1) 治療モデルと教育モデル

1995年にSC活用調査研究委託事業が開始されて間もないころ，それまで病院の心理士として働いていた多くの臨床心理士が学校という新たなフィールドに参入していった。その当時のある研修会でのエピソードであるが，病院臨床の経験豊富なある中堅臨床心理士が，自身のSCの経験を語り，スクールカウンセリングにおいては，臨床心理士と教員とをつないでくれる教師カウンセラーのような存在が不可欠だと主張していた。それは学校という場には，病院とは全く異なる文化があるということと，臨床心理士の考えを教員に伝えるためにはある種の通訳のような存在が必要であるという主旨であった。筆者は当時，教員養成系教育学部に勤務しており，多くの現職教員の大学院生と関わっていたため，その臨床心理士の言いたいことは十分に理解できたが，他方ではある種の違和感を感じていた。その違和感はつまり，心理臨床には多様なモデルがあることを理解し，もし，学校心理臨床の訓練を十分に受けてきた臨床心理士であれば，そのような教師カウンセラーの手助けを不可欠であるとは考えないのではないかという異論を唱えたかったのであろう。

前章では，学校臨床心理学と伝統的な心理療法のパラダイムの違いが解説され，前者は成長促進モデル，後者は病理-治療モデルであり，問題のとらえ方や介入の対象，担い手，場，時期といった点において異なる特徴があることが示された。前節のアメリカにおけるスクールカウンセリングの考え方についての説明でもふれたが，学校は教育機関であって治療機関ではないと考えられており，教育の機能が重視される。他方，病院やクリニックは疑うまでもなく治療機関であり，治療の機能が重視される。治療とは非日常的な空間と時間（非日常性）の中で行われるものである。もちろん，治療機関においても，情報的サポートやガイダンスなどの教育的な支援も行われるが，基本的には心の問題を抱えた特定の個人の問題解決に焦点があてられており，「癒やし」「ケア」が何よりも重要視される。

同様に教育機関においても，時に「癒やし」「ケア」が必要不可欠である。なぜなら，学校は，子どもの心の成長や発達，適応に関して本来であれば促進要因や防御要因としてポジティブな影響を与えることが重視されているが，学校は子どもたちにとっては「日常的な生活の場（日常性）」であるために，そこで傷つき，発達が阻害される，不適応が促されるといったリスク要因としての影響を与える可能性があるからである。病院やクリニックに通うことで病気が悪化しては本末転倒であるが，学校に通うことで学習上の困難や対人関係の問題を抱えた結果，心理的不適応に陥ってしまう可能性は多々ある。学校という場が両面性をもっているという点が，根本的な医療機関との違いであると考えられる。

鵜飼・鵜飼（1997）は，子どもの成長・発達を支援する学校教育，心理療法，精神科医療の3つのアプローチの違いを表2-3のように整理している。このまとめから窺えることは学校教育においては集団が重視されているのに対して心理療法や精神科医療は特定の個人に関わるという違いである。この集団か個人かという視点は非常に重要で，さまざまな問題とも関連している。たとえば，集団指導を中心にしている学校教育では，子どもたちに集団規範を守らせることに対して強い指導をする傾向がある。他方で，心理療法や精神科医療では癒やしが中心的

表2-3　学校教育と心理療法，精神科医療の比較（鵜飼・鵜飼，1997に基づき作成）

	学校教育	心理療法	精神科医療
担当者	教師，集団としての教師	心理療法家	医師，医療チーム
対象者	子ども集団，集団としての子ども	悩みをもっている個人	自分を患者だと思っている個人
接触頻度	毎日	50分／1週1回	3～15分／1～3週1回
接触形態	1対多，集団対集団	1対1	1対1，多（チーム）対1
接触場面	生活する中での観察・指導，学校内でのさまざまな場所，イベント　提出物や学力テスト等	面接室・遊戯室	診察室
対処方法	生活指導，一般的には集団指導　必要に応じて個別指導	原則は個対個で傾聴する	診断・投薬・精神療法・入院治療
保護者への対応	学年に1～3回の保護者面談，PTA	定期的な親子並行面接・家族療法など	患者への対応を原則
時間的枠組み	学年・学期の区切り	時間的制約にとらわれず，本人の成長待ちの姿勢	

　な目標になるため，個人の内面の傷つきや葛藤の解決，人格変容に焦点を当てているという違いがある。前者は現実原則に従った外的適応を重視する立場であるが，後者は内的適応や快感原則に基づく心理力動のあり方に注目する立場である。このような違いは根本的な原理の違い（近藤，2000）として認識しておく必要があろう。

　また，子どもと関わる場面や関わり方については，心理療法や精神科医療が枠のある構造化された非日常性の中での支援であるのに対して，学校教育の現場では，日常生活のさまざまな場面で関わることにより枠がなく構造の弱い支援になりやすい状況が推測できる。他方で，時間的枠組みまたは時間的制約という点では，学校教育では在籍している年度・学期という単位が重要になるが，心理療法や精神科医療はそのような時間的な限界なく支援を継続できる可能性がある。

　堀（2015）は，教育と臨床心理学はいずれも「子どもの成長を育む」ことを目標にしているという共通点があるが両者の違いも大きく，それを学校文化と心理文化と呼び対比させている。ここでは紙数の関係上，詳しく紹介しないが，前述した鵜飼らの指摘にない点としては，守秘義務に対する態度の違いを重視している。つまり，学校文化では集団守秘を重視し，報告や連絡，相談が期待されるが，心理文化では個人守秘を絶対視する傾向がある。もちろん，心理文化においても担当者同士や組織内での情報共有は行うが，外部性が重視される立場であることと，教員との専門性に対する違い（異種性）を感じることにより，集団守秘義務に対する抵抗感が強まる恐れも生じやすい。堀（2015）は守秘義務をめぐる問題がSCと教員との連携の妨げになる可能性があることを指摘している。

　以上に述べてきたように，学校教育の現場には個人心理療法を中心とした心理臨床の世界とは異なる文化がある。しかし，SCはそのような違いを理解しつつ，心理臨床において重視される原理を学校現場に上手く浸透させていくことや，あるいは異なる原理の融合や調和を図ることが大切である。

(2) 問題の多義性

　学校心理臨床においては，SC以外に教職員も支援の担い手になる可能性がある。また，時には生徒たちも支援者になり得る可能性がある。このような状況においては，ある特定の問題の本質をどのように理解するかという点でそれぞれの立場によって異なる解釈，すなわち見立てやアセスメントをしてしまう可能性がある。もちろん，クリニックモデルの心理臨床においても，保護者の主訴と子どもの主訴が異なっている場合はある。それぞれの視点において問題の理解が食い違うこともある。しかし，学校心理臨床においては，支援者側の問題理解に関して視点が異なるということが生じやすい。たとえば，不登校の事例においてSCは子どもの心の内面の問題を懸命に理解しようとするだろうが，教師は登校できないことを問題としてとらえてしまうかもしれない。不登校問題に対する教育相談機関の成果指標として，登校の復帰率を問題にすることがあるが，これは行政にありがちな表面的な不登校理解の表れである。

　また，いじめのように問題が特定の個人の問題としてとらえられない現象もある。その場合には，関わっている複数の個人，学級集団の問題，学校風土（学校の指導体制）などシステマティックに問題を理解する必要があり，一義的に問題を限定することはできない。

　問題を多面的，多義的に理解すべきであるということは何も学校心理臨床に限ったことではないが，学校においては問題となっている現象が発生している空間が支援の場と切り離されておらず，支援者自身が問題の一部に関与しているためにケース理解に影響が生じるということが起こりうる。具体例としていじめの問題を取り上げると，担任教師がいじめを行っている児童または生徒と良好な関係を築いていた場合，いじめ被害者が経験している関係性やいじめっ子に対する感情は共感的には理解しにくいかもしれない。また，このような三角関係が生じている場合には，担任教師は担任という役割上いじめ問題を解決するための介入をすることが期待されるが，問題が発生している段階で担任教師には中立性がないために支援者として適さなくなっているということが起こり得るのである。こういった点が学校心理臨床において特に注意すべき点である。

(3) 支援の構造と機能

　学校心理臨床における特定の子どもの問題に対する支援では，1対1の個人カウンセリングや心理療法を行うというシンプルな構造での直接的な支援だけでなく，クラス担任や教科担任等，子どもと関わっている教職員に対するコンサルテーションという支援も同時に行うことが少なくない。コンサルテーションはコンサルティに対する直接的支援と子どもに対する間接的支援の2つの機能をもつが，構造的にはより複雑になるためにより高度な知識と技術が求められる。

　また，SCの教職員に対する関わりは，コンサルテーションという位置づけではなく，連携または協働という位置づけである可能性もある。教職員の知識や技量次第では，コンサルテーションとしての支援が必要であることも十分に想定できるが，教職員にそのような関係性に対する理解やニーズが欠けていることもある。

　学校は一つのシステムとして，さまざまな人が教育活動に関与しているため，そのシステムの構造や機能，心理力動などを正確にアセスメントしながら，「誰が誰に対してどのような支援を行うのか」という支援の構造と機能に関する意思決定が重要である。筆者はこれまで20年近く，小学校から高等学校までの教諭，養護教諭などとの定期的な事例検討会に参加してき

たが，そこでよく出くわすのは，大勢の教員が精一杯努力して児童，生徒，そして保護者に関わっているが，見立てが不十分，対応が行き当たりばったりで継続性と安定性がない，教員が当惑して混乱しているなどの状況である。また，誰がブレインになって舵取りをしているのかがよくわからないことも多い。複数の支援者がそれぞれ異なる役割を果たす場合，コーディネーターや全体を統括できる存在が不可欠である。このような観点も特に学校心理臨床において留意すべきことである。

●学校心理臨床を支える心理学の領域と諸理論

　本節では学校心理臨床において有用な心理学理論について簡単に述べることにする。学校心理臨床においても，ほかの心理臨床の領域と同様に，心理査定や心理療法の理論と方法に関する知識と技術が必要とされる。しかしここでは，紙数の制約があるため，伝統的な臨床心理学や精神分析学，分析心理学などに関する主だった理論の紹介は省略し，特に学校心理臨床の特徴を考慮して重視されている心理学の理論や概念について簡単に取り上げることにする。

(1) コミュニティ心理学とシステム論

　学校心理臨床においては，個人のアセスメントも重要であるが，個人を取り巻いている社会的文脈，環境のアセスメントも重視される。児童，生徒の行動は学校という環境との相互作用の中で規定されてくるため，環境である学校そのものの特徴を理解する必要がある。また，SCは学校組織に介入し，学校組織そのものを支援するという役割がある。このような観点は，古くよりコミュニティ心理学の歴史において展開してきている。コミュニティ心理学においては，危機理論と危機介入の方法，コンサルテーションの理論，ネットワーク論，地域支援などが重要な研究テーマとなっており，いずれも学校心理臨床の実践において不可欠な知識である（山本，1986；山本・原・箕口・久田，1995；鵜飼・鵜飼，1997）。

　また，鵜飼（1995）は学校コミュニティの特徴を理解する際には，システム論的な視点が役立つことと，学校システムには未分化な教育システムから，個人的教育，集団的教育，計画的教育，組織的教育，個性尊重の教育システムまでの発達段階があり，それぞれの学校や学級における発達段階の違いを理解する必要があると述べている。このようなシステム論的理解やコミュニティ心理学的理解はアセスメントにおいてだけでなく，支援のための理論としても位置づけられている。

(2) 学校心理学

　学校心理学はスクールカウンセリングと重複の大きい心理学の分野であり，そこでの研究成果は学校心理臨床において非常に有用で欠かせないものである。石隈（1999）は日本にアメリカの学校心理学と学校心理士（school psychologist）を紹介した草分け的存在であるが，学校心理学においても環境のアセスメントは重視されている。子どもにとっての環境は家庭，学校，地域が主なものになるが，学校のアセスメントに関しては，学校の特性，教師の特性，物的環境などが評価の観点に含まれる。また，教師集団や子どもたちの集団がどのようなニーズをもっているのかを測定することも環境アセスメントの一部である。石隈（1999）はわが国においていち早く学校におけるチーム援助の大切さを主張してきたが，そこにおいて非常に有効な環

境アセスメントの1つとして，子どもを取り巻く支援者のアセスメント方法の提案がある。たとえば，石隈（1999）と石隈・田村（2003）は，田村・石隈式〈援助資源チェックシート〉を開発し，子どもの学校面，心理社会面，進路面，健康面のそれぞれを誰が主に援助しているのか，それを包括的にとらえ，援助に役立てる方法を提唱している。

また，わが国の学校心理学の領域においては，援助要請と被援助志向性の概念に関する研究が盛んに行われている（後藤・平石，2013；山中・平石，2015；水野，2017など）。これらの研究成果も困難を抱えている児童，生徒の相談室への来室や他者への相談行動を理解するうえで参考になる重要な知見を提供している。

(3) 発達理論と適合性理論

スクールカウンセリングではすべての児童，生徒を対象にし，その発達を支援することが重要な目標の一つとして挙げられている。その意味で，発達心理学の理論や研究成果について学ぶことは大変重要である。鈴村（2010）は，包括的スクールカウンセリングの実践においては，表2-4に示す研究者の理論が学習領域，心理・社会領域，進路領域のそれぞれにおけるアセスメントに有効であると述べている。

近年，発達障害に対する関心が高まり，発達障害の傾向の有無をアセスメントの重要な観点に含めるのが必須になっている。その影響のせいか，学校現場や教育相談機関でしばしば「発達の問題」≒「発達障害の問題」のような言葉の使い方をする人を見かける。また，定型発達という言葉もよく用いられるが，発達心理学においては多様な発達の軌跡を前提として個人の発達の様相を理解するのが一般的になっているため，定型とは何かと疑問を感じることもある。臨床心理士の多くが関心をもっている精神分析的発達理論は精神病理を理解するうえで大変有効な理論ではある。しかし，たとえば，表2-4にも挙げられているセルマン（Selman, 2003）の他者視点取得能力と対人関係方略の理論のように，基礎的な実証研究から教育実践や臨床実践研究に発展してきた，子どもの社会性の発達における個人差を理解するのに有効な発達理論もあるため，発達心理学の研究成果にもできる限り目を向けるべきである（詳しくは平石，2011を参照）。

もう一つふれておきたいのが，個人と環境との適合性を重視した理論である。エックルズ（Eccles et al., 1993）は，「発達段階－環境適合（stage-environment fit）」という概念を提唱し，

表2-4　3つの領域でのアセスメントに役立つ理論
（鈴村，2010に基づき作成）

心理・社会領域
　　発達課題：エリクソン, E. H.，　ハヴィガースト, R. J.
　　道徳性：コールバーグ, L.，　セルマン, R. L.
　　感情：スターン, D. N.，　マーラー, M. S.，　ボウルビィ, J.

学習領域
　　感覚統合：エアーズ, A. J.
　　認知：ピアジェ, J.，　ガードナー, H.

進路領域
　　職業間の発達と意思決定の理論：
　　　　ブルーム, B. S.，　マルツァーノ, R. J.
　　　　ホランド, J. L.，　スーパー, D. E.

個人の発達的特徴と学校環境の特徴がフィットしていない不適合状態において不適応感が高まりやすいと述べている。この観点は学校適応の問題を理解するうえで重要である。わが国においては，大久保（2010）がこの観点から青年の学校適応に関する研究を行っており，個人の欲求と学校環境からの要請との不一致，すなわち不適合は個人の不適応に統計的に有意に関連することを明らかにしている。また，大久保は，同じような反社会的問題行動であっても，学校や学級の荒れの程度との関連で行動のもつ意味が異なってくることを指摘している。同様の視点は，近藤（1994）による「儀式化（ritualization）」の概念を用いた，子どもの家族と学級における関係性の構造と心理力動の説明の中にも見出される。儀式化とは，もともとはエリクソン（E. H. Erikson）が唱えた概念であり，「特定の目標や価値観に基づいてその方向に向かうように働きかける水路づけや訓練の過程」という意味である。近藤（1994）は子どもが家庭と学校の2つの社会的文脈において保護者や教師，同級生による要請や規範にさらされており，それが子どもの個性と適合しているかどうか，社会的文脈間の要請は適合しているかどうかによって影響を受け，不適合状態が心理的不適応や問題行動を引き起こす要因になると説明している。このような個人と環境との相互作用，関係性の視点が学校心理臨床におけるアセスメントにとって重要である。

(4) ブリーフカウンセリング――解決焦点化アプローチと危機カウンセリング

シュミット（Schmidt, 2014）はSCに求められる個人カウンセリングの方法として，一般的な来談者中心療法的なカウンセリングに加えて，ブリーフカウンセリングと危機カウンセリングの2つを挙げている。

既に述べた通り，学校における心理的支援には時間的制約があり，長期間の支援は不向きである。また，長期の治療的介入が必要なケースに対しては，学外の医療機関や相談機関などの専門機関を紹介し，そことの連携の中で本来の学校においてのみ可能な支援を選択することになる。しかし，短期間で解決可能な範囲での問題に対しては，積極的な介入も有効である。そのような考えに基づいて重視されているのが，ブリーフカウンセリングであり，とりわけ，解決志向的または解決焦点化アプローチである。解決志向的カウンセリングは問題の原因を取り除くのではなく，問題の解決に焦点を当てるのが特徴である。解決志向的カウンセリングは1980年代に開発され発展してきた比較的新しい心理療法であるが，日本においても多くの研究者，実践家によって導入され注目されている（たとえば，市川，2004；坂本・黒沢，2016など）。

危機カウンセリングもブリーフカウンセリングの一形態である。危機カウンセリングは，伝統的な来談者中心療法的な関係性とは異なり，指示的（directive），行為志向的（action-oriented）である（Schmidt, 2014）。危機カウンセリングは，学校コミュニティにおける緊急性の高い危機場面で適用されるものであり，短期間で効果をあげる必要がある状況で適用される。日本においても学校危機対応の重要性が認識され，蓄積された成果が体系化されており（たとえば，福岡県臨床心理士会，2005；福岡県臨床心理士会・窪田，2017），今後ますます必要とされるアプローチである（詳細については，第Ⅳ部第7章を参照されたい）。

引用文献

American School Counseling Association (2012). *ASCA national model: A framework for school counseling programs*. Alexandria, VA: Author.

Eccles, J. S., Midgley, C., Wigfield, A., Buchanan, C. M., Reuman, D., Flanagan, C., & MacIver, D. (1993). Development during adolescence: The impact of stage-environment fit on young adolescents' experiences in schools and families. *American Psychologist*, 48, 90-101.

福岡県臨床心理士会（編）　窪田由紀・向笠章子・林　幹男・浦田英範（2005）．学校コミュニティへの緊急支援の手引き　金剛出版

福岡県臨床心理士会（編）　窪田由紀（編著）（2017）．学校コミュニティへの緊急支援の手引き第2版　金剛出版

後藤綾文・平石賢二（2013）．中学生における同じ学級の友人への被援助志向性―学級の援助要請規範と個人の援助要請態度，援助不安との関連―　学校心理学研究，13，53-64．

平石賢二（編著）（2011）．改訂版 思春期・青年期のこころ―かかわりの中での発達　北樹出版

堀英太郎（2015）．スクールカウンセリングにおける支援―管理職との連携　本城秀次（監修）　河野荘子・永田雅子・金子一史（編）　心理臨床における多職種との連携と協働―つなぎ手としての心理士をめざして　岩崎学術出版社 pp.99-113．

市川千秋（監修）　宇田　光・櫻井禎子・有門秀記（編）（2004）．学校心理学入門シリーズ①　ブリーフ学校カウンセリング―解決焦点化アプローチ　ナカニシヤ出版

石隈利紀（1999）．学校心理学―教師・スクールカウンセラー・保護者のチームによる心理教育的援助サービス　誠信書房

石隈利紀・田村節子（2003）．石隈・田村式援助シートによるチーム援助入門―学校心理学・実践編　図書文化

桐山雅子（1993）．ルポルタージュ アメリカの小・中学校（上）―活躍するスクール・サイコロジスト　児童心理，47，1237-1243．

近藤邦夫（1994）．教師と子どもの関係づくり―学校の臨床心理学　東京大学出版会

近藤邦夫（2000）．学校臨床の発想　近藤邦夫・岡村達也・保坂　亨（編）　子どもの成長と教師の成長―学校臨床の展開　東京大学出版会　pp.1-11．

松岡靖子（2013）．スクールカウンセラーに求められる教員との連携：学校内心理危機に対応するために　名古屋大学博士論文　http://hdl.handle.net/2237/19056

水野治久（監修）　永井　智・本田真大・飯田敏晴・木村真人（編）（2017）．援助要請と被援助志向性の心理学―困っていても助けを求められない人の理解と援助　金子書房

大久保智生（2010）．青年の学校適応に関する研究―関係論的アプローチによる検討　ナカニシヤ出版

大野精一（1996）．学校教育相談―理論化の試み（月刊学校教育相談10月増刊号）　ほんの森出版

坂本真佐哉・黒沢幸子（編）（2016）．不登校・ひきこもりに効くブリーフセラピー　日本評論社

Schmidt, J. J. (2014). *Counseling in schools: Comprehensive programs of responsive services for all students*. Upper Saddle River, NJ: Pearson.

Selman, R. L. (2003). *The promotion of social awareness: Powerful lessons from the partnership of developmental theory and classroom practice*. New York: Russel Sage Foundation.

鈴村眞理（2010）．実践のための基礎理論　本田恵子・植山起佐子・鈴村眞理（編）　包括的スクールカウンセリングの理論と実践―子どもの課題の見立て方とチーム連携のあり方　金子書房　pp.79-113．

徳山美智子（1995）．学校精神保健のなかの養護教諭　清水將之（編）　特別企画　生徒のこころを支える養護教諭のはたらき　こころの科学，64，22-29．

鵜飼美昭（1995）．スクールカウンセラーとコミュニティ心理学　村山正治・山本和郎（編）　スクールカウンセラー―その理論と展望　ミネルヴァ書房　pp.62-78．

鵜飼美昭・鵜飼啓子（1997）．学校と臨床心理士―心育ての教育を支える―　ミネルヴァ書房

Wittmer, J., & Clark, M. A. (2007). Develomental school guidance and counseling: Its history and reconceptionalization. In J. Wittmer & M. A. Clark (Eds.), *Managing your school counseling program: K-12 developmental strategies* (3rd ed.). Minneapolis, MN: Educational Media Corporation.

山本和郎（1986）．コミュニティ心理学―地域臨床の理論と実践　東京大学出版会

山本和郎・原　裕視・箕口雅博・久田　満（編著）（1995）．臨床・コミュニティ心理学―臨床心理学的地域援助の基礎知識―　ミネルヴァ書房

山中大貴・平石賢二（2015）．中学生におけるいじめ被害時の教師への援助要請意図―生徒－教師関係，孤立傾向，深刻度の認知との関連から―　学校心理学研究，15，31-42．

3 学校心理臨床を支える法と倫理

　学校心理臨床は，すべての子どもの健やかな成長と発達を支援する営みである。心理臨床家として適切に役割を果たすためには，他領域の臨床実践と同様に十分な倫理的配慮を行うとともに，学校教育や子どもの権利がどのように法的に規定され，保障されているのかを知っておくことが欠かせない。本章では，まず，学校心理臨床に関わる法律や制度を紹介したうえで，学校における心理臨床における倫理について具体的な問題も含めて述べる。最後に法と倫理の関係について押さえておくべき問題に言及する。

◉学校心理臨床を支える法律・制度・事業

(1) 学校教育の土台を支える法律と制度

1) 学校教育の成り立ち　1947年に戦後の公教育の方向性を示すために教育基本法が制定され，目標となる人間像として，日本国憲法前文の「民主的で文化的な国家を建設し，世界の平和と人類の福祉に貢献しようとする決意」を受けて，「平和的な国家及び社会の形成者として，真理と正義を愛し，個人の価値を尊び，勤労と責任を重んじ，自主的精神に充ちた心身ともに健康な国民」が掲げられた。教育の目的や方針，教育の機会均等，義務教育，男女共学，学校教育，社会教育，政治教育，宗教教育，教育行政とこれらの実施のために必要な法令を定めることを規定した補則からなる基本法である。

　その後，2006年12月に教育基本法は，高度情報化，国際化，少子高齢化，核家族化といった社会の大きな変化の中で地域や家庭の教育力が低下し，子どもの基本的生活習慣の乱れ，学習意欲や学力，体力の低下，社会性や規範意識の低下などが問題視されるようになった中で，全面改訂された。改正後の教育基本法では，教育の目標として，①情操と道徳心，②勤労を重んずる態度，③公共の精神，④環境の保全，⑤我が国と郷土への愛の5つの項目が掲げられた。また，教育の機関や対象を，義務教育，学校教育に加えて，大学，私立学校，家庭教育，幼児期の教育，家庭および地域住民等の相互の連携教育などへと拡大している。

　一方，学校教育法は，日本国憲法，教育基本法の制定を受けて，戦後のわが国の学校教育の制度の根幹をなすものとして制定され，義務教育，幼稚園，小学校，中学校，高等学校，中等高等学校，特別支援教育，高等専門学校，専修学校について規定している。教育基本法の全面改正を受けて，義務教育の目標の新設や各学校種の目的・目標の見直しや主幹教諭，指導教諭などの新たな職の設置がなされたほか，時代の流れに即して随時改正が繰り返されている。

2) 学校教育の実施　教育基本法の趣旨にのっとって地域の実情に応じた教育の振興が図

られるために教育委員会の設置やその組織や運営，職員の身分などについて定めたものが地方教育行政の組織及び運営に関する法律（地方教育行政法）である。

　また，学校教育の担い手である教員の職務や責任，身分について定めた法律が，教育公務員特例法及び教育職員免許法である。教育基本法改正に伴って，教員免許の更新制が導入され，10年の間に規定の講習を受けないと教員免許が失効する制度となっている。

　一方，学習指導要領は教育基本法，学校教育法を踏まえ，各学校段階でのそれぞれの教科等の目標やおおまかな教育内容を定めたものである。以後ほぼ10年おきに改訂されており，教育基本法の改正を受けた現行の学習指導要領は，「生きる力」の育成，知識・技能の習得と思考力・判断力・表現力の育成のバランスの重視という視点から，道徳教育や体育などの充実によって豊かな心や健やかな体を育成することをその基本的な考え方とするものである。

(2) すべての子どもが安心・安全な環境で教育を受ける権利を保障する法律や制度

1) 学校や子どもの安心・安全の保障

　学校保健安全法は，学校における児童生徒等および職員の健康の保持増進を図る保健管理と，教育活動が安全な環境で実施され児童生徒等の安全の確保を図る安全管理に関して必要な事項を定めたものである。2009年の学校保健法から学校保健安全法への改正によって，養護教諭の役割が明確になるとともに，学校安全管理に関する項目が加わった背景には，1990年代後半から2000年代初頭にかけて大規模自然災害や凶悪事件で児童生徒の命が失われる事態が続き，学校の安全神話が崩壊したことがある。

　2005年の食育基本法の制定を受けて，文部科学省は給食を学校における食育の生きた教材と位置づけ，健康な食生活，食を通じての地域の理解や食文化の継承など，学校において食育を推進するとし，その指導体制の強化のために栄養教諭の配置を進めている。

　一方，2013年のいじめ防止対策推進法の制定により，いじめが法的に定義され，防止に向けて国，自治体，学校などの責務が明確にされた。学校はいじめ防止基本方針を定め，教職員，心理，福祉等の専門家から構成される対策組織を設置するよう義務付けられ，多くのスクールカウンセラー（以下SC）がメンバーとして加わっている。また，いじめによる児童等の生命等への重大な被害の疑いや，いじめによる長期間の不登校の疑いといった重大事態発生時には，学校または教育委員会が調査組織を作って事実関係を明らかにし，必要な情報を保護者らに提供するとともに，報告を受けた地方公共団体や教育委員会は再発防止に向けての措置を講ずることになった。

　加えて，2016年3月に成立した自殺対策基本法の一部を改正する法律には，若年層の自殺の深刻な実態を踏まえて，学校における教職員を対象とした啓発や児童生徒等を対象とした教育・啓発の実施について記載されている。

　このほか，子どもの安心・安全を保障する重要な法律としては2000年に制定された児童虐待防止法が挙げられる。児童虐待の定義として，身体的虐待，性的虐待，ネグレクト（養育放棄），心理的虐待が挙げられ，住民の通報義務等が定められた。その後，DVの目撃や保護者によるほかの同居者の虐待の放置も虐待に含むなどといった定義の見直しや，通告義務の範囲の拡大，児童相談所の権限強化など，より子どもの安全を守る方向への改正が繰り返されている。

　また，学校心理臨床に携わるうえで忘れてはならない法律の一つが少年法である。この法律は「少年の健全な育成を期し，非行のある少年に対して性格の矯正及び環境の調整に関する保護処分を行うとともに，少年の刑事事件について特別の措置を講ずることを目的とする」とさ

れている。ここで非行とは，刑罰法令に触れる行為（犯罪行為，触法行為）と犯罪を行う危険性がある状態（虞犯）であり，法に触れる行為を行った14歳以上20歳未満の少年が犯罪少年，14歳未満の少年が触法少年，現時点では法を犯していないが将来その虞がある少年が虞犯少年と呼ばれている。対象に犯罪に至らない段階の虞犯が含まれていることにも，あくまで犯罪者への懲罰ではなく，健全育成を目的とする少年法の特徴が表れている。

2）特別なニーズをもつ子どもの学ぶ権利の保障　学校教育法は，2006年に特別支援教育推進のために一部が改正されて，特別支援学校の目的や役割，小中高等学校等における特別支援学級の設置などが定められた。特別支援教育は，従来の特殊教育対象の障害に加えて，特別な支援を要する児童等が在籍するすべての学校において実施されるものであるという理念が明確に示された。

一方，2006年に国連総会において障害者の権利に関する条約が採択されたことを受けて，2013年に障害者差別解消法が制定され，国や地方公共団体等は障害者に対して合理的配慮を行うことが義務付けられた。学校においては，障害のある子どもの教育を受ける権利を保障するために必要な変更・調整を行うことである。

ところで，わが国の子どもの貧困率は16.3％に及び，OECD加盟34ヶ国中25位（2010年）といった深刻な状況が明らかになったことから，2012年には，子どもの貧困対策推進法，2014年にはそれに基づく対策推進を謳った子どもの貧困対策大綱が策定された。学校は，総合的な子どもの貧困対策のプラットフォームと位置づけられ，学力保障や学校を窓口とする福祉関連機関との連携などが挙げられた。

また，文部科学省は，性同一性障害者の性別の取扱いの特例に関する法律の成立等を受けて，全国の小中高等学校に在籍する自身の性別に違和感をもつ児童生徒に対して，学校における支援体制・相談体制の充実や学校生活のさまざまな場面での具体的配慮を求めている（文部科学省，2015）。

2016年12月には，義務教育の段階における普通教育に相当する機会の確保等に関する法律が公布され，2017年2月に施行された。その定めによって文部科学省が策定した基本方針には，不登校児童生徒への教育機会の確保等に関する事項，夜間中学等による多様な生徒の受け入れについて記載されている。

(3) 学校における心理支援に関わる法律や制度，事業

1）SC等活用事業　臨床心理士等の心の専門家を公立学校に派遣する事業は，1995年に全額国庫補助のSC活用調査研究委託事業としてスタートし，その後国庫補助の割合が1/2から1/3と低下し，事業名を変えながら今日に至っている。当初，全国154校の配置から始まったものが2016年度では23,187校と大幅に拡大するとともに，生徒指導上問題を抱える中学校への週5日配置や小中連携型配置，教育支援センター（適応指導教室）への配置など，実態に即した柔軟な活用がなされるようになり，常勤化に向けた調査研究にも着手されてきた。ただ，本事業は法律に基づく制度化に至っていなかったため，その運用は自治体の状況に左右されることとなり，結果として，自治体の財政基盤や臨床心理士の確保可能性によって相当の地域格差が生じているのが実情であった。

2) チーム学校に向けて　2015年12月の中央教育審議会答申「チームとしての学校の在り方と今後の改善方策について」において,「チームとしての学校」の体制整備によって,教職員一人一人が自らの専門性を発揮するとともに,専門スタッフ等の参画を得て,課題の解決に求められる専門性や経験を補い,子どもたちの教育活動を充実していく方向性が示された。

答申には,①SCの職務内容等を法令上明確化することや②将来的には教職員定数として算定することなどについて,今後検討していくと記載された。

3) SCの法令などにおける位置づけ　2) の中央教育審議会答申を受けて,2017年4月から施行された学校教育法施行規則の一部を改正する省令において,「SCは学校における児童の心理に関する支援に従事する」と規定された。SC活用調査研究委託事業の開始から22年を経て初めて法的に明確に位置づけられたものであり,きわめて画期的である。一方で,現時点では公立学校のSCは非常勤勤務の公務員特別職であって,教育委員会に雇用されており学校長の管理監督下にあるが地方公務員法の適用外である。中央教育審議会のいわゆるチーム学校に関する答申に記載された,SCの教職員定数としての算定についての検討が進むことに期待したい。

少し前になるが,学校教育法の特別支援教育推進のための一部改正を受けて,文部科学省が2007年に出した「特別支援教育の推進について」という通知において,障害をもつ児童生徒への生徒指導上の配慮の際にSC等との連携を行うよう記載されている。

一方,2013年に成立したいじめ防止対策推進法には,いじめ防止等に従事する人材(第18条),学校におけるいじめの防止等の対策のための組織(第22条)のメンバー,いじめに対する措置(第23条)への協力者として心理,福祉等の専門的知識を有する者として,心理の専門家の活用が記載されており,多くの学校でSCがその任にあたっている。

また,2016年の自殺対策基本法の一部を改正する法律では,学校における児童生徒等への自殺予防のための教育・啓発の推進が明記されたほか,地域の自殺対策のために精神科医と連携して取り組む専門職の一つとして心理の専門家が記載されている。

子どもの貧困対策大綱では,関係施策の実施状況や効果検証の指標が25設定されたが,SCの配置率はその一つとして掲げられている。

その他に,法律ではないが,性別違和をもつ児童生徒への学校の対応に関する文部科学省の通知においても,SCの役割についての言及がなされている。

このように,近年急速に学校における子どもの安心・安全を保障するうえで,SCの役割が明示的になってきている。

4) 心理臨床家の法律上の位置づけ　ご承知の通り,2015年9月に公認心理師法が制定され,2017年9月に施行された。50年以上にわたる心理臨床家の資格法制化に向けての取り組みが,文字通りの紆余曲折を経てようやく実現したところである。2018年4月からは,法に基づく受験資格獲得のための学部,大学院のカリキュラムがスタートし,同年9月には,現在まで一定期間の心理臨床の専門業務に携わっている者で,所定の講習を受けることで特例措置として受験資格を得た者等を対象とした第1回の試験が実施されることになっている。

公認心理師の業務としては,公認心理師法第2条に,①心理に関する支援を必要とする者の心理状態を観察し,その結果を分析すること,②心理に関する支援を要する者に対し,その心

理に関する相談に応じ，助言・指導その他の援助を行うこと，③心理に関する支援を必要とする者の関係者に対し，その相談に応じ，助言・指導その他の援助を行うこと，④心の健康に関する知識の普及を図るための教育及び情報の提供を行うことの4点が挙げられている。①はこれまで臨床心理士の専門業務として挙げられてきた臨床心理査定，②は臨床心理面接にほぼ該当すると考えられるが，これまで臨床心理地域援助として挙げられてきた内容が，③の関係者への支援，④の心の健康教育として別途掲げられるなど，より幅広い層への予防も重視する，より幅広い支援を提供することとなっている。これまでSCが担ってきた教師や保護者へのコンサルテーションや学級や学年単位などでの心理教育が，心理専門職の業務として明確に位置づけられていることがわかる。また近い将来，学校心理臨床の担い手として，公認心理師が加わってくることになる。

●学校心理臨床における倫理

(1) 心理臨床と倫理

1) 倫理とは何か　　倫理とは，辞書によれば「人として守り行うべき道。善悪・正邪の判断において普遍的な基準となるもの。道徳，モラル，2　倫理学の略」（小学館『大辞林』）とあり，道徳と同じ意味とされている。道徳については同じ辞書で，「人が善悪をわきまえて正しい行為をなすために，守り従わなければならない規範の総体。外面的・物理的強制を伴う法律と異なり，自発的に正しい行為へと促す内面的原理として働く，2　小・中学校で行われる指導の領域の一つ」と記されている。ここから，倫理とは，「人として行うべき社会的に正しい行為の規準」ということができる。

一方で，法律は，「社会秩序を維持するために強制される規範」であり，外面的・物理的強制を伴うものである。社会秩序の維持のために最低限社会が共有すべき基準として強制力を伴う。倫理・道徳が内面的な規範であるのに対して，法律は外面的な基準である。

さらに，コウリーら（Corey et al., 2003）は倫理を，「○○をしてはならない」「○○をしなければならない」という最低限の規準に従ってしか行動しない低次の「命令倫理」と，文字通りあるべき理想の姿を追求する「理想追求倫理」に分けて提示している。命令倫理は，法律に近い性質をもつものと言える。

2) 専門職と倫理　　専門職の条件として村本（1998）は，先行研究を参照して，①世の中に不可欠で代替困難な社会的サービスへの従事，②高度な知識の保有，③自律性をもって自己規制する能力をもつ集団の成員性，④倫理コードの承認・肯定，⑤強度な自己研鑽と種々の行動と決定に対する個人的責任の引き受け，⑥社会の利益へのコミット，⑦経済的報酬よりサービスに関心，の7点を挙げている。ここには，個人としてあるべき姿を追求する理想追求倫理や，職能団体をもち，倫理コードを承認・肯定することなどが含まれており，専門職としての要件において倫理に関することが重要な意味をもっていることがわかる。

3) 心理的支援における倫理　　専門職としての倫理を具体化したものが倫理綱領（倫理コード）である。臨床心理士は，専門職として心理支援を行う際の指針として倫理綱領をもっている（一般社団法人日本臨床心理士会，2009）。前文・第1条に対象者の基本的人権と自己決

定権の尊重,対象者の福祉の増進及び心理臨床家自身の社会人としての良識の維持,社会的責任・道義的責任の自覚を掲げ,第2条以降に秘密保持,対象者との関係,インフォームド・コンセント,職能的資質の自覚と向上など,そのために必要な規定がなされている。前文及び1条に理想追求倫理,2条以降には主として命令倫理が記されていることがわかる。さらにより具体的な運用のために,日本臨床心理士会倫理委員会は,2009年に倫理ガイドライン(日本臨床心理士会倫理委員会,2009)を発行し,2011年に一部改訂した(日本臨床心理士会倫理委員会,2012)。

(2) 学校心理臨床における倫理

　学校心理臨床においても心理臨床家は専門職として,倫理綱領の遵守が求められるのは言うまでもない。その詳細については,先に示した倫理ガイドライン等を参照いただきたいが,ここでは学校における心理支援と関わりの深い,秘密保持,対象者との関係,インフォームド・コンセント,および専門職としての能力と訓練について,簡単にふれておく。

　1) 秘密保持　秘密保持は心理臨床における倫理規定のなかでも最もよく知られたものであり,対象者との信頼関係の構築・維持のうえできわめて重要であることは言うまでもない。しかし,常に優先されるわけでもなく,その例外として,「その内容が自他に危害を加える恐れがある場合または法による定めがある場合」(一般社団法人日本臨床心理士会倫理綱領第2条)と規定されている。ガイドラインではより具体的に,①本人が承諾している場合,②法令上開示が義務づけられている場合,③スーパービジョン,コンサルテーション,事例検討会など,④組織の中での,あるいは組織に対する実践などが挙げられているが,③,④についても可能な限り対象者の同意を得る努力が求められている。

　2) 対象者との関係　対象者との関係については,第3条に「対象者との間で,「対象者─専門家」という専門的契約関係以外の関係を持ってはならない」と,多重関係の禁止が掲げられている。ガイドラインでは,多重関係とは本来の職業的関係以外の関係が混入する状態とし,混入する非職業的関係として,①交換取引,②贈り物の授受,③社交関係,④性的ひきつけられ,⑤性的接触,⑥非性的接触,⑦ビジネス,他の職業的関係の混入として,①教育と治療の重複,②スーパービジョンと治療の重複,③治療と研究の重複,④治療と権利擁護の重複などの具体例が挙げられている。このような関係が加わることで,対象者と搾取的な関係に陥ったり,心理臨床家の専門家としての判断が損なわれたりすることが危惧される。

　3) インフォームド・コンセント　インフォームド・コンセントについては,第4条に「業務遂行に当たっては,対象者の自己決定を尊重するとともに,業務の透明性を確保するよう努めること」が規定されている。対象者が十分な説明を受けたうえで,自ら受ける処遇(心理療法,心理査定,研究への参加)について同意する/しない機会を保障するというものである。説明を行うのは専門家の義務であり,それに基づいて同意する/しないは対象者の権利である。同意を得る内容や,判断能力等から対象者自身の自己決定が困難な場合の対応等が定められている。

4) 専門職としての能力と訓練　倫理綱領においては，第5条に職能的資質の向上と自覚として「資格取得後の専門的知識・技術，最新の研究内容と成果・倫理問題についての資質向上の努力」を規定し，第1項に「自らの限界の自覚とその範囲内での業務遂行」，第2項に「十分な研修に基づく技法等の実施」が謳われている。不十分・不適切な知識・能力に基づく支援によって対象者を傷つけたり不利益を与えたりすることがないように，ガイドラインでは，書物や視聴覚教材，インターネット等を用いての自習，職能団体や大学等が提供する研修会等への参加，スーパービジョンやコンサルテーションなど，具体的なレベルで研鑽を積み，資質の維持・向上，自覚に努めることを求めている。

(3) 学校心理臨床における倫理的葛藤と対応

1) 秘密保持をめぐって　学校での心理臨床活動に携わることになったSCが遭遇するもっとも一般的な倫理的葛藤は秘密保持をめぐるものだということができよう。秘密保持は，対象である児童生徒や保護者との信頼関係の構築には欠かせないものである。一方で児童生徒の生活の場は学校であり，学校での彼らの第一次的な支援者は教師であることを考えると，彼らにとって学校がより安全で安心できる場所となり，それぞれの力を発揮して生き生きとして過ごせるために，教師の適切な理解とそれに基づく関わりが欠かせない。もっともシンプルなのは，児童生徒や保護者に周囲と情報共有する必要性について十分説明し，納得してもらうことである。いじめについてSCに相談してくる児童生徒の多くが教師には秘密にしてほしいと言うのは，そのことを知った教師が，加害者とされる児童生徒に安易に接触して指導することで，却っていじめがひどくなることを恐れるからである。いじめの解決には先生たちの力が欠かせないこと，決して本人の意向に反して動くようなことはないこと，身近な先生たちの適切な見守りによってさらなる加害を防ぎ得ることなどを丁寧に伝え，安心してもらう努力が欠かせない。

それでも，教師との情報共有について児童生徒や保護者の了解を得ることは容易ではない。情報共有の必要性について話題にすることすら困難な場合もあるだろう。その場合であっても，前述したように「法令上開示が義務付けられている場合」，すなわち，いじめや虐待の存在が疑われる場合には，否応なく報告が求められる。また，公立学校のSCは教育委員会に雇用されている非常勤公務員であるため，雇用主への報告義務を負っている。このように関係者間の情報共有や雇用主への報告と対象者との秘密保持との間で臨床家は倫理的葛藤を抱えることになるが，長谷川（2007）はチーム内守秘義務という概念で，担任，養護教諭，学年主任など，当該児童生徒の対応に中心的に関わるチーム内で必要な情報を共有し，チームとして秘密を保持することを提案している。しかしながら，生田（2003）も指摘しているように，チーム内守秘ということで安易に情報を開示するのではなく，個々の事例について誰にどのような情報をどこまでどのように伝えることが対象者の利益となるかを十分精査し，倫理的に判断することが求められる。

2) インフォームド・コンセントをめぐって　学校でSCが児童生徒にカウンセリングを行う場合にも，カウンセリングについて説明を行い，同意を得ることが求められる。児童生徒の来談は本人の自発意思に限らず，保護者や教師の勧めであることも少なくないが，その場合も，児童生徒本人が理解できる形で本人にとっての意味とこれから取り組んでいくことについ

て説明し，同意を得る必要がある。ただ，出口（2009）は児童生徒が未成年であるために，保護者がカウンセリングの開始や中止について苦情を言ってくる可能性を指摘し，その場合も12歳以上については法律的に同意能力があるとされていることから，基本的に中学生以上であれば保護者の同意がなくても本人との間でカウンセリング契約が成立すると述べている。しかしながら，可能であればSCから直接，難しい場合には担任経由などで，児童生徒へカウンセリングを行う意味や必要性について説明し同意を得ることが，結果として児童生徒の利益につながる。ただ，学校におけるカウンセリングも教育活動の一環という考え方からすると，一つひとつについて保護者に説明して同意を得るという考え方は学校現場に馴染まないとも言える。したがって，学校側から児童生徒のカウンセリングを依頼された場合，保護者との間でどのような話になっているかについてSCの側から確認する必要がある。

3）**多重関係をめぐって**　学校は児童生徒にとって家庭に次ぐ生活の場である。一方，SCは学校（スクール）のカウンセラーであるため，その活動場所は面接室にとどまらない学校全体であり，担任とともに心理教育を行ったり，体育祭などの行事に参加したり，教室で給食を共にしたり，校内を巡回したりしている際に，カウンセリング関係を結んでいる児童生徒と出会うことも珍しくない。そのような際の振る舞い方についてあらかじめ対象児童生徒と話し合っておくことが望まれるだけではなく，カウンセリング関係以外の二重，三重の関係が生じることのデメリットについて担任等にも理解を求めておく必要がある。

　勤務後や休日に地域で児童生徒や保護者に出会う機会が重なることは，カウンセラーの個人情報へのアクセスを容易にし，多重関係につながる可能性をもっている。そのため，居住地近くの学校での勤務を避けることが原則であるが，離島や過疎地などで近隣地域に自分以外に心理的援助を提供できる専門家がいないような場合には，友人・知人など既に社会的関係をもつ対象者と関わらざるを得なくなることもある。そのような場合には，カウンセリング関係と他の社会関係が重複する多重関係のもつ問題点について十分な説明を行い，対象者の自己決定を尊重する（倫理綱領第3条2項）ことが求められる。

4）**専門職としての能力と訓練をめぐって**　心理臨床家の倫理として何が重要であるかを初学者に問うと，圧倒的多数が秘密保持，次いで多重関係やインフォームド・コンセントが挙げられ，「専門職としての能力と訓練」に言及されることは稀である。自己理解の不十分さによる逆転移への無自覚を含め，能力不足・訓練不足による不適切な対応によって対象者が被る不利益は計り知れないため，専門家としての資質を維持・向上させるための努力は生涯続く理想追求倫理の最たるものである。そのためには，前述したように書籍等による自学自習に加え，各種の研修会への参加やスーパービジョンの機会を確実に確保し続ける努力が求められる。

　このような努力はどの領域に勤務する心理臨床家であっても必要なものであるが，児童相談所の児童心理司を始めとして長く心理職が働く現場においては，年次に応じた研修制度が整っているのみならず，先輩や同僚に日常的に指導を受ける体制があるが，現時点では大半が非常勤職で一人職場となっているSCにおいては，個人的な努力で研修参加やスーパービジョン体制の確保を行うことが必要になる。各都道府県臨床心理士会も積極的に定期的な研修会の開催やスーパービジョン体制の整備などを行っているが，それらを主体的に活用するか否かはSC自身に委ねられているなか，倫理的責務としての自覚が求められる。

◉むすびに代えて──学校心理臨床における法と倫理

　第2節でふれたように，倫理は人としてのあるべき姿，生き方に関わるのに対して，法律はその一部として社会秩序の維持という点に照らしてのみ問題とされる。両者は包含関係にあり，法律に反することは倫理違反であるが，法律に反していないからといって倫理的に問題がないとは言えない（窪田，2014）。子どもの虐待は明らかに非倫理的な行為であるが，児童虐待防止法が整備される前は，明らかに暴行傷害罪に問えるような事案はともかく，ネグレクトなどについては対処できないという状況があった。このほか，ドメスティックバイオレンス，高齢者への虐待など，家庭における暴力は，「法は家庭に入らず」という，家庭内の問題については法が関与せず家族の解決にゆだねるべきだという考え方によって，長い間法的に問題にされることなく経過してきた。その後，問題の深刻化・顕在化に伴って，児童虐待防止法，DV防止法，高齢者虐待防止法などの暴力防止の法制化と改正，成年後見制度の改正などが行われ，家族の中で弱い立場にある構成員が保護される体制が徐々に整ってきた（窪田，2016）。そのほか，第1節で紹介した学校の安全安心を守る方向での学校保健法から学校保健安全法への改訂，いじめ防止対策推進法，子どもの貧困対策推進法，自殺対策基本法の一部改正を改正する法律などの制定や改正が，社会状況に応じて重ねられている。

　このような法制化やよりよい方向への改正が実現した背景には，社会の中で弱い立場に置かれ，法律がなかったために長い間権利侵害に苦しんできた人々の苦しみと，その救済・支援に力を尽くしてきたさまざまな立場の支援者の粘り強い努力があったこと，また，今なお，法制化がなされていないもしくは不十分なために理不尽な被害や不利益に甘んじざるを得ない人々が多く存在していることを忘れてはならない。心理臨床家は，いじめや虐待，ハラスメント，差別や偏見などの被害や不利益に苦しむ対象者に第一線で関わり，被害からの回復・エンパワメントを支援する立場にある。対象者の内面に向き合い，その変容を支援することにとどまらず，対象者とともに，場合によってはその依頼によって彼らの権利擁護のために声を上げるアドボカシーも，社会の中で求められる専門家の役割の一つとして意識しておきたい。

引用文献

Corey, G., Corey, M. S., & Callanan, P.（2003）．*Issues and ethics in the helping professions*（6th ed.）．Pacific Grove, CA: Brooks/Cole.（村本詔司・殿村直子・浦谷計子（訳）（2004）．援助専門職のための倫理問題ワークブック　創元社）

出口治男（監修）心理臨床と法研究会（2009）．カウンセラーのための法律相談──心理援助を支える実践的Q&A　新曜社

長谷川啓三（2007）．チーム内守秘義務の実際　村山正治（編）学校臨床のヒント　金剛出版　pp.16-19.

生田倫子（2003）．スクールカウンセラーの守秘義務　若島孔文（編）学校臨床ヒント集　金剛出版　pp.19-29.

一般社団法人日本臨床心理士会（2017）．倫理ガイドライン　https://www.jsccp.jp/member/news/pdf/rinrigaidorain20170515.pdf（2017年10月15日取得）

窪田由紀（2014）．心理臨床の倫理　森田美弥子・金子一史（編）臨床心理学実践の基礎その1　ナカニシヤ出版　pp.21-38

窪田由紀（2016）．学校における法と倫理　津川律子・元永拓郎（編）心理臨床における法と倫理　放送大学教育振興会　pp.109-125

文部科学省（2015）．性同一性障害に係る児童生徒に対するきめ細かな対応の実施等について　http://www.mext.go.jp/b_menu/houdou/27/04/1357468.htm（2018年2月21日取得）

村本詔司（1998）．心理臨床と倫理　朱鷺書房

II 日本における学校心理臨床の発展

今，日本の学校や子どもたちはどのような課題を抱えているのだろうか？日本において学校心理臨床の実践はどのように発展してきたのだろうか？
　ここでは，日本の学校や子どもの実態を押さえたうえで，スクールカウンセラー活用調査研究委託事業開始時からチーム学校に至る日本における学校心理臨床の発展過程や都道府県単位での実施体制にふれる。

1 日本の学校と子どもの実態

　学校は子どもたちにとって，学習の場であるとともに生活の場でもあり，計り知れない成長の可能性を秘めた場でもある。一方で，現代の学校においては，不登校，いじめや非行といった生徒指導上の課題から，児童虐待や貧困など社会的背景が関与している課題まで，子どもをめぐるありとあらゆる課題が山積している。子どもに関わるすべての専門家は，学校という場，そしてそこで過ごす子どもたちが直面している課題についての理解を深めておく必要があるだろう。

　本章では，政府の統計資料等を用いながら，日本の学校および子どもの実態について概観していく。子どもの実態に関しては，まず，子どもをめぐる課題として，文部科学省により毎年実施され，2017（平成29）年10月26日に最新の結果（速報値）が公表された「児童生徒の問題行動・不登校等生徒指導上の諸課題に関する調査」から不登校，いじめ，暴力行為，自殺について，また，これまでに2回実施されている「通常の学級に在籍する発達障害の可能性のある特別な教育的支援を必要とする児童生徒に関する調査」から発達障害について取り上げる。次に，子どもを取り巻く家庭や地域をめぐる課題として，厚生労働省および文部科学省の各種統計から，児童虐待，子どもの貧困，そして外国人児童について取り上げる。

●日本の学校の実態

　少子化・高齢化が進むわが国においては，学校の数および学校に在籍している子どもの数は年々減少している。2016（平成28）年度の学校基本調査によると，5月1日現在，国・公・私立の小学校数は20,313校，在籍児童数は6,483,515人，中学校数は10,404校，在籍生徒数は3,406,029人と，いずれも過去最低であった。小学校は10年前に比べて約2,600校・約70万人，中学校は約600校・約195,000人の減少となっている。

　学校と子どもの数が減り続けている一方で，特別支援学級の在籍児童生徒数は増加の一途をたどっている。（前述の学校基本調査によると，2016（平成28）年5月1日現在，小学校に設置された特別支援学級は39,386学級，在籍児童数は152,580人，中学校に設置された特別支援学級は17,842学級，在学生徒数は65,259人であった。この10年間の間に，小・中学校ともに，学級数は約1.6倍，在学児童生徒数は2倍以上の増加が認められる。）特別支援学級の数とそこに在籍する子どもたちの増加は，2007（平成19）年に改正学校教育法が施行され，特別支援教育が推進されたことの成果であると言えるだろう。一方で，校内に多くの特別支援学級を抱える学校においては，学級の増設に伴う教室整備の遅れや専門性のある教員の不足など，課題も多いことが浮き彫りにされつつある（日本教育新聞，2017）。

●日本の子どもの実態

(1) 子どもをめぐる課題

1) 不 登 校　不登校の子どもへの対応は，学校が抱える大きな課題の一つであり，いまや現代社会全体の問題としてとらえられるべきものにもなっている。文部科学省において不登校は「何らかの心理的，情緒的，身体的あるいは社会的要因・背景により，登校しないあるいはしたくともできない状況にあるために年間30日以上欠席した者のうち，病気や経済的な理由による者を除いたもの」と定義されている。つまり不登校は，病気や経済的な理由以外での「欠席日数の多さ」という状態像であると考えることができる。

文部科学省初等中等教育局児童生徒課（2017a）によると，2016（平成28）年度の小・中学校における不登校の児童生徒数は，小学校31,151人，中学校103,247人，全体では134,398人であった（図1-1）。小学校では208人に1人，中学校では33人に1人が不登校状態にあるということになる。経年変化をみると，各学校段階とも多少の増減はあるものの高止まりの状態が続き，近年では，2012（平成24）年度を境に漸増していることが読み取れる。

不登校の要因については，「本人に係る要因」から主たる要因を一つ選択し，その要因の理由として考えられるものを「学校に係る状況」と「家庭に係る状況」からすべて選択するという形で集計されている。それによると，「本人に係る要因」は，「『不安』の傾向がある（31.1%）」，「『無気力』の傾向がある（30.2%）」，「その他（17.2%）」，「『学校における人間関係』に課題を抱えている（16.8%）」，「『あそび・非行』の傾向がある（4.8%）」の順に多かった。また，「不安」の要因としては「家庭に係る状況（家庭の生活環境の急激な変化，親子関係をめぐる問題，家庭内の不和等）（29.8%）」や「いじめを除く友人関係

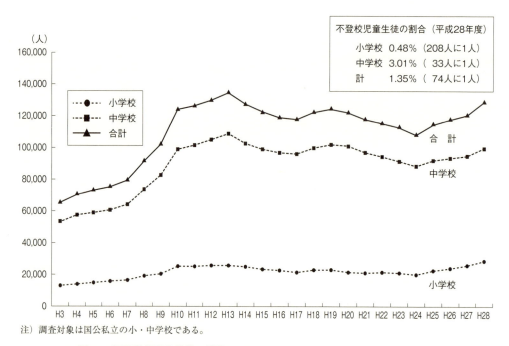

図1-1　不登校児童生徒数の推移（文部科学省初等中等教育局児童生徒課，2017a）

を巡る問題（27.3%）」が多く，「無気力」の要因としては「家庭に係る状況（42.2%）」や「学業の不振（28.2%）」が多く，「学校における人間関係」の要因としては「いじめを除く友人関係を巡る問題（70.6%）」が突出し，「あそび・非行」の要因としては「家庭に係る状況（41.5%）」や「学校のきまり等を巡る問題（32.6%）」が多かった。すなわち，家庭の状況や学校における学業や友人関係といった要因が複雑に絡み合い，本人の状態に影響を与えているものと考えられる。

2）いじめ　いじめは，1980年代半ばに被害にあった中学生が自殺に追い込まれ「いじめ自殺」として報道されたことをきっかけに社会問題となり，学校生活の中で起こる大きな問題の一つとして取り上げられ続けている。

文部科学省初等中等教育局児童生徒課（2017a）によると，2016（平成28）年度のいじめ認知件数は323,808件であり，前年度より98,676件増加し過去最多となった（図1-2）。小学校が237,921件であり，特に低・中学年の増加が顕著である。中学校は71,309件，高等学校は12,874件であった。これらを児童生徒全体におけるいじめの認知率に換算すると2.39%となり，前年度の1.65%を大きく上回る。

いじめの件数は，いじめの定義が変更されたり，調査法がより厳密になったりする毎に急上昇している（倉光，2014）。たとえば，2007（平成19）年の調査より，いじめの定義が「自分より弱いものに対して一方的に，身体的・心理的な攻撃を継続的に加え，相手がより深刻な苦痛を感じているもの」から「当該児童生徒が，一定の人間関係のある者から，心理的・物理的な攻撃を受けたことにより，精神的な苦痛を感じているもの」と変更され，より広範な事例を含む問題行動としてとらえられるようになった。加えて，それまではいじめの発生件数が調査対象とされていたが，訴えがあった認知件数を対象とするように変更された。これらが影響したためか，2005（平成17）年度には0.15%であったいじめの発生率は，2006（平成18）年度には0.87%の認知率へと急増している。また，2011（平成23）年10月に大津市で発生した中

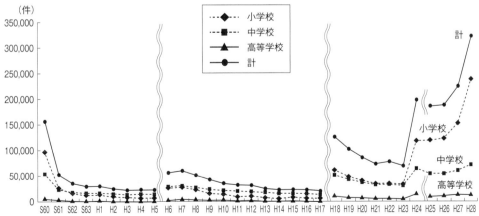

注）1993（平成5）年度までは公立小・中・高等学校を対象として調査が行われていた。1994（平成6）年度からは特殊教育諸学校（現：特別支援学校），2006（平成18）年度からは国立・私立学校，2013（平成25）年度からは高等学校の通信制課程を調査に含めている。

図1-2　いじめの認知（発生）件数の推移（文部科学省初等中等教育局児童生徒課，2017）

学生のいじめ自殺事件が契機となり，2012（平成24）年4月から9月にかけていじめに関する緊急調査が行われた結果，当該年度のいじめの認知率は1.43%と約3倍に跳ね上がった。なお，いじめ防止対策推進法の施工に伴い，2013（平成25）年度の調査からは，いじめの定義が「児童生徒に対して，当該児童生徒が在籍する学校に在籍している等当該児童生徒と一定の人間関係にある他の児童生徒が行う心理的又は物理的な影響を与える行為（インターネットを通じて行われるものを含む。）であって，当該行為の対象となった児童生徒が心身の苦痛を感じているもの」と変更されている。

そして，2016（平成28）年度の調査においては，「いじめ防止等のための基本的な方針」（文部科学省初等中等教育局児童生徒課，2017b）の改訂を受けて，「けんかやふざけ合い，暴力行為等であっても，背景にある事情の調査を行い，児童生徒の感じる被害性に着目し，認知を行う」ことが新たに追加されたため，これまでにはいじめとして認知されていなかった事案も表面化し，認知率に顕著な増加が認められたものと考えられる。

いじめの具体的な内容としては，「冷やかしやからかい，悪口や脅し文句，嫌なことを言われる」が62.5%と最多であり，「軽くぶつかられたり，遊ぶふりをして叩かれたり，蹴られたりする」(21.6%)，「仲間はずれ，集団による無視をされる」(15.3%)と続いている。「パソコンや携帯電話等で，ひほう・中傷や嫌なことをされる」は，全体では3.3%であるが，高等学校に限ると17.4%と2番目に多かった。近年の特徴の一つである「ネットいじめ」の広がりも踏まえ，対策を講じていくことが必要であろう。

3）暴力行為　学校で起こる暴力については，1996（平成8）年までは，公立中学校と高等学校における校内暴力（対教師暴力，生徒間暴力，器物破損）に関して調査が進められてきたが，1997（平成9）年からは小学校も調査の対象となり，学校内外で発生した暴力行為について調べられるようになった。文部科学省初等中等教育局児童生徒課（2017a）によると，2016（平成28）年度の暴力行為の発生件数は59,457件であり，前年度の56,806件と比べて増

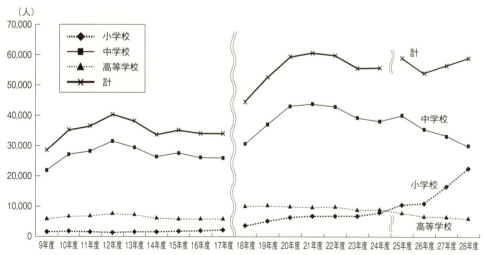

注）1997（平成9）年度からは公立小・中・高等学校を対象として，学校外の暴力行為も含めて調査が行われている。

図1-3　学校の管理下・管理下以外における暴力行為発生件数の推移
（文部科学省初等中等教育局児童生徒課，2017a）

加した。内訳は，小学校 22,847 件，中学校 30,148 件，高等学校 6,462 件であった（図 1-3）。

この調査で取り上げられている暴力行為は，「自校の児童生徒が，故意に有形力（目に見える物理的な力）を加える行為」であり，「対教師暴力」（たとえば，教師の胸ぐらをつかむ，教師めがけていすを投げつける），「生徒間暴力」（たとえば，同校の生徒同士がけんかになり，一方がけがをした），「対人暴力」（たとえば，他校の生徒と口論になり，けがを負わせた），「器物破損」（たとえば，トイレのドアを故意に破損させた）の 4 つに分けて集計されている。

児童生徒 1,000 人あたりの暴力行為の発生件数は 4.4 件であり，校内暴力の嵐が吹き荒れ第 3 の非行のピークと言われた 1983（昭和 58）年を凌駕し（新井，2013），調査開始以来最も高くなっている。近年の特徴として，中学校と高等学校の暴力行為の発生件数は減少傾向にあるものの，小学校においては顕著に増加していることが挙げられる。新井（2013）は，暴力行為の低年齢化や，誰もが暴力行為を犯しかねないという「新しい荒れ」の広がりがあることを指摘している。

4）自　　殺　　未来を担う子どもたちの早すぎる死は特に痛ましく，周囲に与える影響も計り知れない。文部科学省初等中等教育局児童生徒課（2017a）によると，2016（平成 28）年度に自殺した児童生徒のうち，小学校・中学校・高等学校から報告のあったものは 244 人であり，前年度の 215 人より漸増した。内訳は，小学生 4 人，中学生 69 人，高校生 171 人となっており，高校生が約 8 割を占めている（図 1-4）。

自殺した児童生徒が置かれていた状況としては，「不明」（たとえば，周囲から見ても普段の生活の様子と変わらず，特に悩みを抱えている様子も見られなかった）が 132 人（54.1％）と最も多いが，それを除くと「家庭不和」（たとえば，父母や兄弟等との関係がうまくいかず悩んでいた）と「進路問題」（たとえば，卒業後の進路について悩んでいた）が各 27 人（11.1％）などとなっている。なお，本人の訴えまたは保護者や他の児童生徒からの証言により「いじめ

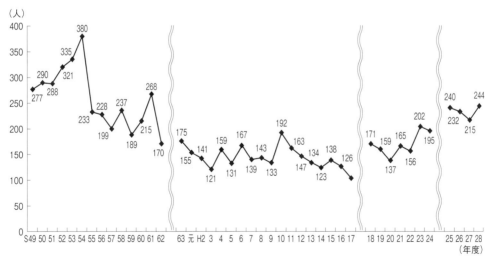

注）1976（昭和51）年までは公立中・高等学校を対象として調査が行われていた。1977（昭和52）年からは公立小学校，2006（平成18）年度からは国立・私立学校，2013（平成25）年度からは高等学校通信制過程を調査に含めている。

図1-4　児童生徒の自殺数の推移（文部科学省初等中等教育局児童生徒課，2017a）

の問題」が背景にあることが認められたのは10人（4.1%）であった。学校においては，危機対応や事後対応のみならず，自殺予防のための具体的な取り組みが今後ますます求められるであろう。

5）発達障害　学校では，知的な遅れはないものの学習や集団生活，対人関係などさまざまな側面でつまずきを抱える子どもが生活している。日本において，そうした子どもたちへの教育的支援が検討され始めたのは1990年代から2000年代にかけてのことである。

　文部科学省はこれまでに，発達障害に関わる全国調査を2回行ってきた。1回目は，2002（平成14）年に実施された「通常の学級に在籍する特別な教育的支援を必要とする児童生徒に関する全国実態調査」である（文部科学省初等中等教育局特別支援教育課，2003）。全国5地域の小・中学校で40,000人以上の児童生徒を対象としたこの調査からは，通常学級において，知的発達に遅れはないものの学習面や行動面に著しい困難を示す，すなわちLD，ADHD，高機能自閉症などの特徴を有すると担任教師が回答した児童生徒が6.3%在籍していることが明らかになった。この数値が発達障害のある子どもの割合を直接的に示したものではないことに留意する必要はあるが，40人学級であれば2～3名の割合で困難さを抱える子どもが在籍しているという事実は大きな意味をもって受け止められた。こうした結果も踏まえて，翌2003（平成15）年3月には，特別支援教育の在り方に関する調査研究協力者会議が「今後の特別支援教育の在り方について」をとりまとめ，障害の種類や程度に応じて特別な場で支援を行う特殊教育から，通常学級まで含めて子ども一人ひとりの教育的ニーズに応じた特別支援教育への転換を図ることの必要性を示した。そして，2007（平成19）年4月からは改正学校教育法が施行され，特別支援教育が本格的に実施され始めた。

　発達障害に関わる全国調査の2回目は，2012（平成24）年に「通常の学級に在籍する発達障害の可能性のある特別な教育的支援を必要とする児童生徒に関する調査」として実施された（文部科学省初等中等教育局特別支援教育課，2012）。障害のある子どもたちの現状を把握するとともに，開始から5年が経過した特別支援教育の実施状況を把握するという目的も含まれていた。調査の結果，全国（岩手，宮城，福島の3県を除く）の公立の小・中学校の通常の学級に在籍する50,000人以上の児童生徒のうち，知的発達に遅れはないものの学習面または行動面で著しい困難を示すものは6.5%と推定された（表1-1）。前回の調査とおおむね同じような

表1-1　知的発達に遅れはないものの，学習面または行動面で著しい困難を示すとされた児童生徒の割合
（文部科学省初等中等教育局特別支援教育課，2012）

	推定値（95%信頼区間）
学習面又は行動面で著しい困難を示す	6.5%（6.2%～6.8%）
学習面で著しい困難を示す	4.5%（4.2%～4.7%）
行動面で著しい困難を示す	3.6%（3.4%～3.9%）
学習面と行動面ともに著しい困難を示す	1.6%（1.5%～1.7%）

注）「学習面で著しい困難を示す」：「聞く」「話す」「読む」「書く」「計算する」「推論する」の一つあるいは複数で著しい困難を示す場合。「行動面で著しい困難を示す」：「不注意」，「多動性-衝動性」，あるいは「対人関係やこだわり等」について一つか複数で問題を著しく示す場合。

数値が得られたことになるが，対象地域や児童生徒の抽出方法が異なるため単純な比較はできない。なお，学年別にみると，小・中学校ともに学年が上がるにつれて学習面や行動面の困難さを示す児童生徒の割合は小さくなる傾向にあった。これについては，調査協力者会議において，周囲の教員や児童生徒の理解が深まり，当該児童生徒自身も生活経験を積んで学校に適応するという可能性が指摘されている一方で，高学年になるにつれてさまざまな問題が錯綜し見えにくくなるという可能性も指摘されている。

　学習面または行動面で著しい困難を示すとされた児童のうち，校内委員会において特別な教育的支援が必要と判断されているものは18.4%，現在何らかの支援がなされている，あるいは過去に何らかの支援がなされていたものは合わせて58.2%と推定された。各教員が個別に工夫しつつ特別支援教育に取り組んでいると評価できるとする見解もあれば，個別の配慮が必要とされるすべての児童生徒について校内委員会が関与していないという見解もあるが，詳細については今後の調査が待たれるところである。

(2) 家庭や地域をめぐる課題

1) 児童虐待　子どもへの虐待に関連する事件や問題は，メディアを通して日々大きく取り上げられている。2017（平成29）年8月17日に公表された厚生労働省の「平成28年度児童相談所での児童虐待相談対応件数」によると，2016（平成28）年度中に全国210か所の児童相談所が児童虐待相談として対応した件数は122,578件（速報値）であった（厚生労働省，2017a）。対前年度比は118.9%であり，過去最多となっている。

　相談対応件数が増加した背景として厚生労働省は，児童が同居する家族における配偶者に対する暴力（面前DV）が心理的虐待とされ警察等からの通告が増加したこと，2015（平成27）年7月より児童相談所全国共通ダイヤル（189）の運用が始まったこと，およびマスコミ報道等により国民や学校等関係機関の児童虐待への意識が高まったことなどを挙げている。

　児童虐待が深刻な社会問題となっている近年では，虐待防止のための早期発見・早期対応は言うまでもないが，虐待の未然防止，虐待を受けた子どもの発見・通告から保護に至るまでの過程や，自立支援なども含めたさまざまな取り組みが行われている。よって，上述のデータからは，単に虐待の件数自体が増加しているということのみならず，発見から通告に至るまでの流れがより精緻化されたことにより虐待が発見される件数が増加したということも考えられるだろう。

2) 子どもの貧困　厚生労働省は2009（平成21）年に，2006（平成18）年の所得データに基づく日本の子ども（18歳未満）の相対的貧困率[1]が14.2%であることを公表した（厚生労働省，2009）。6人に1人の子どもが貧困状態にあるという事実が政府によって公式に発表されたことにより，子どもの貧困は大きな社会問題の一つとして認識されるようになった。

　貧困には，大きく分けて「絶対的貧困」と「相対的貧困」という考え方がある。絶対的貧困は，衣食住すらままならない状況のことを指すことに対し，相対的貧困は，人がある社会の中で生活する際に，その社会のほとんどの人々が享受している「普通」の習慣や行為を行うこと

---

[1] 厚生労働省の「国民生活基礎調査」において，相対的貧困率は「等価可処分所得の中央値の半分」と定義されている。なお，2015（平成27）年度の相対的貧困率は，熊本県を除いて算出されている。

ができないことを指す。子どもの場合は，たとえば学校に行き，クラブ活動をし，友達と遊び，希望すれば高校程度の高等教育を受けるといった生活さえもができない状態のことを言う（阿部, 2012）。阿部（2012）は，相対的貧困によって子どもたちは，「子ども社会」から排除されるリスクが高くなることや，親のストレスの高さ，精神状態の悪化，社会からの孤立や多労働という影響を介して身体的・心理的な影響を受けるということを指摘している。

子どもの貧困率についてはその後，2012（平成24）年度の調査において16.3％と最も高くなったが，2015（平成27）年度には13.9％と減少に転じた（厚生労働省，2017b）。数値の低下について厚生労働省は，景気が回復し，子育て世帯の雇用や収入が上向いたためとみている。しかし，国民全体の生活水準の低下により相対的貧困率も低下したという指摘もあり，決して楽観視はできない。

なお，同調査で算出されたひとり親世帯における相対的貧困率は，2015（平成27）年の時点で50.8％であった。割合としては若干の減少傾向にはあるものの，依然としてひとり親世帯の生活は特に厳しい状況に置かれていることが窺える。

3）外国人児童　日本では1990（平成2）年の「出入国管理及び難民認定法」の改正により，中小企業や自動車産業などにおいてニューカマーと呼ばれる日系の南米人が急増した。2017（平成29）年6月末現在，日本国内には2,471,458人の外国人が在留している（法務省，2017）。

外国人就労者の増加に伴い，その配偶者や子どもも増加している。2016（平成28）年5月1日現在，公立学校（小学校，中学校，高等学校，義務教育学校，中等教育学校，特別支援学校）に在籍する外国人児童生徒は80,119人であり，これまでで最も多くなっている。このうち日本語指導が必要な児童生徒は34,335人（42.9％）であり，同じく過去最多である（文部科学省初等中等教育局国際教育課，2017）。「日本語指導が必要な児童生徒」とは「日本語で日常会話が十分にできない児童生徒」および「日常会話ができても，学年相当の学習言語が不足し，学習活動への参加に支障が生じており，日本語指導が必要な児童生徒」のことをさす。つまり，すべての外国人児童生徒に日本語指導が必要であるというわけではなく，外国籍であっても日本で生まれ育ち日本語や日本文化に精通している子どももいれば，両親のいずれかが日本人であっても国際結婚や離婚，転勤など保護者の事情で外国生活が長く，日本語が十分でない子どももいる（藤田，2012）というように，状況はさまざまであると言える。

日本では，外国人児童生徒には就学義務が課せられていないが，「子どもの権利条約」を批准しているため，国籍を問わずすべての子どもに対して無償の初等教育が保証されている。増加する外国人児童生徒に対して，各自治体や教育委員会は日本語教育への対策に追われており，彼らの学校生活における適応状態やウェルビーイングの視点からの支援は追いついているとは言えない。一方で，鈴木（2016）は，外国人児童生徒においては日本語教育や国内の学校生活への円滑な適応を図るだけでなく，海外における学習・生活体験を尊重した教育を推進することが大切になると述べている。

●おわりに

本章では，さまざまな課題に焦点を当てながら，日本の学校および子どもの実態を概観してきた。ここで取り上げたもの以外にも学校や子どもに関わる課題は数多くあり，すべてを把握

することは決して容易ではない。また今後，社会の変化に伴い新たな課題が浮上してくるという可能性も十分に考えられる。しかしながら，子どもや子どもを取り巻く環境の動向に絶えず目を向け，学校臨床心理学の立場からどのような貢献ができるのかを考え続けることは，支援の質の向上をめざすにあたり，なくてはならない姿勢であると言えるだろう。

引用文献

阿部　彩（2012）．「豊かさ」と「貧しさ」：相対的貧困と子ども　発達心理学研究, 23, 362-374.

新井　肇（2013）．暴力行為―生徒指導の視点から　子どもの心と学校臨床, 8, 22-29.

藤田恵津子（2012）．ニューカマーの子ども（外国人児童生徒）　本間友巳（編）　学校臨床―子どもをめぐる課題への視座と対応―　金子書房　pp.66-77.

法務省（2017）．平成29年6月末現在における在留外国人数について（確定値）　http://www.moj.go.jp/nyuukokukanri/kouhou/nyuukokukanri04_0068.html（2018年2月18日取得）

厚生労働省（2009）．相対的貧困率の公表について　http://www.mhlw.go.jp/houdou/2009/10/h1020-3.html（2017年11月19日取得）

厚生労働省（2017a）．平成28年度　児童相談所での児童虐待相談対応件数＜速報値＞　http://www.mhlw.go.jp/file/04-Houdouhappyou-11901000-Koyoukintoujidoukateikyoku-Soumuka/0000174478.pdf（2017年11月10日取得）

厚生労働省（2017b）．平成28年　国民生活基礎調査の概況　http://www.mhlw.go.jp/toukei/saikin/hw/k-tyosa/k-tyosa16/dl/16.pdf（2017年11月19日取得）

倉光　修（2014）．いじめの現在：子どものなかで何が起きているのか　子どもの心と学校臨床, 11, 5-13.

文部科学省（2016）．学校基本調査　http://www.mext.go.jp/b_menu/toukei/chousa01/kihon/1267995.htm（2017年10月22日取得）

文部科学省初等中等教育局国際教育課（2017）．「日本語指導が必要な児童生徒の受入状況等に関する調査（平成28年度）」の結果について　http://www.mext.go.jp/b_menu/houdou/29/06/__icsFiles/afieldfile/2017/06/21/1386753.pdf（2017年6月14日取得）

文部科学省初等中等教育局特別支援教育課（2003）．今後の特別支援教育の在り方について（最終報告）　http://www.mext.go.jp/b_menu/shingi/chousa/shotou/054/shiryo/attach/1361204.htm（2017年10月22日取得）

文部科学省初等中等教育局特別支援教育課（2012）．通常の学級に在籍する発達障害の可能性のある特別な教育的支援を必要とする児童生徒に関する調査結果について　http://www.mext.go.jp/a_menu/shotou/tokubetu/material/__icsFiles/afieldfile/2012/12/10/1328729_01.pdf（2017年10月22日取得）

文部科学省初等中等教育局児童生徒課（2017a）．平成28年度「児童生徒の問題行動・不登校等生徒指導上の諸課題に関する調査」（速報値）について　http://www.mext.go.jp/b_menu/houdou/29/10/__icsFiles/afieldfile/2017/10/26/1397646_001.pdf（2017年10月28日取得）

文部科学省初等中等教育局児童生徒課（2017b）．いじめ防止等のための基本的な方針　http://www.next.80.jp/component/a-menu/education/datail/__icsFiles/afieldfile/2017/04/05/1304156_02_2.pdf（2018年2月18日取得）

日本教育新聞（2017）．特別支援学級　校内で進む「多学級化」　6月12日号　日本教育新聞社

鈴木庸裕（2016）．多様な家族への対応　日本学校心理学会（編）　学校心理学ハンドブック第2版―「チーム」学校の充実をめざして―　教育出版　pp.194-195.

2

日本における学校心理臨床の発展過程

●スクールカウンセラー事業のこれまで

(1) スクールカウンセラー調査研究委託事業以前

　日本の国としてのスクールカウンセラー事業は，1995（平成7）年度の文部省（現文部科学省）調査研究委託事業を端緒とする。これ以前の学校における心理臨床的援助としては，私学や一部の自治体における活動に限られたものであった。私学においては，1960年代において既にカウンセリングを導入する学校が現れ，保原（1995）によると1994年の都内私立高校対象の調査で6割以上の回答校が相談室やカウンセリングルームを設置または設置予定としており，独自の展開を進めていた。国としては，1985（昭和60）年に文部省の協力者会議が緊急提案として現職教員ではない専門家によるスクールカウンセラー（以下SC）の必要性を提案したが，予算措置ができなかったこと，そして専門家カウンセラーの受け皿がないことから実現することはなかった（村山，2000）。SC事業が開始される以前の学校現場では，教員や教員OBがその役割を果たしており，その状況について村山（1988）は「教師カウンセラー」として，後の臨床心理士によるSCを示す「学校臨床心理士」と明確に区別している。

(2) SC活用調査研究委託事業の時期（平成7年度～12年度）

　1995（平成7）年度に開始された「文部省スクールカウンセラー活用調査研究委託事業」は，国の全額委託事業であり，①児童生徒のいじめや校内暴力等の問題行動，登校拒否や高等学校中途退学等の学校不適応，その他生徒指導上の諸問題に対する取り組みのありかた，②児童生徒の問題行動等を未然に防止し，その健全な育成を図るための活動のありかた，の2点について，SCの活用，効果等に関わる実践的な調査研究を行うもので，全国154校にSCが配置された。当時の時代背景としては，昭和の終わりより注目を集めつつあった学校現場でのいじめ事案について，1994（平成6）年の愛知県西尾市における中2男子のいじめ自殺事件により社会の注目が大きく増した時期である。併せて，年々増加する不登校事案の複雑化と深刻化，1995年1月に発生した阪神淡路大震災など，子どもたちが抱える心の問題が注目され，その対応が喫緊の課題であると社会，そして国が認識することとなったことが，本事業の開始につながったと考えられる。

　SCの選考については，「スクールカウンセラー活用実施要項」によると「臨床心理士等，児童生徒の臨床心理に関して高度に専門的な知識・経験を有するもの」との記述があるため，各地の経験・実績ある臨床心理士が学校現場に入ることとなった。鵜養（2016）は，従前の公教育への心理臨床機能導入の試みと本事業の違いについて，①汎用性のある「心のケア」の実践

的専門職＝臨床心理士の誕生，②公的事業を委託可能な全国組織ができたこと，③個々の学校臨床心理士の活動をバックアップする県単位の組織が作られたこと，の3点を挙げている。①の臨床心理士は，1988（昭和63）年に日本臨床心理士資格認定協会が設立され，認定が始まった心理専門職資格である。1990（平成2）年に同協会が文部省の所管法人となったことも，SCと臨床心理士のつながりとなったことが指摘されている（村山，2000）。②としては，日本臨床心理士会，日本臨床心理士資格認定協会，日本心理臨床学会の三団体合同専門対策委員会を前身とする学校臨床心理士ワーキンググループがそれにあたる。同ワーキンググループの役割としては，事業推進のために必要な体制整備，文部省・教育委員会・校長や教職員・SCなどからの情報収集と集約による事業促進，事業に有効な企画の立案・実行，が重要であるとされている（村山，2000）。③については，都道府県ごとの臨床心理士会に「学校臨床心理士担当理事」と「学校臨床心理士コーディネーター」を中心とした支援組織が作られたことが該当する（鵜養，2016）。各都道府県臨床心理士会の本事業での役割として，明田川（2001）は，「各都道府県臨床心理士会にSC委員会が組織され，教育委員会と協力体制をとるかたちで，SC派遣事業を展開している。SC委員会コーディネーターの役割は主に，教育委員会と協力してSCの人選を行うことにある。また，SCと教育委員会とのパイプ役という重要な役割も果たしている」としている。実施要項に「臨床心理士」という具体的記述が行われたことは，上記のような専門性と組織を臨床心理士が兼ね備えていたことが大きな理由として考えられる。

　SCの職務は，「スクールカウンセラー活用実施要項」では，「スクールカウンセラーは，校長等の監督のもとに，おおむね以下の職務を行う。①児童生徒へのカウンセリング，②カウンセリング等に関する教職員および保護者に対する助言・援助，③児童生徒のカウンセリング等に関する情報収集・提供，④その他の児童生徒のカウンセリング等に関し学校において適当と認められるもの」とされている（村山，1995）。

　とかく閉鎖的になりがちな学校現場の内部にSCという外部の人間が入り込む「外部性」，そして臨床心理士など専門家がもつ「専門性」は，これまでとは異なる知見と考え方や対応を学校現場にもたらすこととなり，学校内にSCが存在することの有効性を知らしめることとなった。本事業の成果は，文部科学省教育相談等に関する調査研究協力者会議の報告（2017）における「当該委託事業においては，SCは心理学の領域に関する高度な知識及び臨床経験を有する専門職であるとともに，児童生徒にとっては，評価者として日常接する教職員とは異なることで，教職員や保護者には知られたくない悩みや不安を安心して相談できる存在であること，教職員にとっては，児童生徒やその保護者と教職員との間で第三者としての架け橋的な仲介者の役割を果たしてくれる存在であることが高く評価された」との記述が最も端的なものであろう。本事業は，2000（平成12）年度まで計3回の派遣単位（1回2年）にて終了し，日本におけるSC事業は次の段階へと歩みを進めることとなった。

(3) 高評価と拡大の時期（平成13年度〜19年度）

　調査研究委託事業の成果を受け，全国各都道府県からのSC配置に対する要請は高まりを見せた。1998（平成10）年6月の中央教育審議会答申の中でも，「スクールカウンセラーの果たす役割は極めて重要であり，子どもたちの心の問題の多様化・複雑化という状況を踏まえると，すべての子どもがスクールカウンセラーに相談できる機会を設けていくことが望ましいと考える」という提言がなされた。2001（平成13）年，この年の1月に中央省庁再編により文部省

と科学技術庁の統合で生まれた文部科学省はこの流れを受け、「スクールカウンセラー活用事業補助」事業を展開することとなり、日本のSC制度は本格的にスタートを切ることとなった。この時期の「スクールカウンセラー活用事業」については、2007（平成19）年7月1日に文部科学省の教育相談等に関する調査研究協力者会議より報告された「児童生徒の教育相談の充実について—生き生きとした子どもを育てる相談体制づくり—（報告）」に詳しく記されている。

　本事業は、前述の協力者会議の報告によると「全国の中学校に計画的に配置することを目標とし、その成果と課題等を調査研究するため」とされている。事業の実施主体は都道府県や政令指定都市となり、国は各都道府県等がSCを配置するために必要な経費の半額を補助するという形式となった。文部科学省は、5年間で全国1万校の中学校へのSC配置を完了するという計画を打ち出し、積極的にSC配置を行った。表2-1は、SCの配置校数および予算額の推移である。この結果、全国の公立中学校へのSC配置は急速な拡大を見せたが、小学校・高等学校へのSC配置は後回しとされた。そのため、小学校や高等学校へのSC配置は自治体の裁量次第となり、一部では独自の予算でSC配置を継続する自治体もあったが、その判断は自治体の財政状況や施策に左右され、地域格差が見られるようになった。急速なSCの増加は、地域によっては臨床心理士の不足という事態も引き起こした。臨床心理士の有資格者は登録数としては十分な人数が存在するのだが、その居住地は都市部に集中しており、地方では十分な臨床心理士の人数を確保することが困難な状況が見られる場合があった。これらの財政的・人材的な制約は、「スクールカウンセラーに準ずる者」の雇用へとつながることとなった。「スクールカウンセラーに準ずる者」は、「準スクールカウンセラー」とも呼ばれるもので、「スクールカウンセラー等活用事業実施要領」によると、「次の各号のいずれかに該当する者から、都道府県又は指定都市が選考し、スクールカウンセラーに準ずる者として認めた者とする。1.大学院修士課程を修了した者で、心理臨床業務又は児童生徒を対象とした相談業務について、1年以上の経験を有する者　2.大学若しくは短期大学を卒業した者で、心理臨床業務又は児童生徒

表2-1　SCの配置校数および予算額の推移

（教育相談等に関する調査研究協力者会議「児童生徒の教育相談の充実について—生き生きとした子どもを育てる相談体制づくり—（報告）」2007年7月をもとに作成）

目的	1995	1996	1997	1998	1999	2000
小学校	29	97	186	373	602	776
中学校	93	337	654	995	1096	1124
高等学校	32	119	225	293	317	350
計	154	553	1065	1661	2015	2250
予算額（単位：100万円）	307	1100	2174	3274	3378	3552

目的	2001	2002	2003	2004	2005	2006	2007
小学校	1497	2607	1599	1823	1906	1697	1988
中学校	2634	33460	4778	5969	7047	7692	8839
高等学校	275	505	564	693	594	769	633
計	4406	6572	6941	8485	9547	10158	11460
予算額（単位：100万円）	4006	4495	3994	4200	4217	4217	5051

を対象とした相談業務について，5年以上の経験を有する者　3.医師で，心理臨床業務又は児童生徒を対象とした相談業務について，1年以上の経験を有する者　4.都道府県又は指定都市が上記の各者と同等以上の知識及び経験を有すると認めた者」とされている。「スクールカウンセラーに準ずる者」の対象となったのは，臨床心理士資格取得見込みの者，臨床心理士以外の心理関連資格を有する者，精神科医以外の医師など，多岐にわたることになった。「スクールカウンセラーに準ずる者」の雇用は，自治体にとって①時給がSCよりも低額となるため，経費の1／2負担が軽減できる，②臨床心理士が少ない地域でも，一定数の人数を確保しやすい，等のメリットがあり，一部の自治体では積極的に導入された。しかしながら，「スクールカウンセラーに準ずる者」の場合，①臨床心理士のような「質の担保」がなく，個人間の能力差が大きくなりがちである，②都道府県臨床心理士会が担っているバックアップ機能や研修による自己研鑽のシステムがなく，自治体自身がそれらの役割を担わなければならないこと，等のデメリットも存在することがわかってきた。そのため，臨床心理士数が十分確保できる大都市圏では，そのSCのほとんどを臨床心理士が占めることとなった。このような流れにより，調査研究委託事業の時期には見られなかった地域格差が徐々に大きくなっていった。

　SCの業務は，協力者会議の報告における記載では「1.児童生徒に対する相談・助言　2.保護者や教職員に対する相談（カウンセリング，コンサルテーション）　3.校内会議等への参加　4.教職員や児童生徒への研修や講話　5.相談者への心理的な見立てや対応　6.ストレスチェックやストレスマネジメント等の予防的対応　7.事件・事故等の緊急対応における被害児童生徒の心のケア」となっている。調査研究委託事業の時期と比較すると，内容が具体的かつ多岐にわたるものとなり，特に予防的対応と緊急支援に関する表記が見られることは，この時期に新たにSCに期待されている内容を示しているものとみなすことができる。

　「スクールカウンセラー活用事業」開始後，多くの学校にSCが配置・活用されるようになり，その役割，成果，課題などについて，多くの検討がなされるようになった。協力者会議の報告（2007）では，「スクールカウンセラーを派遣した学校の暴力行為，不登校，いじめの発生状況を全国における発生状況と比較すると，いずれもスクールカウンセラーを派遣した学校の発生状況の方が低い数値となっていることや，過去5年間で中学校へのスクールカウンセラーの配置率が50パーセント以上向上した県におけるいじめの減少率は，全国平均値を上回っている状況が見られる」（数値の一部省略）と一定の成果を認めている。また同報告では，教職員のメンタルヘルス関連での役割，特別活動・道徳などの授業参加や教育相談に関する校内体制におけるコーディネーターの役割，自然災害や事件・事故等の被害にあった児童生徒に対する緊急時の心のケアなどに果たす役割等について，SCの働きを評価すると同時に更なる期待が寄せられている。教育相談等に関する調査研究協力者会議は，この時期のSC制度の成果・意義として，「1.学校外のいわば「外部性」を持った専門家として，児童生徒と教員とは別の枠組み，人間関係で相談することができるため，SCならば心を許して相談できるといった雰囲気を作り出している。2.教職員等も含めて，専門的観点からの相談ができる。3.相談場所が学校であるため，児童生徒，教職員，保護者が外部の専門機関に自費で相談に行かなくても，比較的平易に相談できる。4.学校全体の連絡会等に参加することによって，学校の一体的な教育相談体制を向上させ，生徒理解の促進に寄与する」の4点を挙げている。さらに，SCの外部性については，「スクールカウンセラーの「外部性」は，教育の専門性を持っている教員とは異なる，臨床心理の専門性を生かすことができるという点で意義があり，教員と連携して児童生

徒の自己実現を助ける役割を果たしている」と別記述で評価している。しかしながら，こういったSCの外部性の評価は，SCの常勤化を妨げている側面にもつながっており，SCの外部性の確保とSCの勤務形態の安定性の両面を満足し得る体制の模索は現在も続いている。

　この時期のSC制度の課題としては，①学校ごとの意識の差や教育委員会の方針の不明確さによる，SCの組織的活用の不十分な実施，②SCの資質・経験のギャップや都市部以外での人材不足，③SCの身分の不安定さ（非常勤，単年度契約など）と勤務時間の限定による相談体制充実に向けての困難さ，④「外部性」と「学校組織の一員」の両面を有するSCについての認識のアンバランスさによる情報共有の不十分さ，⑤児童生徒や保護者が一層相談しやすい体制づくり，などが挙げられる（教育相談等に関する調査研究協力者会議，2007）。これらの課題に対して，同報告では「スクールカウンセラーに期待されている役割は大きく，今後可能な限り中学校以外の学校種における配置・活用や相談時間数の増加等を検討することが必要である。また，スクールカウンセラーをスーパーバイズする者の配置や，地域の実態に応じた一層多様な人材の活用等について検討することが必要である」としており，今後の対応の必要性について言及している。

(4) 転換の時期（平成20年度〜）

　2001（平成13）年度からの「スクールカウンセラー活用事業」は，公立中学校へのSC配置を急速に後押しすることになった。SC配置校数も，2006（平成18）年度には10,000校を超え，2007（平成19）年度には全公立中学校の87％へのSC配置が実現し，SC制度は国全体に拡大していった。このような状況の中，平成20年度からの「スクールカウンセラー活用事業」では，国からの都道府県・政令指定都市への補助金の補助率が，かつての1/2から1/3に減額された。このことで，自治体の負担は増加したが併せて自治体の裁量権の範囲も増大し，SC制度は国主導から地方主導へと進んでいくこととなった。この時期にはSCの制度や運用においても大きな変化が見られた。その例としては，教育事務所など学校以外の場所でもSCの配置が可能，勤務時間数の統制が解除され地域事情に応じた勤務条件の設定が可能，スーパーバイザーや緊急支援についても予算化，従来設定されていた「スクールカウンセラーに準ずる者」の配置上限（全体の4割まで）の撤廃など，都道府県や政令指定都市の自治体・教育委員会の主体的な制度運用が可能となった。このような状況下にてSC制度は，良く言えば地域の事情に応じた運用が可能となり，悪く言えば自治体の施策や財政の影響を強く受けることで費用対効果がシビアに求められ，行政や議会との関係により制度が翻弄されることになった。SCの採用についても，募集・選考・採用決定まですべて教育委員会が行う自治体があれば，すべてを教育委員会と都道府県臨床心理士会が協力して行う自治体もあり，自治体ごとのSC制度運用のギャップは，さらに拡大することになった。

　この時期に始まった特筆すべき事業として，スクールソーシャルワーカー活用事業がある。文部科学省の教育相談等に関する調査研究協力者会議報告（2017）によると，スクールソーシャルワーカー設置の経緯として，「不登校，いじめなどの児童生徒の問題行動等の背景には，児童生徒の心の問題とともに，家庭，友人関係，学校，地域など児童生徒の置かれている環境の問題もあり，児童生徒の心と環境の問題が複雑に絡み合っている。そのため，児童生徒の心に働き掛けるカウンセラーのほかに，児童生徒の置かれている環境に働き掛けて子供の状態を改善するため，学校と関係機関をつなぐソーシャルワークを充実させることが必要であるとの

認識の下，一部の自治体（群馬県，大阪府，香川県，熊本県など）における取り組みを参考として，平成20年度に「スクールソーシャルワーカー活用事業」（都道府県・市町村対象の委託事業）が創設された」と記述されている。スクールソーシャルワーカーが担う業務としては，同報告によると，①不登校，いじめ等の未然防止，早期発見および支援・対応等，②不登校，いじめ等を学校として認知した場合又はその疑いが生じた場合，災害等が発生した際の援助，とされている。SC活用事業とスクールソーシャルワーカー活用事業は，2009（平成21）年度より「学校・家庭・地域の連携協力推進事業」の一部として，そして2013（平成25）年度からは「いじめ対策等総合推進事業」の一部として，同じ予算の枠組みの中から補助事業として実施されることとなった。SCに続き，スクールソーシャルワーカーという専門職が学校現場に導入されたことで，学校教職員と学校内の専門職が連携・分担を行う「チーム学校」という考え方に通じる道筋ができたともいえるだろう。

●チーム学校に向けて

(1) なごや子ども応援委員会の取り組み

　名古屋市では，2013（平成25）年に起きた中学生の自死事件を契機に，2014（平成26）年度より「なごや子ども応援委員会」の活動が開始された。設置の趣旨については，同委員会のリーフレットの中で「常勤の専門職を学校現場に配置することで，児童生徒と普段から関わりながら教員と協働し，児童生徒の問題の未然防止，早期発見や個別支援を行うとともに，学校を支援する体制づくりを推進します」と記している。

　同委員会の構成は，SC・スクールソーシャルワーカー・スクールアドバイザー・スクールポリスの4職種から成る。それぞれの役割について高原（2016）は，「(1)スクールカウンセラーは生徒や教職員および保護者の心理的支援にあたり，(2)スクールソーシャルワーカーは，家庭訪問や子育て等の相談業務に携わる。また，(3)スクールアドバイザーは，連絡調整の役割として，学校内外との連携を担当する。(4)スクールポリスは，学校内外の安全確保，生徒の家庭訪問などのほか，徘徊・暴力等の問題に対処する」としている。職務内容は，①日常生活を通して教員と協働し，児童生徒の問題の早期発見に努める，②幅広い相談対応を行う，③家庭，地域，関係機関との連携を強化する，④未然防止につながる取り組みの支援を行う，の4点が挙げられている。

　「なごや子ども応援委員会」の取り組みは，公立学校における常勤職としてのSCの働き，そして複数の常勤専門職が学校現場の中でどのように機能していくのかという点において，全国の注目を集めている。同委員会が抱えている課題として，高原（2016）は，学校現場の疑問やためらい・応援委員会構成員のとまどい・従来のSCと子ども応援委員会の関わりへの懸念などを挙げており，「支援にあたる職員間で，考え方や学校や地域へのアプローチの仕方が異なれば，混乱をきたすであろう。また，構成員の職能がいかにチーム支援のなかで機能するか，各人の態度がいかにチームとして統合されるかが問われるであろう」と記している。始まったばかりの同制度がどのような展開を見せるかは，国が進めようとしている「チーム学校」にも大きな影響を与えることが予想される。

(2)「チーム学校」とこれからの SC

2015（平成 27）年 12 月に提出された，文部科学省中央教育審議会「チームとしての学校の在り方と今後の改善方策について（答申）」において，「チームとしての学校」と，それを実現するための改善方策が示された。図 2-1 は，チーム学校のイメージ図である。石隈（2016）は，「チーム学校の促進のためには，専門性に基づくチーム体制を構築する横のコーディネーションと学校におけるマネジメントを充実させる縦のコーディネーションがカギを握る」としている。答申では「チームとしての学校」のありかたとして，①専門性に基づくチーム体制の構築，②学校のマネジメント機能の強化，③教職員一人ひとりが力を発揮できる環境の整備，を挙げている。

前述の中央教育審議会答申の中で，チーム学校に向けた SC 活用のための改善方策として，「・国は，スクールカウンセラーを学校等において必要とされる標準的な職として，職務内容等を法令上，明確化することを検討する。　・国は，教育委員会や学校の要望等も踏まえ，日常的に相談できるよう，配置の拡充，資質の確保を検討する。　・国は，将来的には学校教育法等において正規の職員として規定するとともに，公立義務教育諸学校の学級編制及び教職員定数の標準に関する法律（以下，「義務標準法」という。）において教職員定数として算定し，国庫負担の対象とすることを検討する」といった 3 点を明示している。これは，SC の常勤化，全校配置，法改正による制度化を示すものであると言えよう。文部科学省も，2016（平成 28）年度予算から貧困対策のための SC 追加配置や試行的な SC 週 5 日配置のための予算を計上しており（坪田，2016），「チームとしての学校」の実現とそれに関連した SC を取り巻く状況や求められる役割の変化は急速なものとなってきている。

「チームとしての学校」における SC に求められる職務内容として，坪田（2016）は，「児童生徒のカウンセリング，児童生徒への対応に関しての保護者・教職員への心のケア，事件・事

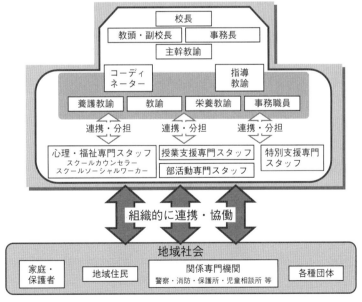

図2-1　チーム学校のイメージ図
（中央教育審議会，2015をもとに作成）

故等の緊急対応における児童生徒等の心のケア，教職員等に対する児童生徒へのカウンセリングマインドに関する研修活動，教員との協力の下，子供の心理的問題への予防的対応」としている。また，西井（2016）は，「これまでのSCが外部性を強調してきたのと対照的に，学校組織内部の一員としていかにその専門性を発揮するかが，チーム学校では問われてくる」とし，その内容として，①資格，②心理面接業務，③マネジメント機能への参与，を挙げている。これらを見ると，従前のSCとしての機能はもちろんであるが，新たに「心理教育など積極的な予防的関わり」，「教職員や他専門職の中でのマネジメント」といった役割が期待されていることがわかる。このような機能は，従来のSCや臨床心理士には必ずしも必要とされていなかったものである。上記の役割に必要とされるであろう発信力・教育力・社会的能力が，従来の臨床能力と併せて，これからのSCには要求されてくると考えられる。

このように，「チームとしての学校」の中で，SCが求められている役割は，これまで以上に重く，多岐にわたるものとなっている。このような要請に対応できるSC自身の自己研鑽はもちろん，育成・研修システムやバックアップ体制の整備も喫緊の課題となっている。

引用文献

明田川知美（2001）．報告書に見る「スクールカウンセラー活用調査研究事業」の現状と課題—北海道におけるスクールカウンセラー派遣校作成の事業報告書（平成7～11年）より— 公教育システム研究，1, 53-67.

中央教育審議会（1998）．「新しい時代を拓く心を育てるために」—次世代を育てる心を失う危機—（答申） 文部科学省 http://www.mext.go.jp/b_menu/shingi/chuuou/toushin/980601.htm（2018年2月27日取得）

中央教育審議会（2015）．チームとしての学校の在り方と今後の改善方策について（答申） 文部科学省 http://www.mext.go.jp/b_menu/shingi/chukyo/chukyo0/toushin/__icsFiles/afieldfile/2016/02/05/1365657_00.pdf（2018年2月27日取得）

保原三代子（1995）．私立中学・高校のスクールカウンセラー 村山正治・山本和郎（編） スクールカウンセラー—その理論と展望— ミネルヴァ書房 pp.217-223.

石隈利紀（2016）．援助サービスにおけるコーディネーションとは 日本学校心理学会（編） 学校心理学ハンドブック第2版 教育出版 pp.162-163.

教育再生実行会議（2014）．今後の学制等の在り方について（第五次提言） https://www.kantei.go.jp/jp/singi/kyouikusaisei/pdf/dai5_1.pdf（2018年2月27日取得）

村山正治（2000）．臨床心理士によるスクールカウンセラーの展開 村山正治（編） 現代のエスプリ別冊 臨床心理士によるスクールカウンセラー—実際と展望 至文堂 pp.9-22.

文部科学省（2007）．教育相談等に関する調査研究協力者会議報告書 児童生徒の教育相談の充実について—生き生きとした子どもを育てる相談体制づくり http://www.mext.go.jp/b_menu/shingi/chousa/shotou/066/gaiyou/1369810.htm（2018年2月27日取得）

文部科学省（2017）．教育相談等に関する調査研究協力者会議報告書 児童生徒の教育相談の充実について—学校の教育力を高める組織的な教育相談体制づくり http://www.mext.go.jp/component/b_menu/shingi/toushin/__icsFiles/afieldfile/2017/07/27/1381051_2.pdf（2018年2月27日取得）

名古屋市教育委員会 なごや子ども応援委員会リーフレット

名古屋市教育委員会事務局職員採用選考案内 平成29年10月6日

西井克泰（2016）．「チーム学校」とスクールカウンセラー 子どもの心と学校臨床，15, 8-15.

高原晋一（2016）．「なごや子ども応援委員会」の取り組み 日本教育経営学会紀要，58, 69-73.

坪田知広（2016）．スクールカウンセラーへの期待 子どもの心と学校臨床，15, 70-74.

鵜養美昭（2016）．これまでのSCとこれからのSC 子どもの心と学校臨床，15, 16-24.

3
日本における学校心理臨床の実施体制

●日本における学校心理臨床の実施体制の変遷

　日本におけるスクールカウンセリングは，1995（平成7）年4月に「文部省スクールカウンセラー活用調査研究委託事業」として，初めて開始された。当初のスクールカウンセラー配置校数は全国で154校，予算規模は3億7百万円であった（文部科学省，2013a）。現在では，2019（平成31）年度までに全国のすべての公立小・中学校27,500校に対し，スクールカウンセラー（以下SC）の配置を完了し，いじめ，不登校対策はもとより，児童虐待，子どもの貧困，自殺，暴力行為等，多様な問題状況に対し，「チーム学校」の一員として対応できる処遇や配置が検討される（e.g., 教育再生実行会議, 2016）に至り，この20余年にわたるSC事業の発展ぶりは目覚ましいものがある。

● SCの選考

　SC事業の実施にあたり，従来の学校組織にはなかった児童生徒の心理臨床や相談に関する専門家を，どのように選考・配置するかはきわめて重要な課題である。「スクールカウンセラー等活用事業実施要領」（文部科学省，2013b）では，SCには，「臨床心理士」，「精神科医」，「大学教授等」に相当する者が選考されることになっている。加えて，地域や学校の事情を踏まえ，SCに準ずるものとして，大学院修了者，大学・短期大学卒業者，医師等で相応の業務経験をもつ者から選考することができる。2015（平成27）年度の文部科学省調査報告（文部科学省初等中等教育局児童生徒課, 2016）に基づくと，2015（平成27）年度は，全国の公立小・中・高等学校，および特別支援学校等のうち，18,700校余りの学校に6,400名弱のSCが配置されている。そのうち臨床心理士は約6,300名で，SC中の臨床心理士の割合は，ほぼ99％となっている。また，SCに準ずる者の任用は全国で1,300名余りである。2017（平成29）年に「公認心理師法」が施行されたことに伴い，今後，国家資格である「公認心理師」もSCの選考基準として加わると思われるが，今日までの日本のSC事業は，臨床心理士が牽引し，信頼を形成してきたと言えよう。

●心理臨床職能団体による学校心理臨床の実施体制とコーディネーター

（1）コーディネーターの設置

　1995（平成7）年の「文部省スクールカウンセラー活用調査委託事業」の開始に先立ち，日

本心理臨床学会・日本臨床心理士会・(財)日本臨床心理士資格認定協会の三団体は，SC事業に組織的に取り組むためのワーキンググループを設置した（滝口，1998）。ワーキンググループが作成したSCのガイドラインに沿って，都道府県臨床心理士会に学校臨床心理士担当理事とコーディネーターが置かれた。地域により若干の差異はあるが，一般に担当理事は，日本臨床心理士会等の中央機関や都道府県，政令指定都市の教育委員会との連絡調整の窓口の役割を担い，コーディネーターは，教育委員会への臨床心理士のSCとしての推薦や，研修およびスーパービジョン等のサポート体制を整えることを主たる役割として，SCの活動を支えている。制度発足以来，学校臨床心理士担当理事とコーディネーター（以下，これらを合わせて「コーディネーター」と表記）は，学校臨床心理士全国研修会開催時等に，全国各地から参集し，研修の実施を支えるとともに，同時に開催される定例の会議で情報交換を行い，それを地域にフィードバックする役割も担っている。

　実際のコーディネーターの活動は，どのように行われるのであろうか。「スクールカウンセラー活用調査研究委託事業」開始以来，(公財)日本臨床心理士資格認定協会や(一社)日本臨床心理士会，および(一社)日本心理臨床学会（以下，合わせて「臨床心理士関係団体」と表記）は，文部科学省をはじめ，地方公共団体の教育委員会と密接に連携しながら，SC事業の発展に寄与してきた。ここからは，臨床心理士関係団体が，これまで行ってきた学校心理臨床に関わる活動を概観し，どのように日本の学校心理臨床が実施されているかについて述べる。

(2) コーディネーターの役割

1) 教育委員会との連絡・調整　SC事業は，学校に教員以外の専門家が本格的に参与する初めての機会であり，教育の専門家である教員と心理臨床の専門家であるSCが，協働して成果をあげるためには，教育委員会と都道府県臨床心理士会との，現場感覚を共有した密接な連携が不可欠である。コーディネーターの第一の役割は，教育委員会と都道府県臨床心理士会との連絡調整を行うことである。コーディネーターは，教育委員会が事業計画を策定する段階から，積極的に参与・連携することが求められる。

　SC事業では，地域の事情がさまざまに異なり，それぞれの事情に即した施策が求められる。それぞれの地域におけるSC候補者の数と予算・需要との関係は個々に異なるので，コーディネーターは，それぞれの地域において，どのような制度設計が適切であるか等について，教育委員会に対してコンサルテーションを行うことなども必要となる。たとえば，予算やSC数が少なく，単独での全校配置が難しい地域などでは，拠点校方式や巡回方式をとり，1校あたりの勤務時間や勤務日数を調整するなどして，できるだけ広範囲にサービス提供ができるよう工夫することは，教育委員会とSCを推薦する都道府県臨床心理士会の双方の事情が調整できて初めて可能になることである。また，昨今，都市部ではSC候補者の供給過剰な状況も生まれてきており，社会のニーズに沿った質の高いSCを提供するための，研修制度や人事配置制度を検討，具申することも必要になってきている。

　コーディネーターの役割として，SCの待遇の維持・向上に関して，教育委員会との調整・連絡を行うことも必要となる。具体的には，地方公共団体の財政状況や事業計画により，報酬の減額や勤務時間数の調整等の要請がなされた場合，賃金や待遇の維持・改善を求め折衝することもコーディネーターの重要な役割となる。

　このように，コーディネーターは，地方公共団体の事業計画に対してコンサルテーションを

積極的に行うことが求められる。そのためには，SCを有効に活用するための現状分析を的確に行い，最新の方策を常に模索しつつ，協議・提案を行っていく必要がある。そこで，多くの都道府県臨床心理士会での学校臨床心理士部門においては，地域や，学校種別などにより組織をグルーピングし，それぞれから，ベテラン・中堅の代表者を選出するなどの方法により合議体（専門委員会，運営委員会等）が組織されている。そこでは，コーディネーターがリーダーシップをとりながら，地域のSC事業の現状分析や，問題点の抽出，対策などについて協議することにより，事業計画やSCの配置，研修などについてさまざまな施策が検討・実施されている。また，配置校やSC数が多い都道府県臨床心理士会では，地域，学校種別等でのグループの代表者にコーディネーターの役割の一部を委嘱して，負担を分散しているケースも見られる。

2）SCの推薦と配置　コーディネーターの二つ目の重要な役割は，年度毎のSC候補者の推薦や配置に関わる業務である。これらの業務は，都道府県臨床心理士会で異なる部分はあるが，SCを希望する臨床心理士名簿の作成と教育委員会への提供は，ほとんどの都道府県臨床心理士会において行われているようである。もちろん，SCの任免に係る権限は地方公共団体にあるが，SCの推薦をどのレベルまで行うかは地域の状況により異なる部分も多く，候補者の募集から配置までをすべて教育委員会が行うところから，推薦者名簿の提供のみを都道府県臨床心理士会が行い，配置についてはもっぱら教育委員会が行うところ，配置も含めて都道府県臨床心理士会が推薦するところまでさまざまである。

　前述したように，現状では全国のSCのほとんどは臨床心理士であることから，SCの質を維持し，学校現場からの信頼を得ることができる推薦・配置作業を行うことが，コーディネーターとしての重要な課題となる。そのため，規模の大きい地域などでは，SCの勤務状況に関する学校アンケートを教育委員会と都道府県臨床心理士会との連携のもとに実施し，勤務状況を評価するシステムを導入し，評価結果を参考にしながら推薦・配置を行っているところがある。このようなシステムには，有能なSCに対し，均等な雇用機会を提供する効果もあると考えられる。

　このほかにも，推薦・配置にあたって考慮しなければならない点は数多い。たとえば，多くの都道府県臨床心理士会や教育委員会では，特定のカウンセラーが同一校に長期間勤務することによって生ずる弊害を防止し，配置校に均等なサービスを提供するために，一定の年限での勤務校のローテーションルールを定めている。さらに，現状のSCの勤務形態の多くは，単年度の非常勤契約である。そのため，毎年のSC推薦・配置業務は，年ごとに異なる応募者について，新規の配置，ならびに継続勤務者の継続・異動について，それぞれの特性を考慮しながら決定していく非常に複雑なものとなる。コーディネーターは，これらの手続きを短期間に行いながら，SCの適切な推薦と配置が行えるよう尽力している。

3）緊急支援のコーディネート　学校では，時に事件・事故・災害などの不測の事態が起こることがある。その際，学校組織や，その構成員である児童生徒，教員，そしてそこに関わる保護者や地域に重大な危機的状況を生じ，当事者では解決が困難な事態に陥った場合，外部からの緊急支援が必要となる。都道府県臨床心理士会により異なる部分もあるが，コーディネーターは緊急支援事態において，学校コミュニティにおける支援体制の構築や，緊急支援事態

そのものを直接的，または間接的に支援する。コーディネーターは，個々のカウンセラーの特性・資質について熟知していると同時に，緊急支援対応に精通しており，緊急支援カウンセラーとして適切な人材を速やかに選択・派遣することができる。緊急支援カウンセラーは，コーディネーターと密接に連携しながら，学校コミュニティに対して適切なコンサルテーションを行いつつ，同時並行的に学校コミュニティに対する支援を行うこととなる。その際，コーディネーターは自ら緊急支援カウンセラーのリーダーとして現場に赴くこともあれば，後方支援のリーダーとして，現場の緊急支援カウンセラーを支える役割につくこともある。また，あらかじめ選出された緊急支援担当者や，コーディネーターのもとに緊急支援チームを経常的に組織し，そこから緊急支援カウンセラーの派遣や後方支援を行うことができるシステムが構築されている場合もある。

(3) SCの研修

1) SCの研修の意義　学校心理臨床の実践では，従来の個別心理臨床の基本的考え方とは異なり，児童生徒の適応を促すために，学校，家庭，地域などのコミュニティに対しても積極的に働きかけ，統合的に問題の解決を図ることが必要である。SC事業の開始当初，従来型の心理臨床の枠組みと現実との狭間で，パラダイムの切り替えが難しく，学校現場とスクールカウンセリングとの乖離を生じたケースも少なくなかった。臨床心理士関係団体では，そのような状況をいち早くとらえ，行政とも連携しながらSCの研修制度の充実に努めてきた。また，大学院での臨床心理士養成課程においても，このような学校心理臨床の特色について，一定の理解が促されており，現在では，前述のような乖離をみることは少なくなったが，長年に亘り教員中心に築きあげられた学校文化に，異なる背景をもつSCが参与するには，学校制度はもとより，現実に学校で何が起こり，何が必要とされているか，またそれらの問題についてSCが如何に関与することができるかについて，深い理解と柔軟な対応能力をもつことが必要である。そのために有効な研修制度を確立することが重要な課題となる。

2) 教育委員会主催の研修会　都道府県・政令指定都市教育委員会は，採用したSCを対象とした研修会を定期的に開催している。そこで提供される内容は，SC事業の概要や法的な問題を含む服務に関する事項など，行政側から提供される情報と，SC業務の実践に関わる情報とに大別され，教育委員会に都道府県臨床心理士会が全面的に協力して企画運営が行われている。この研修会にはSCはもちろんであるが，教育委員会の指導主事，学校の管理職，教育相談担当教員等が参加し，学校心理臨床の実際について，共通理解を深める場として活用することも重要である。ほとんどの教育委員会で，年間1～4回程度の研修会が行われており，教育委員会主催の研修会が行われていない地域でも，後述する臨床心理士会の研修会への複数回の参加が義務づけられている。

3) 臨床心理士関係団体主催の研修会　教育委員会主催の研修会とは別に，全国，都道府県単位でのSCの研修会が活発に行われている。学校臨床心理士全国研修会は，（公財）日本臨床心理士資格認定協会・（一社）日本臨床心理士会・（一社）日本心理臨床学会の共催により年1回開催されており，全国のSCが一堂に会し，講演，シンポジウム，分科会等を経て相互研鑽，意見交換を行う得がたい機会となっている。

都道府県別の研修会は，すべての都道府県臨床心理士会が主催して行われており，主にSCの現任者を対象として開催されている。研修会の実施回数は地域によりさまざまであるが，おおむね，都道府県単位で行われる全体研修会と地区別，校種別等に区分けされた比較的小グループでの地区研修会等に分けられ，それぞれの研修会に出席が義務づけられていることが多い。全体研修会は，基本的共通理解の醸成と，SC相互の連携を図ることを基本的目的として，より実践的な内容を中心に運営されている。全体研修会の実施にあたり，コーディネーターのもとに研修委員会等を組織し，現場のニーズを取り入れながら，研修会の企画運営を行っているところも多い。これらの研修会においても，行政や学校との連携が図られており，教育委員会の担当指導主事や，各学校の養護教諭，生徒指導主事，特別支援教育コーディネーター等に情報提供を依頼し，意見交換に加わって貰うなど，現場のSCと行政や学校との連携をより緊密にする機会ともなっている。さらに，医療，福祉，司法矯正，産業などの隣接心理臨床領域や関連他職種との連携を図るために，臨床心理士会でそれぞれの領域毎に行われている研修会との合同研修会の開催，心理臨床各領域の臨床心理士や，学校医，スクールソーシャルワーカー，司法矯正や就労支援に関わる関係者などに研修会への参加を要請することなども，学校心理臨床活動の更なる充実に寄与するものと考えられる。

　4）メンタリングとスーパービジョン　研修会によってSCの資質の向上と，学校心理臨床コミュニティの強化を行うことと並行して，個別のSCの資質・能力の維持・向上を図ることも重要な課題である。心理臨床におけるスーパービジョンの必要性については，既に語り尽くされているところではあるが，学校心理臨床におけるSCの活動は，個別の事案の多様性にも増して，学校風土の影響を大きく受けるという特徴がある。そのため，スーパービジョンは学校心理臨床の実践において，より必要不可欠な要素となるのである。

　学校心理臨床におけるスーパービジョンは，SC初任者に対するものと，基礎的な研修を終え，一定の経験を経た経験者に対するものに大別される。

　初任者に対するスーパービジョンは，学校心理臨床場面での活動経験の少ない対象者を「育てる」ことを目的として行われるので，管理・教育的機能が包括されるスーパービジョンよりも，「メンタリング」という用語を用いる方がより適切であると考えられる。メンタリングとは，知識や経験の豊かなメンターが，まだ未熟なメンティに対して，キャリア形成や心理・社会的な側面から一定期間継続して行う支援行動であると定義される（渡辺・久村，1999）。メンタリングは，対話と助言により，メンターの豊富な経験を伝授しつつ，メンティの資質・能力に応じた力を引き出すことを目的として行われる。すなわち，学校心理臨床におけるメンタリングにおいては，初任のSCを既定の枠にはめていくのではなく，学校臨床の枠組みと個別の学校風土の中で，個々のSCの資質や能力を伸ばすことに重点が置かれる。メンタリング経験を繰り返す中で，学校心理臨床への十分な理解と柔軟性が養われると考えられる。

　経験者に対するスーパービジョンは，一定の経験を経て，さまざまな状況への対応力を身につけたスーパーバイジーに対し，自らの学校心理臨床活動を改めて見直し，修正する機会と，更に困難な状況への対応力を身につけることを目的として行われる。自らの活動を客観的に見直し，学校心理臨床の目的や倫理に即した活動となっているか，より困難な事例に対し，どのように対応することができるか，また，これまでの学校心理臨床活動において，着実に遂行されてきた点は何か，などについて，スーパーバイザーとともに仔細に点検評価することにより，

より適確な学校心理臨床活動を行うことができるようになる。

このようなメンタリング・スーパービジョンシステムは，教育委員会や教育事務所等にスーパーバイザーを公的に配置するなどして，取り入れられているところがあり，さらに，都道府県臨床心理士会においても，経験豊富なSCの中からメンターやスーパーバイザーを任命して，SCの資質・能力の向上を期しているところが多く見られる。

(4) 日本における学校心理臨床の実施体制の将来

SC事業が発足した当時の主たる事業目的は，いじめ・不登校対策であった。これは現在も変わることなく継続しているが，SC事業が浸透するにつれ，事業目的も多様化してきている。

現在，SCの配置拡充が求められている提言を列挙すると，

① 「すべての子どもの安心と希望の実現プロジェクト」：貧困対策，児童虐待防止（子どもの貧困対策会議, 2015）
② 「チームとしての学校の在り方と今後の改善方策について」：SCの正規職員化（中央教育審議会, 2015）
③ 「『次世代の学校・地域』創生プラン（馳プラン）」：SCの職務の明確化（文部科学省, 2016）
④ 「すべての子供たちの能力を伸ばし可能性を開花させる教育へ（第九次提言）：SCの法的位置づけ，役割の明確化，全公立小中学校への配置（教育再生実行会議, 2016）
⑤ 「ニッポン一億総活躍プラン」：教育相談機能強化，SCの小中学校全校配置（閣議決定, 2016）
⑥ 「自己肯定感を高め，自らの手で未来を切り拓く子供を育む教育の実現に向けた，学校，家庭，地域の教育力の向上（第十次提言）」：SCの役割等の周知徹底，全公立小中学校への配置（教育再生実行会議, 2017）

などがある。これらは，いずれもSCを「チーム学校」の一員として確実に位置づけ，配置を拡充したうえで重点的に活用しようとするものである。

これらの期待に応えるためにも，SC自身の自己研鑽はもとより，それを支える養成，研修，人事配置・推薦等の実施体制を堅持し，より発展させることが重要な課題であると考えられる。

引用文献

中央教育審議会（2015）．チームとしての学校の在り方と今後の改善方策について（答申）　文部科学省　http://www.mext.go.jp/b_menu/shingi/chukyo/chukyo0/toushin/__icsFiles/afieldfile/2016/02/05/1365657_00.pdf（2017年10月31日取得）

閣議決定（2016）．ニッポン一億総活躍プラン　https://www.kantei.go.jp/jp/singi/ichiokusoukatsuyaku/pdf/plan1.pdf（2017年10月31日取得）

子どもの貧困対策会議（2015）．すべての子どもの安心と希望の実現プロジェクト　http://www.mhlw.go.jp/topics/2016/01/dl/tp0115-1-05-09d.pdf（2017年10月31日取得）

教育再生実行会議（2016）．全ての子供たちの能力を伸ばし可能性を開花させる教育へ　http://www.kantei.go.jp/jp/singi/kyouikusaisei/dai37/siryou1.pdf（2017年10月31日取得）

教育再生実行会議（2017）．自己肯定感を高め，自らの手で未来を切り拓く子供を育む教育の実現に向けた，学校，家庭，地域の教育力の向上（第十次提言）　http://www.kantei.go.jp/jp/singi/kyouikusaisei/pdf/dai10_1.pdf（2017年10月31日取得）

文部科学省（2013a）．スクールカウンセラー等配置箇所数，予算額の推移　http://www.mext.go.jp/component/a_menu/education/detail/__icsFiles/afieldfile/2014/11/14/1341643_1.pdf（2017年10月31日取得）

文部科学省（2013b）．スクールカウンセラー等活用事業実施要領　http://www.mext.go.jp/a_menu/shotou/seitoshidou/1341500.htm（2017年10月31日取得）

文部科学省（2016）．「次世代の学校・地域」創生プラン―学校と地域の一体改革による地域創成―　http://www.mext.go.jp/b_menu/houdou/28/01/__icsFiles/afieldfile/2016/02/01/1366426_01.pdf（2017年10月31日取得）

文部科学省初等中等教育局児童生徒課（2016）．平成27年度スクールカウンセラー等活用事業実践活動事例集　http://www.mext.go.jp/a_menu/shotou/seitoshidou/__icsFiles/afieldfile/2016/11/08/1379093_1.pdf（2017年10月31日取得）

滝口俊子（1998）．コーディネーターの課題と役割　大塚義孝・滝口俊子（編）　臨床心理士のスクールカウンセリング1　―その沿革とコーディネーター　誠信書房　pp.36-44.

渡辺直登・久村恵子（1999）．メンター/メンタリング入門　Question3 メンタリングとは何ですか？　プレスタイム社　pp.11-13.

4

日本における学校心理臨床のさまざまな展開
——常勤型スクールカウンセラーに向けた新たな期待

　スクールカウンセラー（以下SC）の人事においては，県教育委員会の主導のもとに，その要請に応じて県臨床心理士会が適宜協力している。筆者は県臨床心理士会の学校臨床心理士（SC）の担当理事またはコーディネーターという立場から，十数年間（2002年～2015年）人事に協力してきた。こうした中で，学校現場からはSCの勤務時間を増やしてほしいという要望が多く寄せられていた。

　一方，SC側からは，非常勤の立場で毎年の契約更新という雇用形態を改善してほしいという声があった。とりわけ，生涯の仕事としてSCに専念したいと望み，学校教育への貢献に情熱をもっている臨床心理士は，現状の雇用条件には納得できない気持ちがあった。そして，残念ながら，こうした高い志と優れた力量をもったSCが雇用条件を含めた現実的問題を理由に辞職，転職していった。

　筆者には，SCの活躍を夢見る「本気の」SCがだんだん少なくなってきたように感じられる。SCが学校教育に「本物の」貢献を行うためには，その基盤となる雇用のありかたを改善する必要があると考える。なお，人々の生活スタイルと職業的価値観はさまざまであるので，現状の非常勤のままでよいというSCも大勢いるのは事実であり，こうした者も共存できるような体制を構築することが必要である。

　こうした中，いま常勤型SCが求められており，どのような期待があるのか，どのような実際例があるのか，どのような力量が必要なのかについて述べることにする。

●常勤型SCに対する期待

（1）従来のSCにおける勤務時間数の問題——「量的変化」への期待

　SCの主な活動は，特定の生徒および保護者の個人カウンセリング，特定の教師へのコンサルテーション（専門的助言）である。それ以外の活動には，教員研修会の講師，講演会の講師，会議等への出席，不登校生徒の家庭訪問などがあるが，こうした活動は，時間的余裕がないため，あまり実施できていないのが現状である。SCの一校当たりの勤務時間数は限られているので（週1日4～6時間），時間が足りないというのが実情である。

　こうした中，現場の教師からは，「SCの来校時間が限られているので，授業をしたり生徒と関わったりしていると，話をする時間はほとんどない」，「SCは週に一度，短時間しかいないので，必要な時に相談することが難しい」といった声が非常に多かった。こうした状況に対して教師からは，「週3日来校してほしい」，「常駐してほしい」という要望も多かった。

　一方，SCにおいては，不登校のケースを数多く受けもつと定期的な面接ができなくなったり，

予約で満杯なので1ヵ月先でないと新規ケースが受け付けられなくなったり，教師と話せる時間が確保できなかったりなどの問題が起こっている。

　以上のことから，一校当たりの勤務時間を増やすことについては，教師側とSC側の意見は一致している。そこで，一校に週2日または週3日，さらには週5日常駐するという勤務体制をとれば当面の問題はある程度解決できるだろう。しかしながら，財政問題が大きく関係しているので簡単にはいかないのは当然のことである。

　なお，勤務時間の増加によってSCの一層の効果的活用が期待されるのは一部の学校に過ぎない。反対に，SCの空き時間が多くなって，前よりも活用がわるくなる学校も増える可能性がある。それゆえ，すべての学校に勤務時間の増加という画一的な方法は，SCの活用という点からも財政的な点からも問題があるといえよう。

　以上のSCの勤務時間数の問題は「量的変化」という視点だけであったが，最近ではSCの役割，職務における「質的変化」が求められているので，次はこれについて述べることにする。

(2) 教育行政からの提言——「質的変化」への期待

　中央教育審議会（2015）による「チームとしての学校の在り方と今後の改善方策について（答申）」においては，「学校における生徒指導上の課題に対応するためには，教員のみによって対応するのではなく，心理の専門家であるカウンセラーや福祉の専門家であるソーシャルワーカーを活用し，子供たちの様々な情報を整理統合し，アセスメントやプランニングをした上で，教職員がチームで，問題を抱えた子供たちの支援を行うことが重要である」と提言されている。また，「『チーム学校』の組織力・教育力を一層高めていくため，高度な専門スタッフとしてのスクールカウンセラーやスクールソーシャルワーカーの制度上の位置づけや職務内容を明確化するとともに，資格の取得や研修の充実などにより，その育成や質を担保し，他の教員との連携を強化する」と述べられている。

　そして，教育相談等に関する調査研究協力者会議（2017）による「児童生徒の教育相談の充実について」の報告書では，今後の教育相談体制においては次の二点が重要であるとしている。一つは，「未然防止，早期発見及び支援・対応等への体制構築」であり，もう一つは，「学校内の関係者がチームとして取り組み，関係機関と連携した体制づくり」である。

　さらに，2017年4月，学校教育法施行規則の一部改正において，SCおよびスクールソーシャルワーカーの職務が新たに規定された。

　以上の教育行政の流れの中で，SCに対して「新たな期待」が明確化され，「質的変化」が求められている。そして，こうした期待に応じることのできる常勤型SCが必要とされてきている。つまり，個人カウンセリングや教師コンサルテーションだけではない，職務の拡大と深化が求められているのである。

　常勤型SCは具体的には何をすればよいのだろうか。そのポイントは，一つは「予防」であり，もう一つは「チーム」である。今後の課題は，常勤型SCの職務内容を明確化し，標準モデルを構成することである。そこで，以下では，いくつかの常勤型SCの実践例を検討してみる。

●常勤型SCの実際

　ここで提示する事例A，事例B，事例Cは，筆者が面接調査を行った結果に基づいている。

なお，これらのほかには，県立高等学校の常勤型SC，教育支援センター（適応指導教室）の常勤型SC，市町村予算で雇用された常勤型SC，私立学校の常勤型SCなどがあり，多様である。

(1) 事例A：不登校の多い学校に配置された常勤型SC

事例Aは，教育委員会担当者との面接調査をもとにまとめた。県教育委員会は，試行的な取り組みとして，県内で不登校が非常に多い2つの学区にそれぞれSC1名が週5日勤務する体制を整えた。このSC2名は，ベテランのカウンセラーだった。しかし，常勤型SCの配置は2年間で終了し，以後はこうした配置は行われなくなってしまった。その理由として次のような厳しい指摘がされた。

① 「カウンセリングの時間やケース数は増えたけれども，不登校の減少という結果は得られなかった」。
② 「SCに常時相談できる環境によって，むしろ教師の対応力不足につながることが危惧された」。
③ 「学校としてはSCに任せればいいとなってしまい，頼りすぎている面が見られた」。
④ 「学校全体，教職員全体としては教育相談は活性化しなかった」。
⑤ 「SCという名の教育相談係が1名増えただけで，学校組織を動かすことはできなかった。かえって組織が機能しなくなった面がある」。

県教育委員会としては，教師の教育相談力の向上，校内の教育相談および生徒指導の活性化，学校変革なども視野に入れて，暗黙のうちに「新たな期待」を寄せていたことがわかった。一方，SCは，従来のスタイルで個人カウンセリングと教師コンサルテーションを中心に活動していた。このように，両者の間には認識のズレが生じていたのである。県教育委員会の「新たな期待」は，SCには明確には伝わっていなかった。それは，「新たな期待」であるがゆえに，その内容を具体的に伝えるのが難しかったのかもしれない。もし明確に伝わっていたとしても，SC自身が「新たな期待」に応えることは難しかったかもしれない。

(2) 事例B：問題行動，不登校の多い学校に配置された常勤型SC

事例Bは，SCとの面接調査をもとにまとめた。このSCは，週5日のうち中学校には毎日，その校区の小学校には週3日午後に勤務した。これらの小学校・中学校に常勤型SCが配置された理由は，いわゆる教育困難校であり，暴言暴力，非行，学級崩壊などの荒れがあって教師の指導が入らないということ，また不登校も非常に多かったことからだった。こうした背景には，ひとり親，貧困，親の暴言暴力などの課題をもつ家庭が多いという地域性の要因があった。そして，閉鎖的な地域だったため児童相談所や警察からの援助に頼りにくいこともあって，学校の荒れは何年も酷い状況のままだった。不登校も非常に多い学校だったが，教師の手が回らない状況だった。

こうした中でSCは，不登校生徒の家庭訪問を行ったり，不登校生徒の個人カウンセリングを行ったりしたところ，改善する例も多かった。しかし，教師と話ができる時間はかなり少なく，教師コンサルテーションの依頼も少なかった。その理由としてSCは，「先生方はとにかく忙しい様子だったので声をかけにくかった。先生方はつねに臨戦態勢のような雰囲気があって，生徒の問題行動に毎日忙殺されていた」と語った。時には，SCが生徒指導委員会に出席することもあったが，教師は連携・協力に積極的でなかったり，効果的に活用しようという方

針は見られなかった。県教育委員会としては，このような教育困難校にベテランのSCを配置して少しでも改善につなげたいという意図があったようだが，教師側にはSC活用の意識はあまりなかった。また，コーディネーターの教員があまり機能していない面があったので，SCは自由に積極的に行動するのが難しかった。

事例Bでは，常勤型SCに対する「新たな期待」があったと言えるのかどうかわからないが，県教育委員会は学校の酷い状況を少しでも改善したいということで，常勤型SCに特別の期待を寄せていたことは間違いないだろう。しかし，学校側とSCとの間には十分な連携・協力が図られなかったので，勤務時間数が増えて不登校生徒に関わることが増えたという結果は得られたものの，常勤型SCへの「新たな期待」は曖昧なままになってしまった。そして，事例Bにおいても，事例Aと同様に常勤型SCの配置は2年間で終了することとなった。

(3) 事例C：教育委員会直属の常勤型SC

事例Cは，教育委員会担当者およびSCとの面接調査をもとにまとめた。C市は複数のブロックに分けられ，各ブロックの一つの中学校（設置校）に，常勤のSC（SCA）1名，常勤のスクールソーシャルワーカー（SSW）1～2名，常勤のスクールアドバイザー（SA）1名，そして非常勤のスクールポリス（SP）1名の4職種をおいている。これらの者は，勤務校の学校長の管理下ではなく，教育委員会直属の立場にある。また，ブロック内の各学校（配置校）には常勤のSC（SCB）もいる。ブロック内では，SCA（1名），SSW（1～2名），SA（1名），SP（1名）の4職種とSCB（2～5名）の計6～10名がチームを組んでいる。このチームは，週1回，チーム会議を開いて，各学校の情報交換やケース会議を行っている。また，チームとなって各学校の未然防止プログラム（不登校予防，いじめ予防，自殺予防等）に取り組んでいる。また，チームで協議した心理教育プログラム（ストレス・マネジメント，自尊感情，ソーシャルサポートなど）を学校側に提案し，教師とSCが協働で実施している。

このようなチームの中心にいるのがSCA（常勤型SC）であり，組織理解や集団統率の能力が必要とされる。また，SSW，SA，SPなどの異なる専門家をまとめていく調整能力も必要とされる。任務の具体例としては，副読本（ピアカウンセリング等が掲載）を用いて道徳の授業を行ったり，質問紙調査を実施して生徒の心理状態をチェックしたり，リスクのある生徒について教師にフィードバックしたり，校内研修の講師を務めたりなど多様である。こうした難しい任務を遂行できるようになるための研修体制は充実している。以上のことからSCA（常勤型SC）は「新たな期待」に応えているといえよう。

●常勤型SCに求められる力量

常勤型SCは，従来のSCとはどのような点で異なるのか，またどのような力量が必要とされているのかについて検討する。そして，常勤型SCの特徴が明確化されることによって，大学院でのSC養成プログラムの開発，現職SCの研修プログラムの開発につながっていくと考えられる。以下では，常勤型SCに必要とされる力量を4点にまとめた。

(1) 個へのアプローチ――「子どもの心を癒やす」

個へのアプローチとは，心理臨床の基本であり，SCが一般的に行っている個人カウンセリ

ングのことである。SCは，問題を抱えている特定の生徒や保護者にカウンセリングを行ったり，関係の教師にコンサルテーションを行ったりして，問題に対処するとともに相手の心を癒やすことに努めている。その際，SCは，学校や教育という枠にとらわれないで，多様な価値観や視点から状況を見ていくことが大切である。子どもの将来という遠い所を見るまなざし（望遠レンズ），子どもが過ごしている環境という広い所を見るまなざし（広角レンズ），子どものパーソナリティや心の発達という心理学的特徴を見るまなざし，などによって包括的に子ども個人を理解することが大切である。そして，SCは，専門的立場からの理解について保護者や教師にわかりやすく丁寧に説明することが大切である。以上の通り，個へのアプローチを通して，常勤型SCは子どもの心を癒やすことに貢献することができる。

(2) 心理教育的アプローチ──「子どもの心を育てる」

学校ではSCが主体となって実施する心理教育的アプローチが広がってきている。これは，すべての生徒を対象に，予防的，発達促進的な目的をもって，構成的グループ・エンカウンター，ソーシャル・スキルズ・トレーニング，ストレスマネジメントなどの心理学的手法を用いて関わることである。このような心理教育を通して子どもたちの自己理解，他者理解，対人関係スキルなどが開発・促進される。一方，教員研修会でもSCが講師となって心理教育が実施されることがある。これは，教師の教育相談力を高めることが目的だったり，また教師が生徒に心理教育の授業を実施するための事前学習が目的だったりする。以上の通り，心理教育的アプローチを通して，常勤型SCは子どもの心を育てることに貢献することができる。

(3) 予防的アプローチ──「子どもの心を守る」

予防的アプローチは，問題が発生する前に，あるいは問題が深刻化する前に，スクールカウンセラーが生徒に積極的に関わることによって，生徒の心を守ることである。予防には次の三つがある（吉井，2017）。一次予防は，すべての生徒を対象に調査や授業を実施して未然防止に努めることである。二次予防は，リスクを抱えている生徒の早期発見・早期対応を行うことである。三次予防は，すでに問題を呈している生徒を対象に，重症化しないように個別的な対応を行うことである。従来のSCは三次予防（重症化の防止）を中心に活動してきたが，今後は一次予防（未然防止），二次予防（早期発見，早期対応）にも力を注ぐことが期待されている。このことは，今後の教育相談体制のありかたの一つ目の重要方針である「未然防止，早期発見及び支援・対応等への体制構築」（教育相談等に関する調査研究協力者会議，2017）と通じるものである。

しかし，未然防止，早期発見・早期対応のために，どのような予防的アプローチを行えばよいのかは探索的な段階にある。具体的な取り組み例としては以下のようなものがある。①すべての生徒を対象に，いじめの調査，不登校傾向の調査，学校適応の調査などを実施して，リスクのある生徒について教師にフィードバックする。②いじめ，命の教育，ストレス対処法などに関して授業を行う。③前述した心理教育的アプローチのさまざまな手法も有効である。④SCとの生徒全員面接は，長期的な視点から意義がある。なぜなら，多くの生徒にとって人生で初めて出会う心の専門家はSCであり，小中学校段階で心の専門家と会話した経験は「相談への抵抗感」を和らげ，将来何か悩んだときに適切に心の専門家への「援助要請」が可能になると考えられるからである。⑤不登校生徒の家庭訪問については，三次予防（重症化の予防）

として意義がある。その理由は，ひきこもり傾向の不登校生徒が定期的かつ継続的に SC と交流することは，人への信頼の回復という点では非常に重要であり，生徒の予後に大きく影響するからである。なお，こうした予防的アプローチの実施に当たっては，学校や教師のニーズを把握しつつ，実態に即した実践でなければならない。以上の通り，予防的アプローチを通して，常勤型 SC は子どもの心を守ることに貢献することができる。

(4) 組織的アプローチ——「人々の心をつなぐ」

学校には，学級，教職員，部活動などの集団があり，そこには学級経営，学校経営，生徒指導体制などの集団機能がある。また，教育委員会，児童相談所，病院，警察など，学校を取り巻く機関がある。SC による組織的アプローチとは，子どもの心理的支援のために，人々の心をつなぐことである。このことは，今後の教育相談体制のありかたの重要方針である「学校内の関係者がチームとして取り組み，関係機関と連携した体制づくり」（教育相談等に関する調査研究協力者会議，2017）と通じるものである。

常勤型 SC は，学校組織の一員であるから，教育改革の動向や学校組織のありかたについてもよく知っておく必要がある。そして，常勤型 SC には，学級経営のコンサルテーション，学校組織の変革への関与が求められている（増田，2013）。

組織的アプローチには具体的にはどのようなことがあるのだろうか。
①不登校，発達障害の生徒がいるクラスの学級経営に関する助言を行う。
②いじめ，学級崩壊に関する助言を行う。
③保護者からのクレームへの対応に関する助言を行う。
④生徒指導，教育相談の組織体制に関する助言を行う。
⑤他機関との連携を行う。
⑥学校の課題の分析と対策に関する助言を行う。
⑦教師のメンタルヘルスに関する助言を行う。

なお，助言に際しては，普段から管理職と協議を重ねたうえで共通理解を図っておくことが大切である。また，わかりやすい説明，的確な見立て，具体的な方針の明示，配慮事項の提示などが大切である。

以上の通り，組織的アプローチを通して，常勤型 SC は人々の心をつなぐことに貢献することができる。

●おわりに

常勤型の SC には，従来からの個へのアプローチに加えて，心理教育的アプローチ，予防的アプローチ，組織的アプローチという「新たな期待」が向けられている。しかし，こうした期待に応えることはベテランの SC であってもかなり難しい。なぜなら，こうした特別のアプローチに関しては十分な教育・研修を受けていないからである。そのため，ある地域では，多数の常勤型 SC が比較的良い雇用条件で採用されたにもかかわらず，要求される任務に的確に応えることが難しかったため，多くの者が 1 年間で自主退職するという事態が発生した。

常勤型 SC の存在には，雇用条件の改善という意味だけではなく，現代の学校教育の要請に応じるための SC の質的転換という意味が内包されている。そして，こうした常勤型 SC の養成・

研修のためのプログラムを開発することは，今後の緊急かつ重要な課題である。ただし，養成・研修においては大学院教育，専門研修，スーパービジョンが重要なのはもちろんだが，常勤型SCは「外部性」よりも学校組織の一員という色彩が強いので，学校現場で育てられるという面も大きいといえよう。

引用文献
中央教育審議会（2015）．チームとしての学校の在り方と今後の改善方策について（答申）　文部科学省　http://www.mext.go.jp/b_menu/shingi/chukyo/chukyo0/toushin/__icsFiles/afieldfile/2016/02/05/1365657_00.pdf（2018年2月27日取得）
増田健太郎（2013）．学校臨床の現状とスクールカウンセリングの新しい展開に向けて　臨床心理学，13, 599-604.
文部科学省（2017）．教育相談等に関する調査研究協力者会議報告書　児童生徒の教育相談の充実について—学校の教育力を高める組織的な教育相談体制づくり　http://www.pref.shimane.lg.jp/izumo_kyoiku/index.data/jidouseitonokyouikusoudannjyuujitu.pdf（2018年2月27日取得）
吉井健治（2017）．不登校の子どもの心とつながる：支援者のための十二の技　金剛出版

III　学校心理臨床の職務内容

　スクールカウンセラーは，外部の専門家としてどのように学校に入り，活動を展開しているのだろうか？　どのような人を対象に，どのように役割を果たしているのだろうか？
　ここでは，学校への参入過程から相談室の運営，対象別，校種別の活動や関係機関との連携の実際を取り扱う。

1 学校組織への参入と校内連携

●学校で心理臨床を実践するということ

　学校における心理臨床実践で扱われるテーマは，いじめ，不登校，非行，発達障害，虐待などさまざまな事柄がある。しかし実際の学校では，こうした問題がすぐ支援できるとは限らない。スクールカウンセラー（以下 SC）として学校へ入り，その学校の抱える問題やニーズにどうたどり着くのか，そして自分をどう活用してもらうことがその学校で最も役立つのかを，活動を通して見出さなくてはならない。そのため学校では個々の問題やニーズを支援するための心理臨床的な活動はもちろん重要だが，その背景や土台となる活動も重要になる。ここでは，そうした学校で「心理臨床」を実践するために，どのように学校へ入って活動を形作り，展開していけば良いのかについて学びたい。

　SC として働く場合，学校が小学校か中学校か高校かといった校種，私立か公立か，常勤か非常勤かといった勤務体系によっても活動の仕方は異なる。しかし今の日本では，公立中学校のみ SC が全校配置されており，SC の数も最も多いため，文部科学省の事業に基づいて配置されている公立中学校の SC（主に非常勤）の実践や知見をもとに学校への入り方や校内連携について述べる。ただし，違う校種や私立，常勤の場合にも参考となるように，できるだけ共通すると思われる点を多く取り上げる。

　以下，SC が学校での勤務が決まって勤務を開始した後に，相談活動など狭い意味での心理臨床実践ができるようになるまでの時期を準備期，その後そうした相談の前後に教員と関わることで，さらに次の相談につながるという循環ができるまでの時期を形成期，その循環ができた後に学校に合った活動を見立てて展開できるようになる時期を展開期として示すこととする。

●学校へ入るための準備活動（準備期）

　SC として勤務する学校が決まると，まず行うことは前任者の確認と引継ぎである。引継ぎは，学校が決まってから勤務が開始されるまでの限られた時間（通常 1 ヵ月以内）の中で行わなくてはならないが，学校でスクールカウンセリング活動の連続性を保ち，質の向上を図っていくためには欠かせない。

　前任者との連絡は，主に学校や教育委員会を通して行う場合と，各都道府県の臨床心理士会を介して行う場合がある。引継ぎでは，どのような活動をしていたのかという活動の引継ぎと，子どもや保護者との面接など事例の引継ぎを行う。活動の引継ぎでは，相談室の場所や使い方，

記録の保管場所などハード面に関する情報と、たとえば子どもとの全員面接、子どもへの心理教育の授業、教職員研修がどれくらいの頻度であるかといったソフト面に関する情報がある。事例の引継ぎは個人情報を扱うため、学校の鍵のかかる保管庫を通して行うなど取り扱いに十分留意する必要がある。ただこうした引継ぎは、時間が限られている都合上十分行えないこともある。その場合、できるだけ前任者とその後も連絡が取れるように連絡方法を確認しておくと安心である。ただし、初めてSCが導入される学校（小学校や私立の学校など）や、前任者が遠方へ転居するなど何らかの事情で連絡が取れない場合には、以下のように学校や教育委員会と勤務前後に打ち合わせを行う必要がある。

勤務初期までの間に打ち合わせで確認しておきたい項目と、職員室の座席表など手元に置いて準備しておきたい物について、表1-1にまとめた。職員室ではよく共用のお茶やお茶菓子が用意されていることが多いが、コップの保管場所やお茶代のことなどルールがあるので、そうした細かい点も含めてあらかじめ話し合い、必要な書類も準備しておくと動きやすくなる。

表1-1 活動初期に確認、準備しておきたいこと（中村、2003をもとに追記修正）

【確認したい事項】

勤務日・勤務時間		SCの担当教員	
勤務開始日		参加する校内委員会の確認	
机、靴箱、ロッカー		出勤簿や業務日誌	
電話の利用方法		パソコンの使い方やログイン方法	
コピー機や印刷機の使用方法		相談室や机の鍵の管理	
文房具やノート、ファイルの確認		給食や昼食の確認	
職員室で共用のお茶や菓子の確認		相談室の冷暖房、エアコンの確認	
相談の受付方法		相談への対応時間（授業中の可否）	
相談室の清掃やゴミ捨て場の確認		相談室の利用方法と留意事項	
教職員へのSCの紹介方法		保護者へのSCの紹介方法	
子どもへのSCの紹介方法		生徒指導部会等校内委員会の開催状況	
情報共有の方法と守秘義務の確認		前年度のSCの活動の確認	
学校の現状と今年度の活動の要望		緊急時の対応（連絡方法など）	

【確認したい事項】

前年度の引継ぎの資料		職員室の座席表	
児童生徒の名簿		職員名簿	
校内の地図		校区の地図	
記録や資料保管に使うファイル等		学校要覧	

これらを一度に確認したり、準備したりすることは難しいが、徐々にそれぞれ関係する教員と会話のきっかけにしながら進めていく。こうした打ち合わせや準備を進めることで、その学校でSCへの相談等がどの程度あるのか、また学校がどのようにSCに働いてもらいたいと思っているのかを把握できる。そしてここから先の活動の形成期は、そうした①個々の子ども、保護者、教職員からの相談（以下、ニーズ）がどの程度あるかと、②校内委員会への参加や研

修実施の有無などこれまで学校がSCをどのように活用してきたのかという枠組み（以下，SCを活用するシステム）がどの程度機能しているのかによって活動が形作られる過程が異なる（吉村，2012）。

そこで以下の活動の形成期では，ニーズが明らかで，SCを活用するシステムも機能している学校の活動を「システム検証型」，ニーズはほとんどないがSCを活用するシステムはある程度機能している学校での活動を「ニーズ探索型」，ニーズはあるがSCを活用するシステムが機能していない学校での活動を「システム補完型」，ニーズがほとんどなくSCを活用するシステムもないか機能していない学校での活動を「準備重点型」と学校の特徴に応じて4つに分けて，スクールカウンセリング活動が形づくられていくプロセスと校内連携について述べる。

●学校の特徴に応じた活動形成と校内連携（形成期）

(1) システム検証型の学校での活動形成

勤務開始当初から相談があるなどニーズが明らかで，SCを活用する仕組みが機能しているシステム検証型の学校では，勤務開始初期からこうした相談への対応や，学校からの要望に応じて活動するため，SCは初期から忙しくなることが多い。相談を受けたら，担任や関係者とその前後に打ち合わせや情報の共有を行えると良いが，要点を絞って，優先順位を検討しながら活動しないと，SCも息切れしてしまう可能性があるため，その点はSCの担当教員や管理職などと相談して持続可能な活動を心掛ける必要がある。

(2) ニーズ探索型の学校での活動形成

ニーズ探索型の学校では，まずは学校の要望やSCを活用するシステムに沿って活動することになる。しかし子ども，保護者，教職員からの相談が少なく，いわゆる心理臨床的なニーズが乏しいように思える学校では，①SCの活動や今のSCがどういう人で何ができるのか相談者（教員，子ども，保護者）に知られていない，②SCに相談するところを周りに見られたくなかったり知られたくなかったりする事情や雰囲気がある，③年度初めで忙しくて相談する余裕がないといった可能性などが考えられる。そのためたとえば，SCの活動について通信を発行して知ってもらうことや，具体的な相談がなくても，そういう時には校内を巡回して欲しい，授業観察をして欲しいといった活用のシステムになっているのであれば，学級や校内を見て回りながら，その印象や気づいたことを窓口の教員だけでなく，様子を見せてもらった担任，学年主任，養護教諭，生徒指導担当教員といった関係教員と印象を共有しながら，情報を収集していくことが重要になる。SCが学校で活動するうえで，特に情報を共有し，協働することの多い関係教員を表1-2にまとめた。

ここに挙げた関係教員は，どこの学校にもいる教職員を中心にまとめたが，自治体によっては独自予算でさらに不登校対応教員等が加配されていることがあるので，確認が必要である。こうした表1-2を中心とした教職員は，SCにとって連携が必須になる。たとえば子どものいじめと思われる事案について相談を受けた時に，SCは知っているのに保護者や教育委員会等から学校が問い合わせを受けた時に，生徒指導担当教員や教頭，校長が何も知らなければ，SCは学校で一緒に働くつもりがないと見なされ，信頼を失うことになりかねない。表1-2の関係教員以外にも実際の活動では，事務や用務員の方が子どもの様子をとても把握してい

表1-2　校内連携における関係教員と協働内容（文部科学省，2010を参考に作成）

校務分掌名	関係する仕事内容	協働内容の例
校長	学校の代表者として，学校内の統制と全体指揮。教育委員会や関係機関と学校代表者として連携を図る。緊急事態時の確認，判断。	・年間の勤務予定日や活動計画の共有。 ・関係機関と連携時の情報共有。 ・新しく提案したい活動や改善したい活動についての相談。 ・緊急事態時の対応の進め方の相談。
教頭（副校長）	教職員のとりまとめ役であり，校長を補佐する。教育委員会や関係者，関係機関との連絡調整の窓口になることも多い。	・校長と協働内容を，事前に教頭と協働することもあれば，ともに共有しながら進めることもある。 ・スクールカウンセラーに関する書類や報告書の管理。 ・スクールカウンセラーの紹介方法や相談の受付方法の相談。
教務担当（教務主幹）	年間の運営計画の立案。授業変更等の処置。保護者等への支援要請。	・年間，月間の行事計画をもらい，勤務スケジュールや活動スケジュールの確認，調整。 ・子どもや保護者への心理教育や講演，教職員研修を行う際の日程や授業時間の調整。
生徒指導担当	生徒指導体制の企画・運営。すべての子どもへの指導援助。問題行動への対応，指導と関係者等への連絡・調整も行う。	・子どもの問題行動や非行，いじめに関する事実関係の確認と情報共有。見立てと対応の相談。 ・学級や学校の安全や予防的対応に関する相談。 ・保護者対応や関係機関との連携に関する共有と相談。
教育相談担当	生徒指導の中に含まれる，教育相談について計画を立て，対応を行う。	・子どもの主に不登校に関する情報共有と対応の相談。 ・不登校対応のシステムに関する相談。
養護教諭	怪我などの救急処置，医療機関との連携を行う。保健に関する計画を立て，心身の問題の早期発見を行う。	・子どもの主に心身の健康に関する情報共有と対応の相談。 ・保健室利用の多い子どもについての情報共有と相談。
特別支援コーディネーター	個別指導計画を含めた特別支援教育に関する取りまとめと管理。他の相談機関との連携。	・子どもの主に特別支援に関する情報共有と対応の相談。 ・特別支援学級に限らず，通常学級における特別支援について担任を含めて，情報を共有し，相談する。 ・子どもの個別指導計画の確認とサポート。
スクールソーシャルワーカー（SSW）	福祉の専門家。子どもの過ごす環境のアセスメントと援助を行い，それに関連する相談を担当する。	・子どもの家庭における虐待や貧困に関する情報の共有と相談。 ・地域の要保護児童対策地域協議会に関する情報の共有と提供。 ・関係機関とのマネジメントやケース会議の連絡調整。

とがあり，そこでの連携が大変役立つこともあるが，それは一般化しにくいところもあるため，この表1-2以外の教職員については適宜学校で活動しながら確かめていくことを勧めたい。

ちなみに情報収集を目的とした校内巡回は学校からの要望がなくても，SCの側から要望すれば多くの場合受け入れてもらえることが多い。校内地図などを参考に，授業の妨げにならないように留意しながら，教室や校庭を授業の合間の時間などに歩いていると，そこで子どもや学校の様子を把握することができる。その時に，学校には子ども同士のトラブルや問題が生じやすい「死角」があるので，それも把握しておくと役立つ。たとえば体育館や部室の裏，校舎の陰となる場所，時間で言えば登校前の朝の時間，昼休み，放課後といった具合である。これを教員と共有しておくと，学校全体で早期発見早期対応を行うのに役立つこともある。

(3) システム補完型の学校での活動形成

相談などのニーズはあるが，学校全体としてあまり活用されていないように感じられるシステム補完型の学校では，まず引継ぎの事例，教員からの相談といったニーズに対応することから活動が開始されることが多い。こうした学校は，教職員間や関係者での情報共有やすり合わせが課題となっており，その関係でSCを活用するシステムも整っていないことが多い。SCとしては活動を通してそうしたシステムの機能を補うことが必要である。

たとえば，学校で教室には上がれないが，別室には時折登校できる子どもがいた場合に，ある学級では別室に担任が顔を出して子どもに「よく来たね」と声をかけ，別室で行うプリントも用意し，給食を食べて帰るか，食べる場合には誰が給食をもっていくのか，また自分で取りに来てもらうのかといったことも確認して配慮しているとする。しかし，他の担任の学級ではそうした準備や配慮がまったくなされていないといったことがある。この場合，その学校では別室登校の子どもへの対応という仕組みが機能していないことになるので，SCとしては対応が十分されていない子どもに声をかけて，過ごし方を確認しつつ，そのことを担任や学年主任と共有したり，よく配慮されている学級や学年のことを会議で報告したりした方がよい。そうして学校全体で別室登校の子どもにどう対応していくとよいかを話し合うきっかけをつくっていくことで，システムを補うことができ，それがその後の展開につながっていく。

(4) 準備重点型の学校での活動形成

相談がまったくないなどニーズが見当たらず，SCを活用する仕組みもないか，機能していないのが準備重点型の学校である。こうした学校で相談業務だけがSCの仕事だと考えていると，相談がなければ必然的に周囲の教職員との会話も生じにくい。教員もSCが相談室にずっといると見かける機会や話す機会が少なくなるため，気になる子がいても忙しい日常の中に相談する機会が埋もれてしまう。SCは，さらに教員からの相談を受けられなくなる。SCは教員との関わりが少ないほど，学校での居心地は悪くなりやすい（吉村，2012）ため，場合によっては相談室にSCが引きこもりたくなることもある。こうなると悪循環である。そのため，冒頭に示したチェックリスト（表1-1）などを参考に情報を収集し，SCやスクールカウンセリング活動について知ってもらうための情報発信，および教職員と会話を積み重ねながら関係を作っていくことが重要になる。教職員との関わりが増えていくと，結果的にそうした会話の中から相談が生まれてくる。自分の活動が学校のニーズに適っているのかどうか自信がもてずに不安な場合は，スーパービジョンを受けたり，先輩SCや同僚SCに相談してみたりすることが助けになる。公立中学校ではこうした準備重点型の学校は最近ほとんど見られないが，初めてSCが導入される小学校や私立の学校，およびSCが初めて常勤化された自治体などでは，今後も似た状況や活動の特徴が生じる可能性がある。

●学校に合った活動の展開（展開期）

いずれの特徴の学校も，教職員との関わりが広がり，学校の様子がつかめてくるほどSCとしては見通しがもてるようになるので，安心して活動できるようになる。また当初は居心地の悪さや活動しにくさとしてしか感じられなかったことについても，そうした状況を理解するために必要な情報が得られていくので，学校をより適切に見立てることができるようになる。

システム検証型の学校では，生徒指導全体に関するシステムも機能していることが多いため，より予防的な活動を提案することもできるようになる。たとえば学校の多くの子どもに共通すると思われたソーシャルスキルを同定して，教職員と協議しながら実施することで学校の積極的な生徒指導に貢献することができる。

ニーズ探索型の学校では，SC を活用するシステムはあるはずなのに，どうして相談が少なくニーズが表に出て来なかったのかということが明らかになってくるため，それを踏まえた対応ができる。たとえば，教職員間の人間関係に対立があったために，そういう雰囲気がある職員室では安心して会話や相談ができなかったということがわかってくることもある。そういう場合，表立って相談はしにくいが，実は SC と話をしたいと思っている教職員も少なからずいる。そうした教職員と安心できる場所や時間に少しでも話ができると，それまで関わることのできなかった問題にも関わることができるようになる。

システム補完型の学校では，より多く SC を活用する教員とそうでない教員などのばらつきについて，それがなぜなのかといったことも理解できてくる。部活動の顧問をしていて多忙で相談する余裕がない場合，生徒指導で上手くいっていないことを SC にどう思われるだろうかといった心配が影響している場合，職員室での人間関係が良くなくて安心して相談できる雰囲気がない場合など情報が得られるうちに理解できるようになる。先ほど例に挙げた別室登校の生徒への対応についても，より幅広く情報を共有して話し合っていくことでより良い別室対応の体制を築くことができる。

準備重点型の学校では，ここまで述べてきたような活動の形成に時間がかかるので，ここに到達するまでには 1 年間かそれ以上かかることが予想される。それでも，ここまで述べてきたような情報収集，情報発信，教職員との会話を積み重ねていくと，学校での話しやすさや，そこから生じる心理臨床的な活動は随分と行いやすくなるはずである。

以上，見てきたように SC の学校組織への参入の仕方や活動の展開は，学校によって異なるが，こうした情報収集や情報発信の活動や校内連携を通して，次第に学校の現状に適したスクールカウンセリング活動の土台ができていくのである。

引用文献
中村泰江（2003）．学校に入ったら何から始めたらよいか　伊藤美奈子・平野直己（編）　学校臨床心理学・入門―スクールカウンセラーによる実践の知恵　有斐閣　pp.45-60.
吉村隆之（2012）．スクールカウンセラーが学校へ入るプロセス　心理臨床学研究，30(4)，536-547.

参考文献
内田利広・内田純子（2011）．スクールカウンセラーの第一歩―学校現場への入り方から面接実施までの手引き　創元社
吉村隆之（2016）．スクールカウンセラーの活動はどのようにして形作られるのか　田嶌誠一（編）　現実に介入しつつ心に関わる［展開編］―多面的援助アプローチの実際　金剛出版　pp.234-242.

2

学校における相談室運営

●スクールカウンセラーによる相談室運営

　学校におけるスクールカウンセラー（以下 SC）の役割は多岐にわたる。関わりの対象は児童生徒，保護者，教員と広く，活動内容も個別相談活動のみでなく，予防啓発的な支援においても SC の役割は大きい。SC の仕事の分類にはさまざまな視点があるが，本章では，①予防啓発的活動（相談室外での活動），②相談室での相談活動，③教員との連携・学校全体への支援の 3 つに分類して記述し，これらを合わせた SC の活動全体を「相談室運営」と表す。

　相談室運営においては，学校風土，学校のニーズ，児童生徒の現状，教員集団の雰囲気，前任 SC の活動等をアセスメントし，その学校に合った柔軟な相談室運営を目指すことが大切である。

●学校内での相談室運営の特性

　SC による相談室運営は，児童生徒にとっては学校という日常の中の非日常という意味が大きい。そのため外部機関での相談活動とは違うメリットとデメリットがある（表 2-1）。これらの両面を理解し自身の活動を客観的に見つめながら相談活動を進めることが大切だろう。

表2-1　学校内の相談室のメリットとデメリット

〈クライエントにとってのメリット〉 　誰でも気軽に利用できる，お金がかからない，外部機関を訪れなくても生活の場の中で利用できる，日常の中でSCのことを知ってから利用することができる，など
〈SCにとってのメリット〉 　日常生活の様子をふまえた支援を考えられる，1対1の心理療法だけでなく環境調整等現実的な対応も可能，予防啓発的な視点での関わりをもつことができる，など
〈クライエントにとってのデメリット〉 　周りの目が気になりやすい，非日常（相談室）と日常（学校生活）の切り替えが難しい，守秘に不安を感じる子もいる，学校内のことについて正直に話しにくい場合もある，など
〈SCにとってのデメリット〉 　相談室外での関わりと相談室での個別の関係性を両立する難しさがある，在学中の関わりという期間の制限がある，学校運営の中で可能な支援を選択していく必要がある，など

●学校のルールと相談室運営

　学校生活において，児童生徒はさまざまなルールの中で生活している。そのため，SC も児

童生徒にとっての学校生活のルールを理解し，共有する姿勢が大切になる。そのうえで，児童生徒への心理的支援において必要だと感じる事柄を学校に伝え，理解を得たうえで相談室運営を進める必要がある。

たとえば，授業中の相談を可能とするのかどうか，休み時間の自由来室を受け入れるのかどうか，授業観察を自由に行ってよいのかどうか等，それぞれの学校によって異なる考えがある。学校が，周りの生徒への影響や生徒指導との兼ね合いを心配するのは自然なことである。SCは，学校の不安や懸念を理解したうえで，児童生徒にとってどういう意味があるのか，学校の懸念を減らすために工夫できることは何か，ということを常に考え，学校と話し合っていく姿勢が大切である。

SCとして支援に必要だと感じることが学校に受け入れられにくい場合には，その背景をアセスメントすることが必要になる。そこには学校の抱える現実的な苦しさが影響を与えていることが多い。また，SC側の動き方によっても学校の受け入れは大きく変わるため，提案の時期やタイミングの配慮，適切で十分な説明等が大切である。すぐにはSCの思う相談室運営ができないこともあるが，学校のもつ背景や現状を丁寧に理解し，時間をかけて関係づくりを行い，SC自身の伝え方を磨き，少しずつ活動の幅を広げていく過程にこそ意味をもって取り組む姿勢が望まれている。

●学校内での具体的な相談室運営

SCは限られた勤務計画の中で活動を行うため，年間活動計画，勤務日の一日の活動予定をたて，学校の流れに沿った活動を計画的に行うことが大切である。SCの活動例を表2-2に示す。

表2-2　小中学校でのSCの活動例（時間はおおむねの設定とする）

時間	活動内容
〈A中学校の活動例〉	
10:00-10:30	教育相談担当教員と1週間の様子を情報交換
10:30-11:30	自傷行為のみられる生徒の面接（緊急性が高いため授業中に実施）
11:30-12:00	校内いじめ・不登校対策会議へ参加
12:00-12:30	保健室で養護教諭との情報交換・コンサルテーション
12:30-13:00	別室にて別室登校生徒と給食・昼休みの相談室開放
13:00-14:00	不登校生徒の保護者面接
14:00-15:00	児童相談センター，SSW担当者との虐待ケース会議へ参加
15:00-15:30	全員面談5名分の実施
15:30-16:30	家庭についての悩みを抱える生徒の面接
16:30-17:00	教員との情報交換・コンサルテーション，記録
〈B小学校の活動例〉	
09:00-9:30	教育相談担当教員と1週間の様子を情報交換
09:30-10:00	書字に苦手さのある児童の授業観察
10:00-11:00	友人との関わりに苦手さのある児童と休み時間の関わり・授業観察
11:00-12:00	保健室登校の児童との面接，養護教諭との情報交換・コンサルテーション
12:00-13:00	学級での給食・昼休みの相談室開放
13:00-14:00	発達障害に関する保護者相談
14:00-14:30	担当教員と次週の心理教育打ち合わせ
14:30-15:30	不登校の児童・保護者合同面接
15:30-16:00	教員とのコンサルテーション，記録

(1) 予防啓発的活動（相談室外での活動）

SCが学校において予防啓発的な視点から，多くの児童生徒に向けて活動をすることは大切な役割である。相談室だけでなく，校内で行うすべての活動を相談室運営としてとらえる柔軟性が必要である。学校によっては，SCの仕事を個別相談ととらえている場合もあるため，SCから積極的にどのような活動ができるかを提案し，学校と協議をすることも大切である。

1）広報活動　SCの広報活動は，SCが学校へ入った時の自己紹介から始まり，その後も継続的に行っていく必要がある。

継続的な広報としては，おたよりの発行が挙げられる。開室スケジュールや相談予約の方法を知らせ，予約申込み票があればそのまま使用できる物を載せると実用的である。校内で課題となっている心理学に関わる内容を載せたり（ストレス対処法，心身のつながり，コミュニケーション，リフレーミング等），学校生活についてのメッセージを載せたり（テスト，行事，新学期のスタート等）という工夫もできる。

おたよりは，児童生徒向け，保護者向け，教員向けと発行の目的に合わせて作成することもある。児童生徒向けのおたよりについては，学級へ出向いてSC自身が直接配布する等，配布の方法も工夫ができる。また，学年・学級通信や養護教諭が作成している保健だより等とコラボレーションをすることも児童生徒の興味関心をひくことにつながる。

2）児童生徒との日常的な関わり　授業観察，学級での給食参加，行事への参加等は児童生徒の普段の学校生活に直接関わることができる貴重な機会である。日常的な関わりから現実的なアセスメントができ，児童生徒にSCを身近な存在として知ってもらうきっかけにもなる。

また，チャンス相談と呼ばれる，教室や廊下等での何気ない関わりにも意味がある。相談室と比べて気軽さがあり，SCとの何気ないやりとりの中で気になることをポロっとこぼす児童生徒も少なくない。

ただ，個別相談を利用している児童生徒にとっては，日常場面の自分を見られることに抵抗がある場合もある。SCとの関わりを周りの児童生徒に知られたくないと思っている者も多い。また，さまざまな理由から，SCの授業観察に抵抗感の強い学級もある。そのような個別のケースにも配慮しながら進めることが大切である。

3）心理教育・保護者向けの講演　SCが児童生徒向けの心理教育や，保護者向けの講演を行う場合もある。その際には，学校の目的やニーズを適切に理解して依頼を受けることが大切であり，担当教員と十分な打ち合わせができるよう計画をする必要がある。SCによっては，集団に向けて話をする活動が苦手なこともあるかもしれないが，授業の専門家である教員と打ち合わせを行う中で多くを学べる機会にもなる。

児童生徒向けの心理教育で依頼されることの多いテーマは，心身の健康，ストレスマネジメント，リラクセーション，いじめ防止，自殺予防等が挙げられる。また，保護者向けの講演では，思春期の理解，反抗期の対応，親子のコミュニケーションなどがあり，対象者によっては発達障害や不登校に関する依頼もある。

実施の際の工夫には，参加ができるワークを取り入れる，グループ活動を取り入れる，パワーポイントや映像等を使い視覚的にひきつけること等が挙げられる。また，生徒会や委員会の

児童生徒と協力することもよい。事前アンケートを行って内容に組み込む方法もあり，実施後のアンケートをSC自身の振り返りとして活用することも大切である。

　心理教育や講演においては，SC自身の広報の面でも意味がある。SCの話し方，雰囲気，内容等から，児童生徒や保護者にSCの人となりを知ってもらうことで，その後の相談活動へつながるきっかけづくりにもなる。

　4）全員面談　　近年，導入する学校が増えてきた活動として，全員面談が挙げられる。全校児童生徒を対象に，全員がSCと短時間の面談を行うというものである。目的は，SCの広報，相談の体験，児童生徒のアセスメント等である。特に，SCに対して積極的でない児童生徒と直接関わることができる意味は大きい。SCに関わってみたいが慎重な児童生徒，先入観があり抵抗感が強い児童生徒にも，実際のSCを知ってもらい安心感をもってもらえる機会となる。

(2) 相談室での相談活動

　相談室での児童生徒，保護者を対象にした個別相談活動はSCの基本である。学校内の相談室においては，環境作りからがSCの仕事となる。校内の相談室として望ましいありかたを，クライエントの立場に立って考えることが大切である。SCの考えと学校の考えを擦り合わせ，協働して相談室をつくっていけるとよい。（具体的な個別相談対応については，各章を参照）

　1）相談室の環境づくり　　相談室が学校内のどの場所にあるのかによって，利用する際の印象が変わる。児童生徒にとって通いやすい場所にある相談室は，同時に来室時に人目につきやすい場所でもある。特定の学年のスペースにある場合には学年によって通いやすさの差が出てくる等，場所の与える影響を確認しておく必要がある。

　相談室内の環境においては，来室したクライエントが教室とは違うと感じられ，心がホッとし，安心できる工夫が必要である。活動に合わせて，画材やボードゲーム，箱庭等を準備しておくこともある。校内であるからこそ，外から中が見えない配置や，次のクライエントと鉢合わせにならないような守秘への配慮は大切にしたい。

　2）相談の予約方法　　児童生徒や保護者が個別相談を利用する場合，相談予約の方法を決めておく必要がある。一般的には，担任や教育相談担当の教員に申し出る，SCに直接申し出る，相談ポストを設置して申込み票を使って予約をする，といった方法が多い。相談室専用のメールや電話があり，それを使って予約を受けている学校もある。クライエントの立場では，複数の予約方法があり，自分にとって利用しやすい方法を選択できる工夫があるとよいだろう。

　3）相談ポストの設置　　相談室専用の，鍵の付いた相談ポストを設置している学校も多い。一番の利用目的は相談予約の受付である。申込み票を作成しておき，クライエント自身がそれを使っていつでも予約がとれることが便利なところである。

　また，SCとの手紙のやりとりに相談ポストを利用する学校もある。相談には行きにくいが，手紙であればSCへ伝えたいことがある児童生徒もいるだろう。ただ，たとえば無記名で緊急性の高い手紙があった場合に，SCはメッセージを受け取っても対応ができない等の場合もあり，メリットとデメリット両面の検討が必要である。

4) 自由来室活動　　相談室での活動の中においても，自由来室活動を通して予防啓発的な関わりを行うことができる。休み時間や授業後に相談室を開放し，児童生徒が自由に来室できるような対応である。特別な悩みがなくても気軽に相談室へ来室することで，親しみをもってもらいやすい。休み時間に居場所のない児童生徒にとっての居場所になったり，学級で気を張って生活している児童生徒がホッと力を抜ける場所になったりと，利用する児童生徒にはそれぞれの意味がある。また，普段は交流のない児童生徒同士に新たな交流が生まれる場面もある。さらに，その後の必要な場面で個別相談へつなぐことがスムーズになりやすい。どのような児童生徒の自由来室が多いのかということは，SCの学校のアセスメントにも役立つ。

　ただ，自由来室活動に抵抗感の強い学校もある。学校の状況によっては，相談室がたまり場になるのではないか，もめごとやルール違反が起こってしまうのではないかといった懸念がもたれやすい。自由来室の意味を学校に伝え，現状に合う範囲で行うことが大切だろう。SCとしても，個別相談との兼ね合いに配慮し，児童生徒の学校生活にマイナス面が出てこないよう細やかな配慮が必要である。

(3) 教員との連携・学校全体への関わり

　SCの相談室運営において，児童生徒，保護者に対しての活動と同様に大切なのが教員との連携である。SCには，教員とよい関係をつくりながら，児童生徒の支援のために協力していく姿勢が不可欠である。時間をとっての連携もあれば，職員室での声掛けや雑談も関係づくりになる。また，個々の教員との関係づくりと同時に，学校全体をアセスメントしながら動く意識が必要である。教員集団の力動を理解し，教員とのよい関係性と，SCとしての中立性を両立しながら活動することが大切である。

1) コンサルテーション　　学校現場におけるコンサルテーションとは，「教育の専門家に対して臨床心理学の専門家が，教員とは別の視点からの考えを提示し，一緒に考える作業（小林，2012）」と言える。SCには，児童生徒の特性や周りとの関係性を見立てて学校に専門用語を使わずわかりやすく伝え，対応についてSCの立場から教員と話し合う姿勢が求められる。

　学校でのコンサルテーションにおいては，抽象的な理論だけは助言となりにくい。学校の現状にそぐわない助言や不可能な提案は，教員にとっては現状の苦しさを共有できない無力感や，学校現場をわかっていないという不満感につながることもある。学校で起こっている具体的な事態を把握し，教員の困り感や不安を受け止め，SCの立場から見立て，現実的な支援を教員と一緒に考えていく姿勢が大切である。学校が今できていることを尊重し，SCの新しい視点によって，より前向きな支援を支えるエンパワーメントが望まれる。

2) 校内会議への参加　　学校では，校務分掌等に沿った複数の会議が行われている。その中で，いじめ・不登校や生徒指導に関わる会議にSCの参加が求められることもある。SCにとって，学校全体の様子や多くのケースの現状について定期的に知ることのできる貴重な機会である。

　会議においては，教員とは違うSC独自の立場からの発言が求められる。コンサルテーションと同様に，教員とSCがお互いの専門性を尊重しながら，SCらしい児童生徒の見立てを示し，多様な支援方法をともに考えていけるとよいだろう。

3) 教員研修・校内ケース会議　SCは，校内での教員研修の講師を依頼されることもある。心理教育と同様に，ニーズを理解して依頼を受けることが大切であり，十分な打ち合わせをして計画ができるとよい。依頼されることの多いテーマは，発達障害や不登校の理解と対応，学級経営，QU等の心理検査，保護者対応等が挙げられる。実施の仕方についても心理教育と同様に，グループワークやロールプレイを取り入れ，参加者に関心をもってもらう工夫が大切である。

校内で対応に困っている児童生徒について，関係教員で集まって行うケース会議にSCが参加することも多い。複数の関係者が集まって話し合うことで，色々な視点からの意見を出し合い，ケースを多角的に理解することができる。計画的に時間をとってのケース会議だけでなく，児童生徒の状況に合わせて，必要な時に複数の関係教員とSCで集まって話し合う機会を柔軟につくっていくことも大切である。

4) 他機関との連携　学校と他機関の連携において，SCも関わりが求められる場面もある。たとえば，児童相談センターや教育センター，医療機関，スクールソーシャルワーカー等の担当者を迎えてケース会議を行うこともある。その中で，SCの立場からのケースの見立てや対応についての意見が求められる。また，クライエントが他機関の受診を希望された場合の相談にのったり，紹介状や情報提供書を作成したりする場合もある。これらの場合には，学校の中の者としての他機関との橋渡しと，教員とは違う立場から児童生徒理解を伝える役割のバランスを保つことが大切になる。

5) 記　　録　SCのさまざまな活動について，学校に記録を残していくことも大切である。学校現場では，教員・SCともに転出入の可能性があり，児童生徒への途切れない支援のためにも必要である。小中，中高の申し送りにおいても役立つ場面がある。ただし，クライエントの守秘との兼ね合いには配慮をする必要がある。SCは，必要な情報の量や内容を適切に判断し，過不足のない記録を残していけるとよい。

●学校体制に根付く相談室運営を目指して

SCが学校現場においてできることは実にさまざまであり，上記の内容に限らない。それぞれのSCが，知識・経験・特性を生かして児童生徒のためになるあらゆる活動を柔軟に，そして熱意と工夫をもって相談室運営を行っていくことが望まれている。また，どの活動においても，SCが学校とともに考え，学校とともに相談体制をつくっていくことが，より多くの児童生徒にとって意味のある相談室運営につながるだろう。

引用文献
小林哲郎（2012）．スクールカウンセラーの出会う諸困難　村山正治・滝口俊子（編）　現場で役立つスクールカウンセリングの実際　創元社　pp.258-270.

3

対象者別の支援

　文部科学省（2010）は，生徒指導提要の中で，スクールカウンセラー（以下 SC）の主な職務を，①児童生徒へのアセスメント活動，②児童生徒や保護者へのカウンセリング活動，③保護者，教職員へのカウンセリング活動，④学校内におけるチーム体制の支援，⑤保護者，教職員に対する支援・相談・情報提供，⑥関係機関の紹介，⑦教職員などへの研修活動など，と示している。そして，最近では中央教育審議会（2015）の答申で，SC の職務が次のように示された。SC は心理に関する高度な専門的知見を有する者として，不登校，いじめや暴力行為等の問題行動，児童生徒の貧困，児童虐待等の未然防止，早期発見，支援・対応等のため，これらを学校として認知した場合や災害等が発生した場合等において，児童生徒，保護者，教職員に対して，カウンセリング，情報収集・見立て（アセスメント），助言・援助（コンサルテーション）等，に従事することとした。これを受けて学校教育法施行規則の一部が改正され，2017 年 4 月から学校に勤務する SC の職務内容が次のように示された。

　①不登校，いじめ等の未然防止，早期発見，支援・対応等
　　・児童生徒および保護者からの相談対応
　　・学級や学校集団に対する援助
　　・教職員や組織に対する助言・援助（コンサルテーション）
　　・児童生徒の心の教育，児童生徒及び保護者に対する啓発活動
　②不登校，いじめ等を認知した場合又はその疑いが生じた場合，災害等が発生した際の援助
　　・児童生徒への援助
　　・保護者への助言・援助（コンサルテーション）
　　・教職員や組織に対する助言・援助（コンサルテーション）
　　・事案に対する学校内連携・支援チーム体制の構築・支援，である。

　石隈（1999）はこれらの支援を心理教育的援助サービスとして三段階に分けている。この段階を参考にして，SC の三段階の支援として図 3-1 に示した。

　一次的支援としては，「予防啓発」が中心で，すべての児童生徒を対象とする。多くの児童生徒が出会う課題の困難を予測して前もって行う予防的支援と，児童生徒が課題に取り組むうえで必要なスキルを提供する支援（心理教育）がある。こうした支援を通じて問題の発生を初期の段階で発見することが可能になり，児童生徒にとってより必要なスキルや予防すべき問題状況を把握して，年間の教育計画や学校行事の計画に関する意思決定の資料を提供できる。

　二次的支援は，「早期発見・早期対応」が中心となり，たとえば，不登校に陥りやすい傾向の児童生徒や学習意欲をなくしてきたなど，配慮を必要とする児童生徒を対象とする。「配慮が必要な児童生徒は誰か」，そして「その児童生徒の問題状況はどうか。すぐに特別の支援が

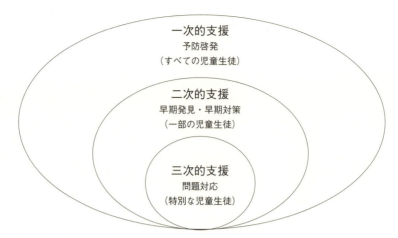

図3-1　SCの三段階の支援とその対象（石隈, 1999を改変）

必要か」などをアセスメントし，教師等に提供することが期待される。そのためには早期に発見し，その問題が大きくなるのを予防する。初期の段階で児童生徒自らが自分の問題を乗り越えられるように支援することが中心となるので，支援者（教職員や保護者など）一人ひとりが児童生徒の態度や表情からSOSの信号をキャッチする目をもつことと，多くの支援者の情報を得て児童生徒の成長に生かせるようにすることである。一次的支援や二次的支援は問題の予防を目指し，児童生徒が出会う問題に取り組む能力を身につけ，その問題を乗り越えながら成長し，児童生徒の発達を阻害するほど問題が大きくならないように支援する。

　三次的支援は，「特別な重大な支援ニーズをもつ特定の児童生徒」が対象となる。この場合，SCは児童生徒の状況についてのより精密な心理教育的アセスメントの実施とそれに基づく個別プログラムの作成を行う。教師が学校支援チームをつくり，生徒をより深く理解するために丁寧な「アセスメント」を実施し，それに基づく援助のため「チーム会議」を通して「カウンセリング」や「コンサルテーション」を行う。

　これらの支援に関して予防啓発的な活動（一次的支援）は第Ⅴ部で，学校危機への緊急支援（三次的支援）は第Ⅳ部で解説しているので，ここでは，それらを除いた二次的支援や三次的支援の一部を中心にして児童生徒，教職員，保護者，地域を対象にした支援を解説する。

●児童生徒への支援

(1) 二次的支援

1）相談室等を活用した全員面談の実施　すべての児童生徒を対象にした簡単な全員面談がある。この面談は学校全体の教育活動の中で計画的に行う必要があるため，管理職や教職員の理解と協力が不可欠である。ただ，小規模校や中規模校では実施が可能であるが，大規模校での実施はなかなか難しい。実施が可能であれば，実施の前年度，つまり，次年度の学校行事予定の計画・立案の段階で教師との打ち合わせができることが重要になる。年間行事予定を実質的に計画・立案するのは，教務主任であることが多い。SCとして赴任した初年度はこのような面談を提案することは慎重にしたい。学校がSCの力量と人柄を理解し，SCと児童生徒との全員面談を求められるような学校，教師との関係性ができてからでも遅くはない。

実施する場合，小学校では，比較的学級担任の了解で運用しやすいが，中学校や高等学校では，学級担任と教科担任の了解のもとで調整するため，スケジュール管理が難しい。調整が整い，面談の準備段階になったら，①学校・学年・学級の面談への意向を再度，十分聞く。②面談の形態は，個別や小集団など，相談担当の教師や担任教師，学年の教師たちと話し合って決める。

全員面談は，SCが児童生徒の実態を把握でき，今後，配慮を要したり，個別面談が必要な児童生徒を早期に発見したり，他の専門機関の支援が必要な児童生徒を発見しやすくしたりする。また，児童生徒がSCを身近に感じ，必要なときに自主的な来談への可能性を高めることができる。さらに，面談後の教師への情報提供の場の設定が欠かせない。その場が配慮の必要な児童生徒の教師へのコンサルテーションの場に発展することも多い。

2）相談室の開放 SCからの「相談室だより」などを通じて，昼休みや放課後など，曜日を決めて，相談がなくても自由に来室が可能であることを広報する。児童生徒がSCの存在を理解し，SCに親しみ，また，相談室がどのような場所であるかなどを理解してもらう機会である。相談室の前などに相談申し込み票を用意し，相談申し込みをしやすくする工夫もしたい。相談申し込み票の内容やその設置場所について，教師との打ち合わせ，教師への周知は欠かせない。相談室の整備については，児童生徒が相談室で癒され落ち着けるように，椅子や机，図書，掲示物，置物など，児童生徒の発達段階を考慮しつつ，学校，地域の状況にあった備品等をそろえたい。もちろん，このような整備は学校運営の予算の中でできることであり，SC一人ではできない。相談窓口の教師を通じて児童生徒にとって有益な相談を実施するために必要な環境整備への理解を高め，学校運営全体の中で考慮してもらう必要がある。現在，中学校に比べ，小学校の相談室の整備は十分でないことが多い。設置場所が相談に向かない場所であったり，内部が書類の保管庫を兼ねていたりしている現状がある。SCの導入が当初，中学校を中心に行われたことが大きいと思われるが，児童生徒の成長支援であるよりよい相談のための物的環境の整備の必要性を教師，特に管理職に理解してもらい，相談室の整備を進めてもらえるように継続的に働きかけを行いたい。義務教育後の教育機関等については学校等が任意でSCを設置する場合も多いが，勤務する場合は，整備を進めたい。

相談室の開放時には，配慮が必要な児童生徒に出会うことも多い。担任や相談係の教師，養護教諭等との話し合う場をもち，なぜ，配慮が必要と判断をしたのかを心理臨床的視点（アセスメント）から教師に伝える。そして，その児童生徒の家庭の状況や学校生活の状況，成績，友人関係などの情報交換を行い，今後の児童生徒への関わり方，SC，担任，養護教諭，その他の教師がそれぞれの役割の中でどのように支援するのか，また，継続して見守っていくのかなどを話し合う（コンサルテーション）。その後は，随時の情報交換の場を設定したり，学校で開催される定期的な生徒指導部会や教育相談部会等の場で情報交換をしたりして，児童生徒の状況確認と支援の方法などを明確にしていく。

3）児童生徒の自主的な個別面談・集団面談 SCへの興味・関心からということも少なくないが，教師とは異なる大人の介在によって児童生徒たち自身が自分や他者への理解を深めたり，関係を深めあったりすることを支援する。また，中高生では「自分や他の人の心の理解のための心理学に関する話が聞きたい」「カウンセラーになりたい」というような進路の指針のために自発的にSCの面談を希望する場合もある。さらに，こうした面談がきっかけとなり，

必要なときに個別カウンセリングを希望する契機にもなり得る。SCとの対話を通して「課題をどうすれば解決できるか」「どのような方法があるのか」など、児童生徒と一緒に考えたり、情報提供をしたりする。また、個人面談の場合、児童生徒の発達段階によっては、簡単なプレイセラピー的な遊びをしたり、絵を描いたりして、相談室での面談体験が自分自身を開放して、児童生徒の中にある健康な部分を引き出し、本人自身が自らの成長を促せるようにする。

4）授業参観・休み時間等の観察　SCの授業参観や活動観察は、教職員、児童生徒、保護者等との共通理解、同意を得たうえで行う。同意を得ていても、授業を参観する当日には、再度、教師との打ち合わせがほしい。たとえば、朝の教職員の打ち合わせの時間にSCの窓口の教師から予告してもらうのもよい。教師によってはSCの参観を好まない教師もいる。そうした状況は教師自身の問題とも考えられるが、教師とSCの関係性が悪化するような状況は、児童生徒への支援にマイナスになり易いので避けたい。どちらにしても教師の教育活動に支障がないところで観察をし、SCとしてのアセスメント等を教師に提供し、教師の児童生徒支援に役立つようにする。

(2) 三次的支援

1）カウンセリング　不登校やいじめ、非行等で支援の必要な児童生徒への定期的なカウンセリングを主に行う。カウンセリングは、児童生徒本人の希望から行う場合もあるが、保護者や教師等の依頼で行うこともある。いずれも本人や保護者、担任教師の同意を得て行い、児童生徒の問題の改善や解決を目指す。こうした場合、①児童生徒自身が心のありようを変えたり、行動を変容させたりすることで問題の改善や解決に向かうこともあれば、②本人自身の努力と本人を取り巻く保護者・家庭教師・友人などとの関係調整を必要とすることもある。③相談機関や医療機関、その他の機関との連携が必要なこともある。①の場合には、児童生徒が実際の生活場面で試行錯誤できるような行動や言動（ソーシャルスキル）をともに考えてみることも重要である。②の場合、教師との連携を行い、本人自身への支援とともに他者と本人との関係調整をどのような場でだれが行うかなどを話し合うことである。③の場合は、担任・学校や保護者、本人が了解しながら慎重に進めることが必要となる。赴任したときから、その学校を取り巻く連携可能な相談機関、医療機関や福祉機関、教育機関等のリストの準備に留意したい。できれば、そうした機関の対応状況も情報としてもっていたい。紹介した連携先での児童生徒や保護者の対応におけるトラブルが生じて、学校での支援活動に支障が出る場合も否めないからである。

カウンセリングの後には、教師（担任や関係する教師等）との打ち合わせ（コンサルテーション）が重要である。問題の改善や解決に向けて、児童生徒に最前線で関わる教師への支援という視点をSCとして注視したい。

●教職員への支援

(1) 二次的支援, 三次的支援

1）コンサルテーション（助言・協議・相談）　児童生徒への二次的支援として、相談室等を活用した全員面談、児童生徒の自主的な個別面談・集団面談、授業参観・休み時間等の観

察等から得られた児童生徒の状況，三次的支援としてカウンセリング（個人面談）から得られた児童生徒の状況について，臨床心理学的な視点での児童生徒理解（アセスメント）や関わり方等を教師に提供し，今後の教師の生徒への支援や関わり方が明確になるように話し合う。また，今後のカウンセリングの方針や目標を共有していく。情報提供の場がコンサルテーションになったり，ケース会議に発展したりもする。情報提供の場はさまざまであり，カウンセリング対象の担任教師との打ち合わせ会，週に一回，定期的に開催されている生徒指導部会や教育相談部会（学校全体の生徒指導あるいは教育相談の代表者会），月一回程度開催される全職員が参加する職員会，学年部会等である。そうした会にメンバーとして参加し情報提供できる。できない場合は，相談窓口者等の教師を通じて伝えられるように配慮する。教師同士の情報交換会では，情報の交換と共有が中心で対応についての具体的な話し合いがスムースに進まないことがある。そこで，SCとしての専門性を生かし，生徒の不適応についてのアセスメントを示し，そのために学校に可能な具体的な対応方法を教師とともに明確にしていく。そして，今後の方向性や対応方法が明確になった後，支援や対応等のチェックとそれらの修正等を検討する場が次に確保できるような会，会議が成立するように支援したい。

　このような場を繰り返し，情報交換の場を通じたコンサルテーションが生徒の不適応を改善・解決するために有効であることが教師たちに認識されるようになると，学校で困っている生徒の不適応の問題について，関係者が集まり検討する会の必要性が求められるようになり，ケース会議の開催が可能となってくる。

　2）学校種間の打ち合わせ会議　義務教育段階では，年に2回程度，幼小保連絡会，小中連絡会といって，通学地域で関係する幼稚園や保育園，小学校，中学校とが連絡会を開き，児童生徒に関する情報提供をし，新しい学校生活への適応支援に役立てている。こうした会議は二学期に開催され，再び，三学期の卒園，卒業の前後に行われたり，三学期にだけ開催されたりする。おおよそシステムとして整っている。ただし，義務教育から離れる高等学校等では，特に，設定されていない。幼小保連絡会，小中連絡会に参加し，意見を求められれば心理の専門家から見た適応支援について教師とともに話し合いをもつことが大切である。また，機会があれば，小1ギャップ，中1ギャップ等へのそれぞれの保育園，幼稚園，小学校，中学校での子どもたちや保護者への配慮事項を伝えておきたい。しかし，そのためにはSC自身がそれぞれの組織の教育システムの違いを学んでおく必要がある。

　3）ケース会議　ケース会議は，学校の教職員のみで行う場合と必要に応じて関係機関を加えて行う場合がある。この会議の目的は，解決すべき問題や課題のある事例を個別に深く検討することによって，事例への理解を深めて，今後の対応策を明確にし，それぞれの役割の中でできる支援を決めることである。ケース会議に向けた事前準備に必要なことを尋ねられたら，次のようなことを伝えたい。
　①検討したいことを明確にする。
　②事例提供者は，事例の概要に加え，事例対象者の家族構成や家庭状況，きょうだいの関係，学校での状況，友人関係などを提供できるようにする。
　③ケース会議の参加メンバーを決める。たとえば，担任，教育相談係，校内の支援協力者（養護教諭，家族の現在や過去に関係する教師，きょうだいの担任教師等），必要に応じて，

家族の現在や過去に関係する関係機関等である。
④ケース会議の日程調整をする。
⑤記録を取る教師や司会を決めておく。

相談窓口の教師や事例提供者，教務主任や管理職の意向に十分配慮して，こうした内容を決めていく。

ケース会議の中では，SCから問いかけなどを行い，「どのような家族なのか」，「なぜこのような状況に陥っているのだろうか」など，児童生徒や家族の視点で，教師たちが複数の仮説を立てられるように支援し，そうした仮説から事例の目標が浮き彫りになると，だれがどのような支援をどのような場で行っていくかなど，さまざまな支援の具体化が協議されるようになる。こうした協議内容は，管理職が学校全体での支援体制をプログラムするための支援ともなり，こうした場の積み重ねが，学校全体での支援活動の活性化につながり，チーム支援体制，教育相談体制構築への支援となる。

●保護者への支援

(1) 二次的支援

1) 課題解決のための小規模な懇談会の開催　予防啓発段階のすべての保護者に向けた一般的な知識や対応方法などを中心とした講演会とは異なり，テーマを絞り込んで，そのテーマにおける理解の仕方や解決方法などを求める会に参加する。SCと保護者が自由に対話できる雰囲気で行うことが大切であり，そのため会に参加する保護者の人数はテーマによっては留意し，また，守秘義務等にも配慮をしたい。当然，こうした会への参加には学校の理解と了解が必要である。PTA役員やPTA活動の窓口の教師(教頭先生等)との事前打ち合わせを十分行い，保護者のニーズを十分とらえ，SC自身が提供できる内容を吟味する。出席した保護者の中には，保護者の個別面談や児童生徒の面談を必要としたり，希望をしていたりする場合もあるので，会の終了後にSCと自由に対話できる時間を取っておきたい。必要ならば別の日時を設定して面談をする場合もある。会の後には，教師との打ち合わせや教師の教育活動に可能な限り有益な情報提供をしたい。

(2) 三次的支援

1) カウンセリング　児童生徒の問題の改善や解決のための教師の連携支援者としての面談を行うことが中心となる。保護者のこれまでの児童生徒の理解の仕方や関わり方などをともに見直し，保護者自身の成長，教師と連携した支援者としての成長を促す。また，必要ならば学校外の関係機関の紹介を教師の了解を得ながら行うこともある。ただ，保護者自身が児童生徒よりもカウンセリングの対象になる場合には，学校という場が保護者自身のカウンセリングを中心にする場ではないので，できれば外部の専門機関の紹介をし，そこでの継続カウンセリングや医療的支援を受けてもらうのがよい。紹介で留意したいのは，保護者が学校に見捨てられたと感じないような配慮をすることである。また，保護者へ紹介する専門機関は，一つだけではなく，複数の機関を紹介し，実際に保護者が通ってみて自分に合う専門機関を決めていくことができるように伝え，保護者の自己決定を尊重したい。

●地域への支援

(1) 二次的・三次的支援

1) 地域の会への参加　地域にはさまざまな地域組織があるが，その中に代表的な組織として学区連絡協議会がある。おおむね小学校の通学区域にある任意組織ではあるが，メンバーは協議会の委員長をはじめ，民生委員，保健委員，消防団，小中学校のPTAや学校関係者，女性団体など，学区内の各種団体の代表で構成され，行政関係の広報や要望の取りまとめ，災害対策，社会教育，地域福祉，交通安全など，学区のさまざまな課題について協議するとともに，地域活動を担っている。このような会は学校関係者が出席し，地域に学校教育の現状と今後の教育方針等を伝えることができる場であり，また，地域からの要望等を教育活動に生かすことができる連携・協力の場である。つまり地域に根付いた学校教育の活性化につながる。こうした会に学校のSCとして参加要請を受け，たとえば，「最近の小・中学生のこころの理解と関わり方」，「地域で見かけた心配な児童生徒への対応の仕方と理解の仕方」などの話をするのである。地域の方々に平易でわかりやすい言葉を使って解説をしたい。また，こうした機会に学校としてはSCを通じて地域に学校から伝えたい内容もあるので，参加前には十分学校関係者との打ち合わせをしたい。SCとして地域のさまざまな組織の代表と直接対話ができ，児童生徒の地域での生活の実態が理解できるよい機会ともなる。このような会は，夕方から地域のコミュニティーセンター等で開かれることが多い。勤務の関係については学校とよく話し合っておく必要がある。

2) 地域のサポート会議への参加　たとえば，要保護児童対策地域協議会（要対協）に，学校関係者のメンバーとして参加し，学校での情報提供を行いながら，心理面でのアセスメントを提供する。要対協は，主に子育て支援室や保健センター，教育委員会，児童相談所，保健所，医療機関等で構成されている。関係機関の連携で，児童生徒やその家族への支援の目標や支援方法を明確にし，継続的な支援が行われる。会議の後には，学校内外で行う支援について学校全体での情報共有，支援の方針や目標，教職員の役割等が明確になるようなケース会議の設定を支援する。また，校内外での支援方針や支援の方法等を継続的にチェックする必要性を教師に伝えることが求められる。

要対協にはスクールソーシャルワーカーが参加することがある。スクールソーシャルワーカーは，いじめや不登校，虐待，貧困など，学校や日常生活における問題に直面する子どもを支援する社会福祉の専門家であり，子ども本人だけでなく，家族や友人，学校，地域など周囲の環境に働きかけて，問題解決を図る。教育委員会等に所属し，委員会からの派遣型や巡回型が主流を占めている。学校現場では子どもたちの抱えている課題が複雑になり，環境改善への働きかけのために関係機関とのネットワーク構築が大きな課題になってきている。SCの心理面を中心としたアセスメントを基盤にして，実行可能な環境調整や改善をプログラムするスクールソーシャルワーカーとの連携・協働のニーズは高い。SCは約20年前に学校教育現場に派遣された心理面の専門家である。教師が多職種の専門家との連携・協働をスムースに行えるように支援したい。

以上，対象者別でのSCとしての支援を解説してきた。SCに求められる力量は，学校心理

臨床学的な専門性は当然であるが，それに加えて地域社会を視野に入れた多職種の専門家との連携・協働のできる実践的な力量が強く求められてきている。

　学校現場は学校種や学校規模，教師集団の態勢，地域性によってそれぞれ違いがあり，一つの学校で有効な支援のありかたが，他の学校で同じように有効とは限らない。そのため勤務する学校や地域の実態を考慮した支援の方法，連携・協働のありかたをSC自身が勤務校で構築する必要がある。他のSCやベテランのSC，多職種の専門家等との情報交換やネットワーク等を確保しておきたい。

　最後に，学校の中で教師との連携・協働を通して教師への職業理解や教師個人への理解が高まり，教師集団にコミットしていくことは重要であるが，心理の専門家としての内部性と外部性のバランスに十分に留意をすることを忘れないようにしたい。

引用文献

中央教育審議会（2015a）．チームとしての学校の在り方と今後の改善方策について（答申）　文部科学省　http://www.mext.go.jp/b_menu/shingi/chukyo/chukyo0/toushin/__icsFiles/afieldfile/2016/02/05/1365657_00.pdf（2018年2月27日取得）

中央教育審議会（2015b）．新しい時代の教育や地方創生の実現に向けた学校と地域の連携・協働の在り方と今後の推進方策について（答申）　文部科学省　http://www.mext.go.jp/b_menu/shingi/chukyo/chukyo0/toushin/__icsFiles/afieldfile/2016/01/05/1365791_1.pdf（2018年2月27日取得）

石隈利紀（1999）．学校心理学　誠信書房

文部科学省（2010）．生徒指導提要　教育図書

4

関係機関との連携

●学校と関係機関の連携とは

　近年，子どもの抱える問題は多様化しており，学校だけで対応するには困難な事例も多く見られる。そのため文部科学省は2010（平成22）年に関係行政機関や民間団体が連携し，子どもたちを見守り育てる「新しい公共」の実現に向けた取り組みを推進することを目的として「子供を見守り育てるネットワーク推進会議」を設置し，教育現場についても，問題を抱え込むことなく，地域や外部の関係機関と情報や問題意識の共有を図り，連携していくための体制整備をすることを求めている（文部科学省，2010）。学校はかつて閉鎖的であるという指摘を受けがちであったが，「開かれた学校」を目指し，関係機関とどう連携を行っていくのかということは，現在の大きな課題の一つであると言えるだろう。

　この学校と関係機関との連携において，スクールカウンセラー（以下SC）はどのような役割を果たすのだろうか。伊藤（2008）は，SCの大切な仕事の一つに中立的な立場を生かした「つなぐ役割」があるとしている。これは子ども同士，子どもと教師といった学校の中だけにとどまるものではなく，学校と外部の関係機関，子どもと外部の関係機関，保護者と外部関係機関といった，学校の内と外をつなぐということも含まれるものである。SCは役割の一つとして，学校と外部の関係機関の連携の架け橋となるということを求められていると言えるだろう。

●連携の基盤となるもの

　SCの「つなぐ役割」というのは，SCの日常的な活動が下地になってはじめて行えるものである。なぜなら，SCが「つなぐ役割」を果たすためには，3つの基盤が必要となるからである。3つの基盤とは①事例の適切なアセスメント，②校内の連携，③外部機関についての知識，である。

(1) 事例のアセスメント

　「つなぐ」役割を果たすためには，一つひとつのケースを見立て，このケースではどういう手立てが必要か，どの専門機関を紹介し連携することが必要かを適切に判断し，学校外に対しても上手につなぐことが必要とされる（伊藤，2008）。事例のアセスメントは連携の有無にかかわらず必ず行われるものであるが，そのアセスメントの中で，連携の必要性も見極めていく必要があるということである。

　どのような場合であれば連携が必要であるのかについて，中村ら（2013）は，SCが外部連

携の必要があるのかを判断する視点として，①危険度・緊急度が高い，②病的である，③障害の疑いがあり診断が必要である，④校内対応には限界がある，という4つを挙げている。①危険度・緊急度が高いと判断される場合というのは自傷他害の恐れのある場合や，虐待が疑われる場合，法律に触れる場合などがある。②病的であるという場合には精神疾患を発症している場合がある。また，精神疾患としては重くないと考えられても，身体症状が出ている場合や，睡眠のコントロールなどに投薬を受けたほうがいい場合なども，医療機関の受診が望ましいと考えられる。③障害の疑いがあるというのは発達障害などが疑われる場合である。④校内対応には限界があるということについては，①〜③以外に，本人・保護者が学校に来られない場合や，学校が介入することが難しい家庭内の問題が大きい場合などがある。

(2) 校内の連携

　事例のアセスメントの視点として，④校内対応には限界がある，ということが挙げられているように，基本的にははじめは学校内で対応を考えていく。そのため，外部との連携の前提となるのが校内の連携であり，学校内の連携のみでは不足していると考えられた時に関係機関を利用することとなる。また基本的には，SCが外部機関との連携の必要性があると判断した場合でも，SCのみの判断で連絡することはない。必ず学校長の許可を得て，学校判断で行うこととなる。事例によっては関係機関からSCを名指しして連絡が来ることもあるが，そこでどのような情報共有を行ったかということは学校長に報告することが必要となる。SCは非常勤であることが多いため，関係機関の都合でSC不在日にケース会議が開かれることもある。そのため，スムーズな関係機関との連携のためには，まず校内の連携が適切に行われていることが必要となる。

(3) 関係機関についての知識

　各関係機関はそれぞれの役割や専門性，権限をもっている。たとえば虐待であれば児童相談所に通告しなければならないが，これは児童相談所が虐待の調査をし，必要な場合には子どもを保護して親元から離す権限をもっているからである。また，発達障害が疑われる事例があったときに，本人や保護者が診断を求めるのであれば医療機関を受診して医師の診察を受けることが必要となるが，診断は不要で発達検査を受け，アドバイスをもらいたいということであれば，教育相談センターでも可能であるといった，関係機関の選択が必要となる。そして，連携する関係機関を選択するときには，料金がかかるのかかからないのか，対応可能な時間帯はいつであるのか，対象年齢であるかどうか，アクセスしやすい場所にあるのかなど，現実的な側面も考慮に入れなくてはならない。学校が連携する主な関係機関について，基本的情報を理解しておくほか，常に情報を収集しておくことが必要となる。

●関係機関への橋渡し

　学校と関係機関の連携のはじまりは，SCが紹介する場合ばかりではなく，学校の担任などが紹介してからSCに連絡がくる場合や，保護者が関係機関を訪れ，関係機関側から連絡がきて連携が始まる場合などさまざまなパターンがある。ここではSCが関係機関を紹介する場合の流れについて述べる。

表4-1　学校が連携する主な関係機関一覧

1）教育機関
　　教育委員会　教育相談所・教育相談センター（市町村の教育委員会が設置）
　　教育センター・教育研究所（都道府県が設置）　適応指導教室
　　特別支援学校　フリースクールなど

2）福祉機関
　　児童相談所　児童養護施設　母子生活支援施設　児童自立支援施設　児童家庭課
　　家庭相談窓口　福祉事務所　民生委員・児童委員　発達障害者支援センターなど

3）保健・医療機関
　　保健センター　精神保健福祉センター　病院・クリニックなど

4）警察・司法機関
　　警察（相談窓口・少年相談保護センター・少年サポートセンター）
　　家庭裁判所　保護観察所など

①それまでの面接記録を確認し，関係機関との連携にあたって不足している情報について本人や保護者に聞き取りを行う。
②担任や管理職（校長・教頭など），養護教諭などに関係機関を勧めようと考えているということを伝え，同意を得る。
③本人や保護者に関係機関の情報を伝え，本人や保護者の同意を得る。このときに，関係機関へ情報の提供が可能かどうかについても確認を取っておく。
④関係機関へ連絡を取る，紹介状を作成するなど，関係機関へつなぐために必要な手立てを取る。

連携に至るまでの過程には細心の注意を払う必要があり，学校と専門機関との間を橋渡ししながら一緒に関わり続けていくという姿勢が大切である。子ども本人や保護者に専門機関を紹介するときも，本人たちが「学校に見捨てられた」という感情を抱かないよう，十分な説明が必要である。また，自傷他害の恐れのある場合や，虐待の通告を除き，SCには守秘義務があり，子どもや保護者はそれを信じて来室しているため，勝手にこちらの情報を関係機関が知っているということになると，信頼関係が崩れる恐れがある。まずは丁寧に子ども本人や保護者に関係機関と連携する意味を説明し，情報共有の範囲を明確にすることが必要となる。

関係機関を利用することについて子ども・保護者の同意が得られた場合，関係機関にSCから連絡を取るか，子ども・保護者から予約などの申し込みを入れてもらうこととなる。保護者から申し込みをしてもらいつつ，「こちらから紹介した○○さんから連絡が入ると思いますが，よろしくお願いいたします」というようSCからも連絡して情報提供を行うというように，この2つが並行して行われる場合もある。ここで紹介状などを必要とする場合は紹介状を作成する。その後子ども・保護者が実際に関係機関を利用したかを確認し，関係機関と連携を行っていくという流れとなる。

また，①から④までの順で進められることばかりではなく，実際に学校で勤務していると，はじめから保護者が相談機関を紹介してほしいというニーズをもって来室する場合もあり，その場合は担任や管理職の同意を得ることが後になる場合もある。そういった場合はどうするか

ということもあらかじめ管理職と共有しておけるとよいだろう。学校からお便りとして資料を配布するなど全保護者に情報提供している機関については，再度資料を渡す分には問題とならないことが多い。しかし，紹介後は必ず情報を共有し，関係機関から問い合わせがきたときにスムーズに対応できるようにしておかなければならない。

●関係機関との行動連携

　子どもや保護者が関係機関とつながると肩の荷を下ろしてしまいがちであるが，そこからは関係機関との情報共有，そして行動連携が必要となる。文部科学省（2004）は学校と関係機関の連携に関して，情報共有のみが行われ，あとは各機関が機関ごとに対応してきたという実情に対し，相互に連携して一体的な対応を行うこと（行動連携）が重要であると提言している。そして行動連携の内容としてはサポートチームをつくり，どんな問題行動等についてどのような関係機関が参加するのか，どこがコーディネート役を担うかを明確にしておく，各関係機関等がそれぞれの役割分担や具体的行動計画などを明確にし，その責任を果たし，チームとして多面的・総合的な機能を発揮するといったことが必要であるとしている。

　しかしこうした対応を現在学校現場で実際に行うことができているかというとまだ難しいところがある。管理職・担任・教育相談主任・SCと関係機関を一堂に集めたケース会が開かれ，目的を共有して各自の役割を確認し，支援にあたることが望ましいが，各機関の事情もあり，関係機関の担当者と管理職やSCが電話でやりとりするなど，一対一の情報共有となることもある。医療機関の場合は更に難しく，保護者を介して情報共有の依頼をし，診察時間に同行する，文書で情報共有する，電話で情報共有する，など医療機関の指定に従う場合が多い。しかし，関係機関任せにしてしまわないという姿勢は必要である。一方，一体的である必要はあるが，それぞれの関係機関の役割は異なり，同じ支援を行う必要はないという認識も必要である。各機関が同じ支援方法を行うのであれば，各機関がもつ専門性の意味はなくなるため，機関ごとの違いを理解し，利用しながらも，一体的な対応を行うという連携が必要となる。

●関係機関との連携事例

架空事例1　中学1年生の男子生徒Aさん

　入学してから登校したりしなかったりという状況が続いており，登校しても制服が汚れていたり，入浴していないような匂いがするということから，教育相談担当者の会議（校長・教頭・各学年教育相談担当・養護教諭・SC・相談員が出席）で名前が挙がる。家庭環境としては母子家庭で生活保護を受けており，兄弟はいない。小学校からの申し送りで，母親の養育能力が低く，統合失調症の診断も受けているが，通院が安定していないという情報が入っていた。まずは家庭の状況を確認する必要があるということで，担任と相談員が一緒に家庭訪問をすることに。担任と相談員が家庭訪問したところ，家の中はゴミが散乱する荒れた状況であり，台所も埋まっているような様子で，食事を作っているようではなかったことから，ネグレクトを疑い児童相談所に通告を行った。それにより児童相談所の調査は入ったが，母に養育の意思はあり，食事も毎食食べてはいないものの全く摂れていないという状態ではなかったため，一時保護とはならず，継続して様子を見ていくと判断された。SCは母の統合失調症という病気について管理職や担任に説明を行い，本人へのサポートのためにも母への支援

が必要であることを伝えた。そして民生委員と連携し，民生委員が家庭訪問を行って母を地域の精神保健福祉センターへ橋渡しを行うなど，母のサポートに当たることとなった。その後相談員と担任の継続した家庭訪問の働きかけにより母・本人が相談室に来室し，担任・相談員・SCで面談を行った。母はできるだけ本人を登校させることを約束し，本人は匂いをからかわれるため，教室に行きたくないときがあるということから，教室に行きたくないときには相談室を利用しながら，毎日学校には顔を出し，給食は取ることができるようにというサポートを行っていくこととなった。相談室で時間をすごす中で，相談員はAさん自身の生活能力をあげていく働きかけを意識して行い，制服の汚れや匂いの問題は改善されていった。

架空事例2　中学2年生の女子生徒Bさん

中学2年生のゴールデンウィーク明けから学校に行きたくないと言い始めた。母親が何度も登校を促すと，部屋にこもってほとんど出てこない状態になってしまったため，母親が困って担任に相談し，担任の紹介でSCと面接することになった。母親は焦って登校を強く促したり，周りの目を気にする母親自身の不安を口にしたりということがあり，本人との関係が悪化していたが，面接を継続するなかで母親の気持ちは落ち着き，本人の様子をよく観察できるようになった。すると徐々にBさんが部屋から出てくることが増え，家族との会話も増えた。母親が一緒にSCに会ってみないかと提案すると，話したい気持ちはあるが，中学校に入るのが怖い，どうしても行けないとのことであった。担任・管理職・SCで協議を行い，本人が気持ちを整理できる場所はあった方がいいが，まだ中学校に入ることが難しいと考えられたため，教育相談センターを紹介することに。母に教育相談センターでできることを説明すると，母と本人で予約を取って相談に行き，本人も相談員に思いを話すことができた。それによりゴールデンウィーク中にクラスの友人とトラブルがあり，トラブル自体は解決したものの，対人不安が強くなっているということがわかった。そのため，学校ではSCが母との面接を続け，Bさんは教育相談センターで面接を受けながら教育相談センター併設の適応指導教室へ通うことになった。適応指導教室で小集団から慣れていき，また学校への抵抗感を強くしていた勉強にも取り組むことができたことで，Bさんの不安はやわらいでいった。適応指導教室でのBさんの様子が変化してきたことから教育相談センターのBさん担当者と教頭，担任，SCでケース会議を行い，3学期からは適応指導教室への登校を続けながら，SCの勤務日に相談室へ1時間登校することとなった。その後相談室から別教室で担任と勉強するなど学校の滞在時間を延ばしていき，進級をきっかけに教室復帰した。

どちらの事例も，SCが関わることの多い不登校の事例であるが，事例によって連携すべき機関も，SCの果たすべき役割も異なることがわかる。

事例1のように，関係機関との連携はスムーズにいくことばかりではない。しかし，児童相談所に通告したことで児童相談所も継続して様子を見ることとなり，児童相談所・民生委員・学校という3つの機関の連携のなかで親子の様子を見ていくこととなった。民生委員が相談室を訪れ，情報共有することもあった。学校という場自体も抱え込もうとする傾向をもっており，虐待が疑われる事例を発見した場合，学校で出来る範囲で何とかしようとして児童相談所への通告が遅れたり，通告をためらったりすることがある。しかし，学校内で問題を抱えることで事態が深刻になるまで適切な対処がなされないと，子どもの心身の健康を大きく損なう可能性がある。虐待の有無の判断は児童相談所が行うことであり，虐待であるかどうかを判断しようとして迷う前に，まず児童相談所に通告することが必要であるということを，場合によっては強く訴える必要がある。

事例2では学校から教育相談センターにつなぐだけではなく，教育相談センターから学校に戻るときにつなぐという2回の橋渡しが行われたこととなる。紹介することで学校が肩の荷を

降ろしてしまわず,学校は学校の役割を担いながらつながり続け,常に復帰できる体制を整えておくことも必要である。変化していく保護者と子どもの状態を把握し,それに対して学校でできること,関係機関でできることを丁寧に説明することで,より適切な支援を受けることができるように配慮していくこともSCの役割の一つであると言えるだろう。

引用文献
伊藤美奈子(2008).学校で役に立つスクールカウンセラーとは 児童心理, **62**(6), 2-11.
文部科学省(2004).学校と関係機関との連携について 学校と関係機関等との行動連携を一層推進するために
　　http://www.mext.go.jp/a_menu/shotou/renkei/(2018年2月17日取得)
文部科学省(2010).子どもを見守り育てるネットワーク推進宣言 子どもを見守り育てるネットワーク推進会議
　　http://www.mext.go.jp/b_menu/shingi/chousa/shotou/068/gaiyou/1290904.htm(2018年2月17日取得)
中村恵子・塚原加寿子・伊豆麻子・岩崎保之・栗林祐子・大森悦子・佐藤美幸・渡邉文美・石崎トモイ(2013).スクールカウンセラーによる外部機関との連携のプロセスのモデル化 新潟青陵学会誌, **6**(1), 47-58.

5

校種別の展開

　スクールカウンセラー（以下SC）は，1995年文部省による「スクールカウンセラー活用調査研究委託事業」として開始され，その後は2001年度の「SC活用事業補助」，さらに2008年度からは全国公立学校への配置・派遣が計画され実行されている。そして現在，SCは公立学校において，既に定着した役割として活用されている。

　この章では，筆者の経験をもとにしながら，小学校，中学校，高等学校の校種によって，SCがどのような役割で携わっているかについて述べたい。

　SCは，学校現場にいる心理職の専門家である。その仕事内容は，①児童生徒および保護者や教職員に対する相談（カウンセリング，コンサルテーション），②校内会議等への参加，③教職員や児童生徒への研修や講話，④相談者への心理的な見立てや対応，⑤ストレスマネジメント等の予防的対応，⑥事件・事故等の緊急対応における被害児童生徒の心のケア（文部科学省，2007）である。これらの役割を校種それぞれのニーズに合わせて対応している。

●公立小学校

　公立小学校（以下小学校とする）では，自治体によって小学校そのものにSCが配置されている場合と，公立中学校（以下中学校）を拠点として，校区内の小学校へ派遣される場合がある。

(1) 相談内容

　1) 不登校　不登校の相談では，保護者からの個別相談と教員からのコンサルテーションを求められることが多い。小学校低学年の不登校は，母子分離不安から発生するケースや，起立性調節障害と診断を受けたケースがよく見られる。また高学年になると，友人関係トラブルや教師との不和，親子関係に端を発したものが見受けられる。小学校は学級担任が学級児童についての責任を一手に担うという風土が見られるため，担任が問題を抱え込みがちである。しかしながら，不登校の理由は，学校・家庭・社会・本人自身の問題が複雑に絡みあっており（大久保，2008），担任だけではなく学年教師や他機関との連携を含めたチームでの関わりが必要であると考えられる。SCはそのチームの一員となって関わり，単に登校出来れば解決とはせず，根底にある問題について見立て援助し（大久保，2008），さらに欠席が長期にならないような手立てについて，学校と考えていくことになる。

　2) 発達相談　保護者から，他の子どもと比べて落ち着きがない等の相談が多い。また教員から「教室で落ち着かない児童を見て心配だが，保護者は問題とは思っていない。一度見に

来てほしい」という依頼も少なくない。SCは，保護者や教員から，そうした依頼を受けた際，クラスの授業の参観をする。そこで対象となる児童の学習態度や周囲の生徒との関わり，様子を観察し，気になる点や見立てについて，保護者や担任に伝えるという作業を行う。担任からの依頼の際は，必要に応じて対象児童の保護者と面談する。そして，前述した保護者からの相談と同様，発達的な課題について気になる点がある場合は伝え，医療機関等への受診の助言をすることもある。

　保護者が児童の発達的課題について受け入れがたい時，学校との信頼関係が上手く構築されていないという場合がある。それは，「家では問題ないのに学校で問題を起こすのは学校の対応が悪いのではないか」という保護者の思いと「自分の子どもの課題を無視し，学校の対応に責任を求めている親」という学校側の思いが交錯する構造となるからである。そのような際，SCは両者の思いを受けとめつつ，双方に子どもが健やかに成長していくことを祈っている者同士であるという理解を促し，協力関係を結べるよう調整する役割を担っている。

　3）友人関係・いじめ　保護者からの相談が圧倒的に多いのが特徴である。友人関係トラブルやいじめ事案についてSCへ来談する際は，学校への対応に対する不信感といった内容が多い。いじめ事案の場合，いじめ防止対策推進法（文部科学省平成25年法律第71号）があり，いじめが発生した際は，速やかに校内のいじめ防止対策委員会が動くことになっている。しかし，機能している学校は多いと言えないことが現状である。子どもの対人関係トラブルやいじめ事案について，学校が適切に対応している場合，トラブルによって生じた被害者のケアや，加害者への発達的課題への対応としてSCが関わっていく。しかし，保護者からの相談の多くは，前述したように適切な学校の対応がないことへの不満が多いことから，学校へコンサルテーションを実施し，保護者の思いを学校に伝え，学校側と調整する役割をSCが担う。

　4）神経症的症状と問題行動　小学校の相談内容に比較的多く見られるのがチック症状である。チックはストレスが過重にかかった際に見られ，そのことで本人も保護者も気にしている状況がある。チックの際は，対応策を伝えるとともに，ひどくなる場合は医療機関受診を進める。家から金を盗み嘘もつくという相談も多い。虚言と金銭を盗む事案については，発達障害が絡んでいることも多い。同じ問題行動を繰り返し，強く叱責されても何度も繰り返す時は，発達的な課題を疑い，医療機関受診などを勧めることも少なくない。

　5）家庭問題・虐待・DV　不登校やチックなど別の症状から家庭内紛争や虐待等，発覚するケースが多い。夫婦関係の不仲，嫁姑問題に巻き込まれている子どもも少なくない。保護者面談から家庭内問題の相談がなされ，環境調整を適切に図るためスクールソーシャルワーカー（以下SSWとする）を始め，市の福祉課や児童相談所と連携を図り，子どもが安心して生活できる環境を整える役割の一助をSCは担う。親の心理側面からの見立てや生徒のケア，家族や地域の心理側面の見立てをして支援計画作成に助言をする。

(2) 小学校事例（架空）

> 小学校教頭から「小学校4年生の男子児童が発達障害なのだが親が支援学級に入れたがらずクラスで暴れて大変なので様子を観察しに来てほしい。そして学級内の様子を保護者に専門家として伝えてほしい」との依頼がSCにあった。筆者は当該クラスの授業を参観した。授業の様子をみると，確かに対象児童はクラス内を歩き回り，他の児童に絡む場面が見受けられた。一方で筆者は，対象児童に対するクラスメートの対応が冷たく担任も対象児童への声かけ等配慮がないことが気になった。後日，対象児童の保護者と面談を実施した。児童への配慮が必要であることを確認し，クラス内での様子についても話を聴くと保護者は「息子が発達障害なのはわかっていて医療機関にも受診している。学校へ配慮をお願いしても支援学級に入らなければ対応は難しいと言われ，そこから学校と話しても無駄と思い話してない」と学校への不信感をあらわにした。筆者は保護者の思いを学校に伝えるとともにクラス内での対象児童への声かけや集団づくりについて助言した。また保護者と学校が協力関係を構築し，対象児童の成長を見守り対応することの必要性を両者の思いを受けとめつつ伝えた。

　この事例のように，発達障害の児童を刺激しないという担任のやり方が，逆に児童をクラスの中で孤立させるような方向へ進ませてしまう場合も少なくない。SCは児童や家族のみならず，担任やクラスなど学校そのものを援助し介入の対象にしていくことが重要である（本間，2001）。このように，当初の依頼内容についての検討に加え，SCが観察することによって見えてくる別の問題にも適切に対応することがSCに求められる役割であると言える。

●公立中学校

　公立中学校（以下中学校とする）は，全国的にSCの配置率は高い。中学校時代は生徒の発達段階においても思春期であり，第二次性徴に伴い精神的にも不安定になり混乱する時期である（大久保，2008）。中学校に上がった途端，不登校の数が急激に上がるという中1ギャップという問題も指摘されている。また中学3年次には高校進学といった義務教育を終えて次の進路について生徒が自分に向き合う場面が増え，それに伴い不登校や問題行動が表出することもある。

　平居（2016）は「チーム学校の構想における心理職の役割（平成28年5月）」について報告している。SCは他職種と一緒に学校のチームの一員となり，生徒や保護者への心理的援助，教員へのコンサルテーション，そして専門機関との連携を求められている。

(1) 相談内容

1）不登校　中学校の不登校は①小学校時代から継続しているもの，②小学校時代に不登校経験があったもの，③中学3年の受験前に不登校になるものなど，さまざまな形がある。④起立性調節障害や⑤ゲームやネット依存による昼夜逆転生活から学校に来られなくなる生徒もいる。

　中学校の不登校では，保護者からの相談が非常に多く，不安が高まった状態で来談する。保護者は直に来る受験を見据えて不安になり，子どもに対して，学校を休んでも塾にだけは行かせる，家庭内において，学校と同じように学習することを強要するといったケースが見られる。また，ゲームやインターネットの使い方について，子どもとのバトルが繰り広げられる保護者も少なくない。子どもは学校にいることが辛く休んでいるはずが家でも安らぎがなく休みが継

続される。

　SCは，そうした生徒の心の状態を保護者に伝える役割を担っている。その際，保護者の心配や不安は丁寧に聴き取り，保護者の気持ちを理解したうえで伝えなければ聞き入れてもらうことはできない。中学生は小学生とは違い，反抗的な態度が強く出ることもあり，保護者のストレスはさらに強まる。時には家庭内暴力に発展することもある。また保護者ばかりが悩み焦り，当事者である生徒は何も考えないといったような，子どもの主体性を奪ってしまう保護者もいる。SCはそうした見立てを保護者に伝え，生徒の理解を深めるサポートをするのである。

　また登校できない生徒に会うため，担任や子ども支援コーディネーターと一緒に家庭訪問を行うこともある。カウンセリングだけ登校するという生徒も少なくない。そうした際は，SCは生徒と学校をつなぐ架け橋的役割を担う。

　SCは，保護者や生徒本人の見立てや対策について，関係教員とケース会議を開き，コンサルテーションを行う。そして教員らとともに生徒を援助する役割を担っている。

2) いじめ問題　2013年のいじめ防止対策推進法の制定もあり，いじめ問題に関しては，生徒も保護者も学校も敏感になっている。いじめが発覚した際は管理職，生徒指導主事，学年主任，担任，養護教諭に加え，SCやSSWなどの心理や福祉の専門家がチームとして組織的に対応するよう法によっても定められている（大阪弁護士会子どもの権利委員会いじめ問題研究会，2017）。現場ではいじめ対策が速やかに実行される学校もあれば残念ながらしていない学校もある。そうしたいじめ問題への関心が高まっている状況のなか，学校現場ではいじめ問題は減少しているのかといえば，筆者の所感では軽減されたとは言い難い現状である。いじめ認定の水準が下がり，以前はいじめとは言えなかったケースもいじめとして認定されるということもあるが，現場では従来からある対等でない人間関係におけるいじめ問題が発生している。いじめが発覚した際は，管理職，当該学年と生徒指導主事，子ども支援コーディネーターとSSW，そしてSCがケース会議を開き，いじめの事実確認，見立て，対応の方針について話し合ったのち，生徒の対応を実施することとなる。SCは，被害者の短期長期的な精神的ケア，また加害者自身の課題に対応するためのカウンセリング，そして生徒への心理教育的な授業や教職員への研修といった役割を担うこととなる。

3) 暴力行為　中学生になると，小学生よりも暴力事案の発生が増加する。非行問題を有している生徒の暴力事案を始め，普段は大人しいがキレて暴れ出し殴るといったケース，対教師暴力も見られる。SCはいまだに不登校や神経症的な事例しか対応できないといった誤解を学校関係者からされていることも少なからずある。しかし，暴力事案にせよ不登校にせよ，生徒に何らかの心理的な危機があり，自分の心が壊れないための対処法としての問題行動であると見れば，それが不登校であるとか暴力事案であるとかといった表出の仕方で対応の可否を判断するものではない。暴力事案へのSCの関わりとしては，当該生徒の話を傾聴し，生徒の心模様や家庭内にある課題を理解する。生徒の暴力行為が家庭内の問題に起因する可能性がある場合は，保護者に来談をお願いし生徒の思いを伝える橋渡しの役割や保護者自身の悩みを理解するよう努める。そうすることによって，暴力事案は減少する。また必要に応じて，生徒にアンガーマネジメントやアサーショントレーニング等を面談にて実施することもある。

4）家庭内の問題・虐待・DV　家庭内の問題では，夫婦間の紛争に苦しむ子どもや機能不全家族に苦しむ子どもの相談が多い。面談に至るまでの経過として，生徒の問題行動をきっかけに面談すると，家庭内の問題が明らかになるというケースがほとんどである。筆者がSC初任者のころは，学校は家庭内への介入をしないという考え方がいまだにあった。しかし現在では，SSWとも連携を図りながら，家庭内紛争が生徒にどれほどの影響を与えているのかを見立て，生徒の心の課題への対応とともに，家庭内の環境調整を実施するような対応が取られている。また，保護者へのバックアップ体制を整え，生徒を取り巻く大人全員で支援できる一助をSCは担っている。虐待に関しては直ちに関係機関との連携を図る。

5）発達的課題・発達相談　中学校では学習面におけるつまずきからの相談が頻出している。また同時に社会性に欠け，友人トラブルが絶えない，同じ問題行動を繰り返すといった発達障害を疑うようなケースも少なくない。こうした発達的課題に関する相談は，保護者と教員双方から頻繁にある。発達障害の疑いが強い場合，合理的配慮の対象になることも踏まえ，保護者には医療機関や市の発達センターへの受診を勧め，心理検査の実施をお願いする。診断というラベルを貼ることが目的ではない。心理検査の結果から，当該生徒の課題部分について学校側に説明し，学習面での得意不得意，社会性における課題などについて理解を求める役割をSCは担うのである。さらに，支援学級に在籍することとなれば支援学級担任の立てる支援計画への助言やコンサルテーションを行うこともある。

6）対人関係・学校生活・進路　対人関係における相談は，生徒からのニーズが最も高い。ふらりと来談し，「話がしたい」と言う生徒もいれば，担任や養護教諭に相談したいと言って連れてこられる場合もある。自分から相談したいと言ってくる生徒は話したいことや悩み事が明確であり，よく話す。実際に友達同士の喧嘩やギクシャクした関係の改善方法を問うものもあるが，丁寧に聞き取ると自身の性格傾向や家庭内におけるストレス等，さまざまな悩みが複雑に絡みあい，結果的に友人関係が上手くいかなくなったというケースも見受けられる。学校の生活アンケートに面談希望を申し出る生徒もいる。

中学生になると，友達同士や恋愛関係，部活動，進路，さらに塾の疲れといった愚痴を溜め込んでいる生徒がかなりの数いるように見受けられる。そうした生徒たちは，SCのもとへ時折来談し，思う存分話して聴いてもらうことにより，精神を安定させるといった活用の仕方をしている。

(2) 中学校事例（架空）

中学3年生男子の事例である。生徒は1学期半ばを過ぎたころから何かのきっかけでキレて暴れ，クラスメートに殴りかかる，それを止めようとした教師に抵抗するといったことが頻繁に起こるようになった。担任からSCに「一度生徒の話を聴いてほしい」との依頼を受けた。再び生徒がキレて暴れた際に授業から抜いて会議室にいる生徒と面談することになった。生徒は緊張しており，表情は強張っていた。黙り込んでいる生徒に，筆者はSCであること，指導しに来たのではないことを告げ，話を聴かせてほしいと伝えた。生徒は以下のような内容のことを話した。「自分は常にイライラしている，（幼い時に離婚して母親はおらず父親は精神疾患があり離れて暮らしてる，父方祖父母宅で暮らしているが勉強のことをうるさく言われる）でも祖父母には気を遣って腹が立つけど反抗できない」。SCは家庭内における生徒の辛い気持ちを共有した。そして生徒と一緒に，キレる時のスイッチが何

> かを考えた。生徒はキレるスイッチを「暑いこと（夏場），周りがうるさいこと，そして塾の宿題ができていないこと，しかし塾には毎日行かないといけないこと」と語った。SC は本人に〈毎日の塾の回数を減らせないか，宿題を出来る範囲でしてはダメなのか〉と提案した。また〈祖父母にも自分の現状の思いを伝えてみては？〉と提案したが，「それは絶対無理」と言うので，SC から祖父母に来談してもらい話をしてみる旨を告げた。
> 　祖父母に生徒が抱えている思いや，気を遣っているという思いを伝え理解を求めた。祖父母は生徒の気持ちを理解し，頑張ってほしいが無理させ過ぎないことを約束した。また，担任には「暑いとキレやすいので冷房を早めに入れること」と「家庭内の彼が抱える辛さ」について伝えたことにより，教員側が生徒に対して抱いていた「気に入らないとすぐにキレる」という見方を変え，さらに早めにエアコンを入れることにも留意された。その後，生徒はキレて暴れることは一度もなかった。

●公立高等学校

　公立高等学校（以下高等学校とする）になると，SC への相談内容はかなり変化する。不登校や発達課題，家庭内の紛争等，中学校と同じ相談であるが，高等学校の特徴は，単位取得や留年，進路と絡んでいるケースがほとんどではないかと考えられる。また，ケースについては生徒・保護者の相談もあるが，勤務の時間数の関係から，教員へのコンサルテーション・ケース会議といった関わり方が多い。また高等学校は生徒数も教師数も多いことから，学年ごとに生徒指導・教育相談チームがあり，そのチームと個別ケースについてのケース会議が開催されている。

　高等学校における，不登校事例では，小中学校時代に不登校であったケースがかなり見受けられる。不登校生徒は，高等学校へ進学したものの，友人関係が上手くいかない，勉強についていけない状況となり，そこへ基盤となる家庭が不安定ということから，不登校になる。そして単位が取得できるかどうか，留年する可能性が出てきた際に，SC に相談があがってくる。筆者が経験した高等学校は進学校だったこともあり，進路を見据えたサポート体制に力を入れたコンサルテーションを求められることが少なくなかった。たとえ家庭内における課題が根本理由としても，それを解決させる方向に介入するよりは，進路を控えた大事な時期に受験勉強に専念できる状況とともに学校内では安心できる居場所を提供するといった対応が求められる。

　高等学校は，各々の学校のレベルに応じてかなり対応が変わる。臨機応変に学校のニーズを担っていくことが SC には求められる。

●まとめ

　校種別に SC への相談内容やニーズについて述べた。子どもの成長や発達に応じて，相談される内容や求められる対応策は変化する。SC は各年齢における発達課題，家庭内紛争，不登校や暴力行為などさまざまなケースに対応できる臨床力が必要である。

　また，小学校から中学校，中学校から高等学校へと情報共有（引継ぎ）が適切に行われることで心理的な危機状態への予防的対応が見えてくると考えられる。学校現場において，児童生徒の個人的な危機は日常的にあるものである（窪田，2005）。SC は，そうした日々生じる子どもの心理的な危機に対応する役割を担うと同時に子どもが危機に陥らない，陥っても回復し成

長を促せるようなシステムを学校とともに構築する役割を担っていると考えられる。校種別にSCへのニーズは変化するが，子どもの発達は継続しているものである。SCは，各学校での対応にとどまらず，校種別の間を心理的な見立てを含めた情報共有を図ることでつなげる役割を担っているのではないかと考えられる。

引用文献
本間友巳（2001）．学校カウンセリングにおける学校システムへのアプローチ　友久久雄・忠井俊明・内田利広・本間友巳　学校カウンセンリングの理論と実践　ミネルヴァ書房　pp.157-200.
窪田由紀（2005）．学校コミュニティの危機　福岡県臨床心理士会（編）　窪田由紀・向笠章子・林　幹男・浦田英範　学校コミュニティへの緊急支援の手引き　金剛出版　pp.22-43.
文部科学省（2007）．スクールカウンセラーの業務　http://www.mext.go.jp/b_menu/shingi/chousa/shotou/066/shiryo/attach/1369901.htm（2018年3月1日取得）
平居秀一（2016）．チーム学校の構想における心理職の役割　日本心理研修センター「公認心理師法成立を受けて　―心理職の新たな課題に取り組むために―」　http://shinri-kenshu.jp/wp-content/uploads/2016/05/04hirai.pdf（2018年3月1日取得）
大久保真喜子（2008）．学校のメンタルヘルス　藤本　修・藤井久和（編）　メンタルヘルス入門　創元社　pp.201-225
大阪弁護士会子どもの権利委員会いじめ問題研究会（2017）．「いじめ」に対応するための学校組織　大阪弁護士会子どもの権利委員会いじめ問題研究会編著　事例と対話で学ぶ「いじめ」の法的対応　エイデル研究所　pp.120-129.

Ⅳ 学校心理臨床の実践的展開①
さまざまな問題へのアプローチ

　スクールカウンセラーが学校の中で出会う問題はどのようなものなのだろうか？　それらの問題にスクールカウンセラーはどのようにアプローチしているのだろうか？
　不登校，いじめを始め，非行・問題行動，発達障害，児童虐待のほか，スクールカウンセラーが出会うさまざまな問題へのアプローチや，学校が危機的な状況に陥った際の緊急支援の実際にふれる。

1 不登校への支援

●不登校の現状

　不登校とは,「何らかの心理的,情緒的,身体的,あるいは社会的要因・背景により,児童生徒が登校しないあるいはしたくともできない状況にあること(ただし,病気や経済的理由によるものを除く)」(文部科学省,2017)と定義されている。こうした定義に基づいて毎年実施されている調査の結果を見ると,2015年度間に不登校であった小学生は27,583名,中学生は98,408名であり,在籍児童生徒の1.3％にあたることが示された(図1-1)。ここ数年間は,小中学生の合計が約12万人前後で推移している状況であり,小学生に比べて中学生の方が多いという状況は一貫している。また,学校単位で考えると,小学校の50.5％,中学校の85.4％において不登校児童生徒が在籍している状況があり,多くの学校で不登校児童生徒に出会う可能性が高いことを指摘できる。

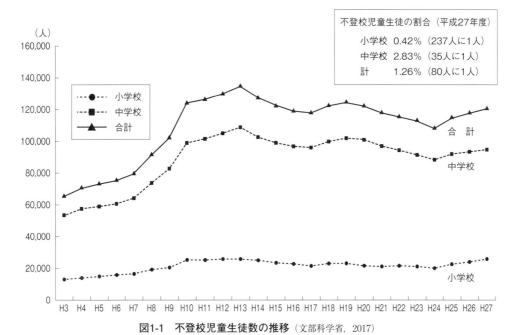

図1-1　不登校児童生徒数の推移(文部科学省,2017)

　ただし,注意を要するのは,心理的には不登校状態に近い状況ながら,本人や周囲の努力によって調査に計上されない児童生徒も多数いるということである。たとえば,在籍している学級の教室には登校できないけれども,保健室などの別室であれば登校が可能な子どもの場合,

出席していることとなる。また，各自治体で設置している教育支援センター（適応指導教室）に通っている場合，学校長の判断で出席扱いとなる場合がある。さらには，自宅でIT等を活用し，学習活動を行う場合も，訪問による対面指導が適切に行われていることなどの一定の要件を満たす場合，出席扱いとなる場合がある。このようにして，年度間の欠席日数が30日を超えない子どもたちは，調査に計上されていない。また，登校を継続していても，「学校に行きたくない」と感じながら登校している児童生徒の数は相当多いとも指摘されている（森田，1991）。したがって，不登校の問題は，こうした実態調査に表れているよりも裾野が広いという認識をもつ必要がある。

●不登校の背景にある課題

不登校児童生徒数が多いことの背景には，不登校というものがさまざまな状況に伴って起こりやすいという事情がある。

近年，不登校との関わりが強く指摘されるようになっているのは，発達障害である。発達障害を抱えている場合，学習を進めていくこと，座席に座っていること，他者と協調的な関係を築くことなど，学校生活を適応的に過ごすためのさまざまな側面に苦手さを抱えることとなる。そのため，他者からネガティブな評価を受けやすく，本人としても自己評価が低下し，適切な自尊感情を抱きにくい。そのような辛い状況を避けるため，学校を欠席する子どもたちが多く存在し，発達障害の二次障害に関わる課題として注目されている。

さらに，特に思春期以降では，統合失調症やうつ病等の精神疾患を背景として，不登校状態に陥ることもある。これらの精神疾患の場合，やる気が減退したり，これまで興味があったものに関心がもてなくなったりして，学校生活を送ることが困難になってしまうことがしばしば見受けられる。

ほかにも，家庭との関わりでは，虐待を受けている子どもの不登校も問題視されている。ネグレクトの状態で，子ども自身が学校に通えるだけのゆとりがない状況に陥っていることがあるためである。学校生活との関わりでは，いじめ被害者は，その被害から逃れるために登校しない選択をすることがある。また，非行の状態にある場合，学校外の享楽的活動を優先し，登校しない場合もある。

これらの問題が背景にある場合，不登校としての支援だけをしていても問題解決には至らないことが多い。特に，精神疾患が疑われる場合には，医療機関での治療を優先していく必要があるし，虐待が疑われる場合には，児童相談所などと連携しながら子どもの生命を守っていかなければならない。不登校という状況に目を奪われて，その本質的課題を見失わない対応が求められている。

一方で，以上のような重篤な課題が背景にあると推測されない不登校も，数多く見受けられる。文部科学省の調査（文部科学省，2017）においても，本人に係る要因として無気力や不安など，学校に係る状況として学業不振や進路，部活動などの多様な事柄が想定されている。特に，中学生で急増する背景には，思春期の心理的特徴とも関係していると言われている（齋藤，2006）。このような複雑かつ誰にでも経験しうる要因が絡みあって生じるのが不登校であり，「誰にでも起こり得る」と言われる所以であると言える。

●不登校への支援

(1) 不登校支援の構造

　不登校への支援を考える際には，不登校への支援としてどのようなものがあり，そのうち今なすべき支援は何であるのかを把握する必要がある。

　図1-2を見てみよう。先に示したような一年度間の不登校児童生徒数は，当該年度間に新たに不登校状態に陥った子どもと，前年度から引き続き不登校状態にある子どもに大きく分けられる。また，不登校状態に計上されなくなった児童生徒数は，学校復帰を果たした子どもと，不登校状態は改善されないまま卒業した子どもに大きく分けられる。これらの内訳を考えてみるだけでも，不登校の支援には，新たな不登校を生まない対応と，既に不登校状態にある子どもへの対応という側面があることや，不登校状態になりかけている子どもを長引かせない対応が必要であることが推測できるだろう。このように，不登校への支援は多様な観点からなされる必要があることを認識し，それぞれの留意点を検討していこう。

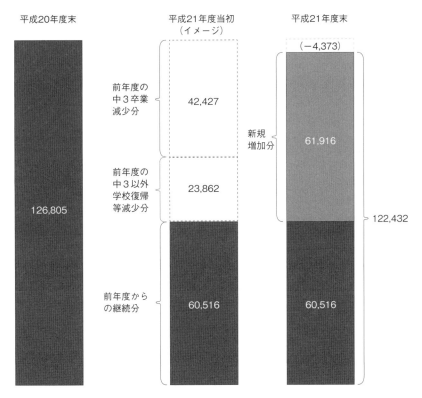

図1-2　不登校児童生徒数の内訳（国立教育政策研究所，2012）

(2) 不登校になりかけている子どもへの支援

　まず，不登校支援で重要なのは，不登校になりかけている子どもを早期に発見し，不登校状態にまで陥らせない対応である。そのために必要となるのは，欠席情報に敏感になることである。不登校は，年度間に30日以上の欠席がある者となるが，学校へ登校するのは年度間でお

よそ10ヵ月程度となる。そこで、月に3日以上の欠席がある場合には注意を払い、支援を開始するという取り組みがあり、不登校を減少させる効果が認められている（小林, 2009）。これらは、支援を開始すべき欠席状況を共有し、実際に早期支援を開始できる体制づくりにつながっていると言える。

　また、この段階では、いかにして登校へのハードルを下げるのかも課題となってくる。保護者による送迎での登校、保護者同伴での登校、別室登校、時間をずらした登下校、本人の可能な教科のみ参加するなど、さまざまな可能性が考えられる。学校関係者との関係を切らないことが重要であり、登校しやすい状況をつくりつつ、登校してきた際には、軽く声をかけるなどの関わりを続けていく必要がある。

　このように、早期に学校で状況を汲み取ることができない場合、家庭からの連絡で状況を知ることもある。この時期の子どもは、家庭で、毎朝のように腹痛や頭痛などの身体症状を示したり、学校に関する話を拒否したりする様子を見せる。そのため、保護者は大変心配し、なんとかして登校させたいという思いが強くなる。そして、この状況では、子ども自身も「行かなければならない」気持ちと「行きたくない」気持ちがせめぎ合い、登校せずに安心する気持ちと、このままでどうなってしまうのかという焦る気持ちが混在している。そのため、一方的に登校だけを強制しても、子どもは自分の気持ちを十分に受容された思いは持てない。したがって、この段階では、まず、身体不調へのケアを行い、内面の苦しさに共感していくことで、心身の安定を図ることを援助の目標とする必要がある。支援者は、保護者の焦りを十分に受け止めながら、保護者が家庭で以上のような関わりができるよう支えていく姿勢も求められる。

　その際、家庭訪問による支援を行うことも想定される。ただし、家庭訪問が保護者や子供にもたらす影響については、十分に理解して実施する必要がある。すなわち、教師が家庭訪問をすることは、安心できる環境に学校の象徴的存在が来訪することであり、少なからず緊張感を生じさせるものである。一方で、教師が顔を見せないことは、学校から見捨てられた感覚を生じさせる。したがって、そのほどよい状況を目指した家庭訪問が適切であり、かしま・神田橋（2006）によれば、「児童・生徒に会うことを目標とせず、家族と玄関で立ち話程度を目的にするもの」であると言える。実際の家庭訪問では、あらかじめ訪問日や時間を保護者と話し合い、それを子どもに伝えておいてもらいつつ、直接対面することは強制しないなどの配慮も必要になる。すると、訪問を続けるうちに教師のことを気にかけるなどの変化が生じてくることがあり、そのような子どもの様子を保護者と共有できる関係づくりをしておくことが最も重要である。また、1人の教師が学校を離れている間、いかにフォローをするかという校内体制づくりも重要であり、学校全体で支援をする必要がある。

(3) 不登校が長引いている子どもへの支援

　以上のような混乱した段階を過ごすと、やがて子どもは落ち着いてくる。登校しないことによる焦りの感情は影を潜め、ゲームや漫画などの自分の好きなことに熱中する時間が増加する。このことから、保護者は「このままずっと変わらないのではないか」という新たな焦りが生じ、事態が膠着したように感じられる状況に陥る。

　この段階では、ひとまず子どもが落ち着いて生活をできていることから、不登校の背景課題を見極めやすく、またその背景課題への支援に取り組みやすい。まずは、子どもが興味をもっている遊びを共有したり、何かの共同作業を行いながら雑談したりしながら、支援者との間に

信頼関係をつくっていくことが重要である。そして、その信頼関係をもとに、課題解決に即した支援を開始することとなる。

ただし、不登校の背景課題は、先に述べたように複雑である。たとえば、不安が強い保護者とともに来談した不登校の中学生の例を考えてみよう。面接場面でその子は自分で話すことはなく、すべての質問に母親が回答することが続いた。その様子から、その子は、幼い頃から保護者が先回りして危険な状況を避けさせてきたため、自力で問題解決をする機会が少なかったと推測された。しかし、中学生になるとその対処スタイルでは上手くいかないことも増え、心理的自立につまずいていると考えられる。そのため、支援としては、本人の意思を主張させる訓練として、面接場面でどのような遊びを一緒にするかを決めさせることから始めることとした。

このように、課題解決に即した支援とは、その子なりのオーダーメイドの支援を構築し、登校するための心的エネルギーを蓄積させることだと言える。しかし、多くの場合、それはそれまでの人生で構築してきた頑強なパターンを反映しており、すぐには解決の兆しが見えない。そこで、支援者自身が焦らずに支援を継続することが重要であると言える。

(4) 不登校から学校復帰を目指す子どもへの支援

そのようにして、ある程度、心的エネルギーが蓄えられてくると、学校に目が向いているような様子が見受けられるようになる。たとえば、友達の様子を気にしたり、「今は何の時間かな」と発言したりというように、学校そのものへの関心を示すようになることもある。また、家の手伝いをするようになったり、自分の好きな物を購入するために出かけたりというように、これまでにはできなかった行動に取り組むようになることもある。

これらの様子が見られると、復帰に向けて後押しするような支援を開始することが重要になる。たとえば、教育支援センター（適応指導教室）に通い、少人数の同様に不登校状態にある仲間との交流から、人間関係に慣れさせていくというのも一つの方法である。学校内の別室等で、仲のよかった友達との交流を徐々に広げていくのも同様の試みであると言える。

また、この時期に重要である支援は、学習補助である。復帰にあたって、多くの子どもが学習への不安を口にするという現状がある。実際、長期にわたって不登校状態であった場合、同学年の学習進度とは異なる状況にある場合もある。大切であるのは、「自分も頑張ればやれそうだ」という感覚をもたせることであり、そのためには「少し努力すればできる」課題に取り組ませることである。その子に合った教材を準備し、個別支援を行うことが有効である。

さらに、不登校からの復帰は、学年や学校段階の変わり目に起こりやすいものでもある。特に中学校から高校への進学に関しては、丁寧な支援が必要になることが多い。自分の希望に沿う学校はどこか、不登校であったことに理解を示してくれるだろうかといったさまざまな不安に寄り添い、情報提供を行っていくことも重要な支援となる。

(5) 新たな不登校を生まないための支援

このように、不登校支援は多岐にわたる。しかし、最も重要であるのは、登校している子どもたちの中から、新たな不登校を生まないことであると言える。その際、急に学校を休み始める場合ももちろんあるが、断続的な欠席が継続し、いつしか不登校へと変化する場合も多くあることに留意し、前年度の欠席情報を校内で共有することが重要である。それによって、年度

初めの時期から要支援児童生徒への支援を開始していくことが可能となる。

　また，学級全体への支援として，ゲームなどを活用して学級開きを工夫すること（国立教育政策研究所，2012），グループ・エンカウンター（曽山・本間，2004），集団社会的スキル教育（江村・岡安，2003）などの予防的取り組みの報告もある。過ごしやすい学級づくりを行ったり，個々人が楽しく活躍できている感覚をもたせたりするように，学校に気持ちが向かうための基礎づくりを行うことが不登校予防につながることを再認識する必要がある。

引用文献

江村理奈・岡安孝弘（2003）．中学校における集団社会的スキル教育の実践的研究　教育心理学研究, 51, 339-350.

かしまえりこ・神田橋條治（2006）．スクールカウンセリングモデル100例：読み取る。支える。現場の工夫．　創元社

小林正幸（監修）　早川恵子・大熊雅士・副島賢和（編）（2009）．学校でしかできない不登校支援と未然防止―個別支援シートを用いたサポートシステムの構築―　東洋館出版社

国立教育政策研究所生徒指導・進路指導研究センター（2012）．不登校・長期欠席を減らそうとしている教育委員会に役立つ施策に関するQ&A　https://www.nier.go.jp/shido/fqa/FutoukouQ&A.pdf（2018年2月13日取得）

文部科学省（2017）．平成27年度「児童生徒の問題行動等生徒指導上の諸問題に関する調査」（確定値）について　http://www.mext.go.jp/b_menu/houdou/29/02/__icsFiles/afieldfile/2017/02/28/1382696_002_1.pdf（2018年2月13日取得）

森田洋司（1991）．「不登校」現象の社会学　学文社

齊藤万比古（2006）．不登校の児童・思春期精神医学　金剛出版

曽山和彦・本間恵美子（2004）．不登校傾向生徒に及ぼす構成的グループ・エンカウンターの効果―Self-esteem，社会的スキル，ストレス反応の視点から―　秋田大学教育文化学部研究紀要教育科学部門, 59, 51-61.

2

いじめ問題への支援

　いじめは多くの子どもが関わる問題であり，いじめへの対応は学校における喫緊の課題である。いじめは，その様態によって，なぐる，けるなどの身体的いじめ，からかいや悪口を含む言語的いじめ，仲間はずれや無視などの関係性いじめに分類できる。さらに，近年では，ネットやSNSを用いたネットいじめも見られる。

　いじめは早期発見・早期対応が重要であるが，いじめには標的が移り変わる，被害者と加害者の立場が逆転するなどの「流動性」（伊藤，2011）や，周囲の人からいじめが認識されにくい「可視性の低下」（森田・清永，1994）といった特徴があり，周りがいじめに気づかないことも多い。さらに，いじめという言葉により，誰もが経験するからかいや悪口といった行為から，無視，仲間はずれのような「いじめ」，そして暴力や物を壊すなどの「いじめ非行」を指すなど，その概念の中には悪質性や深刻性が異なる行為が十把一絡げに含まれており（深谷，1996），このこともいじめかどうかの判断を難しくさせている一因であると言える。

　そのため，いじめの予防や早期発見・早期対応のため，学校全体でいじめについての正確な認識を共有し，いじめに具体的に取り組んでいかなければならない。この時，スクールカウンセラー（以下SC）に求められる役割は大きく，SCはいじめのメカニズムを理解し，心理的専門性を活かしていじめに対応していく必要がある。しかし，いじめは，さまざまな要因が複雑に絡み合った結果の産物であり，それを解きほぐすことは容易ではない。そのため，ここではいくつかの要因に的を絞り，いじめのメカニズムといじめへの対応について考えていくこととする。

●いじめのメカニズム

(1) いじめの加害者

　いじめを生み，持続させる要因の一つに，攻撃性や共感性といった個人の特性が挙げられる。近年，攻撃性は，欲求が阻害された時や，他者からの攻撃への反応として，怒りなどの否定的感情を伴って他者を攻撃する「反応的攻撃性」と，怒りの表出は必ずしも伴わず，他者を支配することや，地位や名声など外的報酬を得るために他者を攻撃する「能動的攻撃性」に分けてとらえられている（濱口ら，2009）。この2つの攻撃性は正の相関を示し（濱口ら，2009），サルミヴァリとニエミネン（Salmivalli & Nieminen, 2002）の調査によると，いじめの加害者と，いじめの加害者であり被害者でもある子どもはどちらの攻撃性も高い値を示していた。被害者を攻撃し反応を楽しむことや，言うことを聞かせようとすることは，能動的攻撃性の現れといえる。一方で，被害者がいじめ加害者に反抗することで，加害者が怒りいじめが一層激しくな

る場合があるが，これは反応的攻撃性と関係していると考えられる。このように，いじめと攻撃性は密接に関係している。しかし，攻撃性がそのままいじめに帰結するわけではない。

いじめに影響する他の要因として，共感性が挙げられる。加害者がいじめを行った時，被害者の痛みや苦しみを共有することができれば，いじめを止めるきっかけになる。本間（2003）は中学生を対象にいじめ停止理由を検討したところ，いじめ加害経験者において，被害者への道徳・共感的な認知や感情がいじめを止めることにつながっていた。また，大西（2015）は，共感性や罪悪感がいじめ加害傾向を低減させることを示している。このように，加害者が被害者の痛みに気づき，それを共有することでいじめが止まる可能性は高い。

しかし，注意しなければならない点は，加害者は被害者の気持ちがわからないわけではない，ということである。たとえば，サットンら（Sutton et al., 1999a）によると，いじめの加害者は，被害者やいじめの追従者よりも他者の心理状態を理解する社会的認知に優れていた。この結果は，一部の加害者は，他者の意図を正確に認知する能力を平均的かそれ以上に有しており，他者の考えや気持ちを想像することができる，ということを意味している。教師のいないところでいじめを行う，被害者の嫌がる悪口を言って楽しむ，仲間関係を操作し一人を仲間はずれにするなど，不透明で潜在化しやすいいじめの多くは，他者の心理を理解し，それを巧みに利用する力を必要とすることを考えると，この結果は驚くべきものではないかもしれない。ここから言えることは，加害者は被害者の心理状態を推測することはできるものの，被害者の苦しみや痛みを自分のものとして共有することは難しい，ということである（Sutton et al., 1999b）。そのため，加害者は他者の気持ちを自分のもののように感じる感情的な共感性において問題を抱えている可能性があり（松尾，2002），いじめに歯止めがかからず，いじめが継続してしまうということも十分に考えられる。

最後に，いじめの背景として，加害者自身が問題を抱えている場合も見受けられる。多くの研究は，被害者だけでなく，加害者自身も，無気力など強いストレスを感じており，内在化・外在化問題を呈することを指摘している（村山ら，2015；岡安・高山，2000）。強いストレスを抱えている時，攻撃性はより表出されやすくなり，他者の痛みや苦しみに鈍感になる可能性があり，いじめが一層起こりやすくなると考えられる。また，加害者は，人間関係に関連した自尊感情が低く周りから大切にされていないと感じていることも報告されており（伊藤，2017），加害者自身，人間関係で傷つき，心のどこかで空虚感や無力感を抱いているのかもしれない。そのため，加害者にとっていじめは苛立ちを解消する手段であると同時に，空虚感や無力感を埋めあわせる行為となっている可能性がある。

(2) いじめの被害者

いじめは，抑うつ感や不安感，無気力感を増大させ，食欲不振や腹痛等の身体的症状を生じさせ，自尊感情の低下とも結びつく（e.g., Fekkes et al., 2006；伊藤，2017；岡安・高山，2000）。さらに，いじめが不登校のきっかけになる場合もある。また，いじめの影響は短期的なものにとどまらない。いじめが終わったとしても，その影響は被害者の中に蓄積され被害者を苦しめ続ける。大学生に調査を行った坂西（1995）によると，いじめの被害経験者は，いじめによって体に不調を感じるようになった，自信がなくなった，人の態度に過敏になったと感じていた。被害者は自信を失い，他者との関係に不安を抱き距離を置くようになることで，将来他者と親密な関係を築くことが難しくなるかもしれない。このように，いじめは，さまざま

な経路を通って被害者に持続的な影響を与え，将来の選択や可能性を大きく歪めてしまう。

しかし，被害者はいじめられるばかりの無力な存在ではなく，加害者に仕返しをする，無視をする，誰かに相談するなどさまざまな方法を用いていじめに対処している。いじめへの対処の仕方はいじめ被害の大きさにも影響を与え，対処方略によって，いじめが解決する場合もあるが，反対にいじめを持続させ，一層深刻にしてしまう場合もある。また，ある一つの対処方略がどのような状況においても有効であるわけではない。たとえば，加害者を無視し被害を受けていないように振る舞うことで，加害者が興味をなくしいじめを止めることがある一方で，このような対処方略が，いじめの潜在化と深刻化を促す一因になることも大いに考えられる。

そのため，この点には留意する必要があるものの，多くの研究は，いじめについて他者に相談する「援助要請」の有効性を指摘している（坂西，1995; Smith et al., 2004）。いじめ被害について誰かに話すことは簡単ではないものの，相談することはいじめ問題を顕在化させ，周囲がいじめに気づくきっかけとなる。また，友人や家族，教師に相談することで，周囲の支援者から適切なサポートが得られ，いじめの解決につながる可能性は高まる。さらに，話を親身に聞き，力になってくれる人がいるという体験は，被害者の孤独感を減らし，安心感や他者への信頼感の回復につながると考えられる。

以上に加えて，いじめを受けた際に他者に相談し，他者から助けられるという体験は，被害者の心理的成長にもつながる。香取（1999）や亀田・相良（2011）によると，被害者の心理的成長にとって，いじめを受けた時に他者に相談するなどの積極的な対処を行うことに加え，辛さをわかってくれる人や信頼できる大人の存在が重要であったとしている。そのため，被害者が助けを求め，周囲の人がそれをしっかりと受けとめ力になることで，短期的な問題解決だけでなく，被害者が傷つきを乗り越え成長していくための支えにもなると考えられる。

(3) いじめを取り巻く環境

いじめの生起や継続には，いじめを取り巻く環境も大きく関係している。特に，教室で起こるいじめにおいて，影響力が強いと考えられるものは，周囲の子ども，教師，そして彼らによって構成された学級集団である。

いじめへの関与の仕方は子どもによってさまざまである。森田・清永（1994）は，いじめは被害者と加害者に加え，いじめには直接加わらないが，はやしたて笑って見ている子ども（観衆），いじめが起きていることに気づきながらも見て見ぬ振りをする子ども（傍観者）から構成されるとし，これをいじめの4層構造ととらえている。いじめが継続するかどうかは，このような周囲の子どもの反応によっても大きく左右される。観衆は直接いじめに加わらないが，周りで騒ぎ立てることでいじめを強化し，傍観者は，何も行動を起こさないことで，暗黙のうちにいじめを認め肯定することとなる。学級集団によっては，この傍観者の中から，いじめを止めようとする仲裁者が現れることがある。学級の中に仲裁者が増えていけば，いじめは止まる可能性が高い。しかし，現代のいじめは，このような仲裁者に否定的な雰囲気があり，正義感のある子どもや真面目な子どもがいじめの標的になる場合もある（森田・清永，1994）。そのため，傍観者の中に，いじめに否定的な考えをもっている子どもがいたとしても，自分が次の標的になることを恐れ，その状況に甘んじるしかなくなる。

その一方で，もし学級集団の中に，いじめを否定するような風土があったならば，話はまったく違ってくる。このような集団では，いじめを止めに入ることが肯定され，反対に，いじめ

やそれを面白がるような観衆は認められない。大西（2015）は，この風土の中でも，特に学級の規範に着目し，いじめへの否定的な集団規範が高い学級では，いじめ加害傾向が低いことを示している。すなわち，子どもがいじめはよくないことだと考え，それを互いに意識することで，いじめが起こりづらくなる。また，このような規範意識が高ければ，傍観者の中からいじめを止めに入る仲裁者が現れる可能性も高まるだろう。

このような学級風土の形成において教師の果たす役割は大きい。教師が子どもに共感的・受容的に関わるとともに，悪いことは悪いとしっかり注意するなど毅然とした態度を示すことで，互いを認め合い規律ある学級の雰囲気が形成される。さらに，このような教師の関わりは，いじめの加害傾向を低くし，いじめに否定的な学級規範の形成も促す（三島・宇野，2004；大西，2015）。すなわち，教師は子どもに直接的に影響を与えるだけでなく，学級集団の形成を通して間接的に，いじめの生起や継続に影響を与えている。

さらに，学級の風土や教師の関わりは，加害者だけに影響するわけではなく，被害者にも影響を与える。たとえば，同じ学級の子どもが相談を行うことに肯定的であると感じているほど，自身も援助要請を肯定的にとらえることが指摘されている（後藤・平石，2013）。さらに，教師による支持的な学校風土は，子どもがいじめ被害時の援助要請を肯定的にとらえることと関連している（Eliot et al., 2010）。そのため，暖かく受容的で，いじめに対して否定的な雰囲気がある学級では，援助要請を行うことで，友人や教師が助けてくれるという肯定的な結果を予期しやすく，援助要請が促進される可能性が高いと考えられる。このように，学級の雰囲気や教師の日常的な関わりは，加害者，被害者，そして彼らを取り巻く子どもに影響を与えることを通して，いじめを予防し，さらにいじめが起きてしまったとしても早期に解決することへつながっていく。

●いじめへの対応

(1) いじめの被害者への支援

いじめに対応する中で，SCに求められる役割の一つは，被害者の心のケアである。SCの強みは心理的アセスメントに加え，学校システムの外側にいる支援者として，学校に内在する価値観や評価から離れ，被害者の気持ちに寄り添い話を聞くことができる点である。

SCが被害者の話を聞く時，被害者が安全であるという感覚をもてるよう努めることは重要である。いじめによって被害者の安心感は損なわれている可能性が高く，被害者にとって，相談室はすぐに信頼できる安全な場所になるわけではない。そのため，SCが「話したことが外に漏れることはないこと」「話せないこと，話したくないことは無理に話さなくてよいこと」などを保証することは大切である。いじめの実態を知ることは重要であるが，まずは被害者が自分のペースで話せることに耳を傾け，被害者が安心して話せる場所を作っていくことが必要である。自分の味方になってくれる人がいる，ということが被害者に伝わるだけでも，被害者の支えになる。しかし，相談に来たこと自体がいじめについて話そうという意思の現れでもあり，SCが傷口にふれないようにするあまり，話を聞いてもらえなかったと被害者が感じることもある。この辺りの塩梅はとても難しい。そのため，SCには被害者の表情やちょっとした仕草などに注意を払うきめ細やかな配慮が求められる。

被害者が自分のペースで話せることを心がけながら，SCがいじめの状況について具体的に

聞いていくことも重要である。いつからいじめを受けているのか，誰から何をされたかのかなど，いじめの状況を知ることは，被害者の心の傷の深さをアセスメントするとともに，被害者の苦しみや悩みを共感的に理解するうえで欠かせない。また，このアセスメントは，その後の支援のありかたを考えるうえでの土台となる。

　SC は被害者の傷つきだけでなく，被害者の中に潜在している強さにも着目する必要がある。いじめの被害者は上述したようにさまざまな方法でいじめに対処している。何もしないということも，被害者にとっては，いじめを悪化させないための最善の手段であるかもしれない。そのため，SC は被害者がいじめに耐えてきたこと，相談に来てくれたことなど，被害者の中にある強さにも着目し，被害者がそれに気づき，自分の中に取り入れていくことを援助することも重要である。さらに，「信頼できる先生に相談してみるのはどうか」など，被害者が新しい対処方略を獲得する機会も提供することで，被害者の成長を援助することもできる。このように，被害者を問題解決の主体としてとらえ，被害者にエンパワメントしていくような関わりもいじめへの支援において必要であると言える（鈴木・鈴木，2008）。

　以上に加えて，いじめへの対応において，SC 以上に，周囲の友人や家族，そして教師の存在は重要である。SC が被害者に関わるだけでは，被害者を守り，問題を解決していくことは難しく，支援者間の連携は不可欠である。この連携を行う際，守秘義務が問題となる。たとえば，被害者が話したことを誰にも言わないでほしいと言った時 SC はどのように対応するだろうか。現在，SC が学校にいられる時間は限られており，被害者を守るためにも SC だけが相談内容を知っているという状況は避けたい。この時助けになるのが「チーム内守秘義務」という考え方である（長谷川，2007）。これは，SC だけがクライエントの情報を守秘義務下で占領するのではなく，関係者が必要な情報を共有し，かつ厳格に守秘することを意味する。この時，SC は子どもを援助するため，どの情報を誰と共有するのかを慎重に判断しなければならない。また，情報共有を行う際は，SC は可能な限り被害者の同意が得られるように努力することが望ましい。被害者を守るために他の先生に知っておいてもらうことが必要であることや，どの先生ならば信頼できるかなど，被害者の気持ちを丁寧に聞き SC の考えを伝えれば，頑なに拒否する子どもはそれほど多くないだろう。また，この時，話してほしくないことや，話すことで心配なことについてもあわせて聞くことで，被害者の気持ちに沿った支援につながる。

(2) 集団を対象にした支援

　これまで見てきたように，いじめには集団要因が大きく関わっている。そのため，いじめの予防として，またいじめが起こった際の対応として集団へのアプローチは欠かせない。

　いじめへの予防的取り組みの一つとして，アンケート調査を活用した学級の実態調査が挙げられる。いじめは周囲から見えづらく，見えていたとしてもいじめと認識されないことも多い。そのため，アンケート調査を上手く活用することで，子どもが学校生活の中で普段感じていることを客観的にとらえ，いじめの早期発見や学級のアセスメントをすることは重要である。たとえば，いじめの予防や学級集団のアセスメントに適したツールとして Q-U が挙げられる（河村，2016）。このような調査を用いることで，学級の状態を客観的に把握し，いじめを生まない学級づくりに活かすことができる。さらに，調査の結果に基づいて，いじめ被害が疑われる子どもに事後面接を行うことで，いじめが起きていたとしても早期に対応することが可能となる。

以上の予防的取り組みに加えて，SCが心理学的理論や実証的データ，そして実践から得られた知見に基づき，心理教育などを行うことも重要である（松尾，2002）。松尾（2002）は，行動・認知・感情を育てるプログラムとして，社会的スキル・トレーニング，社会的問題解決のトレーニング，怒りのマネジメントや共感性を高めるトレーニングを紹介している。このような取り組みを通して，子どもが日々直面するさまざまな問題や課題により適切に対処することができるようになれば，いじめの未然防止につながる可能性は高い。

　最後に，いじめが起きてしまった後の対応として，まずは被害者が安心・安全であるという感覚を取り戻せるように集団に働きかけることが必要である。そのため，教師は，いじめは被害を受けた人の心に深刻な傷を負わせること，いじめは絶対に許されない行為であることなどを子どもに毅然とした態度で伝えていかなければならない（本間，2011）。このような対応を通して，物理的な安全を保証することが，被害者の安心感の回復に結びつく。

　さらに，教師によるこのような働きかけは，学級の中にいじめに反対する風土を作り出すことにもつながる。このような風土が学級の中にできれば，傍観者だった子どもの中に，いじめを仲裁する動きを見せる子どもが出てくるかもしれない。また，加害者に直接働きかけることが難しいとしても，いじめが起こった時にそれを見ていた子どもが，教師に知らせて助けを求めるなど，学級の中にいじめの抑止力が生まれるだろう。

　以上に加えて，集団に介入する時，被害者の気持ちを置き去りにしないように気をつけなければならない。たとえば，いじめに対応する中で，支援者が先走り，被害者の気持ちとずれた対応をしてしまうことで，被害者との信頼関係を損ない，いじめがより深刻になる場合もある。そのため，このような結果を避けるためにも，SCは被害者と支援者のズレを調整しながら，学校と支援のありかたを模索していく必要があるだろう。

引用文献

坂西友秀（1995）．いじめが被害者に及ぼす長期的な影響および被害者の自己認知と他の被害者認知の差　社会心理学研究，11，105-115．
Eliot, M., Cornell, D., Gregory, A., & Fan, X. (2010). Supportive school climate and student willingness to seek help for bullying and threats of violence. *Journal of School Psychology*, 48, 533–553.
Fekkes, M., Pijpers, F. I. M., Fredriks, A. M., Vogels, T., & Verloove-Vanhorick, S. P. (2006). Do bullied children get ill, or do ill children get bullied? A prospective cohort study on the relationship between bullying and health-related symptoms. *Pediatrics*, 117, 1568-1574.
深谷和子（1996）．「いじめ世界」の子どもたち―教室の深淵―　金子書房
後藤綾文・平石賢二（2013）．中学生における同じ学級の友人への被援助志向性―学級の援助要請規範と個人の援助要請態度，援助不安との関連―　学校心理学研究，13，53-64．
濱口佳和・石川満佐育・三重野祥子（2009）．中学生の能動的・反応的攻撃性と心理社会的不適応との関連―2種類の攻撃性と反社会的行動欲求および抑うつ傾向との関連―　教育心理学研究，57，393-406．
長谷川啓三（2007）．チーム内守秘義務の実際　村山正治（編）　学校臨床のヒント―SCのための73のキーワード―　金剛出版　pp.16-19．
本間友巳（2003）．中学生におけるいじめの停止に関連する要因といじめ加害者への対応　教育心理学研究，51，390-400．
本間友巳（2011）．いじめへの立ち向かい方　現代のエスプリ，525，116-124．
伊藤美奈子（2011）．関係性の病理といじめ　現代のエスプリ，525，42-51．
伊藤美奈子（2017）．いじめ・いじめられる経験の背景要因に関する基礎的研究―自尊感情に着目して―　教育心理学研究，65，26-36．
亀田秀子・相良順子（2011）．過去のいじめられた体験の影響と自己成長感をもたらす要因の検討―いじめられた体験から自己成長感に至るプロセスの検討―　カウンセリング研究，44，277-287．
香取早苗（1999）．過去のいじめ体験による心的影響と心の傷の回復方法に関する研究　カウンセリング研究，32，1-13．

河村茂雄（編著）(2016). 組織で支え合う！学級担任のいじめ対策―ヘルプサインと向き合うチェックポイントとQ-U活用法― 図書文化

松尾直博 (2002). 学校における暴力・いじめ防止プログラムの動向―学校・学級単位での取り組み― 教育心理学研究, 50, 487-499.

三島美砂・宇野宏幸 (2004). 学級雰囲気に及ぼす教師の影響力 教育心理学研究, 52, 414-425.

森田洋司・清永賢二 (1994). 新訂版いじめ―教室の病― 金子書房

村山恭朗・伊藤大幸・浜田 恵・中島俊思・野田 航・片桐正敏・髙柳伸哉・田中善大・辻井正次 (2015). いじめ加害・被害と内在化／外在化問題との関連性 発達心理学研究, 26, 13-22.

岡安孝弘・高山 巖 (2000). 中学校におけるいじめ被害者および加害者の心理的ストレス 教育心理学研究, 48, 410-421.

大西彩子 (2015). いじめ加害者の心理学―学級でいじめが起こるメカニズムの研究― ナカニシヤ出版

Salmivalli, C., & Nieminen, E. (2002). Proactive and reactive aggression among school bullies, victims, and bully-victims. *Aggressive Behavior*, 28, 30-44.

Smith, P. K., Talamelli, L., Cowie, H., Naylor, P., & Chauhan, P. (2004). Profiles of non-victims, escaped victims, continuing victims and new victims of school bullying. *British Journal of Educational Psychology*, 74, 565-581.

Sutton, J., Smith, P. K., & Swettenham, J. (1999a). Social cognition and bullying: Social inadequacy or skilled manipulation? *British Journal of Developmental Psychology*, 17, 435-450.

Sutton, J., Smith, P. K., & Swettenham, J. (1999b). Bullying and theory of mind: A critique of the 'social skills deficit' view of anti-social behaviour. *Social Development*, 8, 117-127.

鈴木純江・鈴木聡志 (2008). いじめの被害者に対する支援―エンパワメントアプローチによるカウンセリングの適用と検討― カウンセリング研究, 41, 169-179.

3 非行・問題行動への支援

スクールカウンセラー（以下SC）が学校に配置されて20数年が過ぎた。この間，学校現場にはSCに対してさまざまな戸惑いや葛藤があったが，これまでのSCのひたむきな臨床と学校・教育現場側の理解，子どもたち，保護者，地域からのニーズにより，現在は学校現場にSCが配置されていることはごく当たり前になってきている。さらに，フレッシュな新任教員にとっては，SCが勤務している学校で学校生活を送ってきた方が大半であるし，現任の管理職の方もSCと協働して相談活動に携わってきた方が沢山おられる。その結果，現在SCは学校現場に定着してきているのであるが，SCの導入の歴史がいじめや不登校をきっかけ・基盤としているためか，依然として生徒指導領域におけるSCの活躍は，かなり限定されているようである。本章では，筆者の学校現場における生徒指導領域の臨床をもとに，SCが非行・問題行動等の生徒指導領域で役割を発揮していくためのヒントやきっかけ，留意点等を述べていきたい。

ここでは，生徒指導領域を以下に示す非行・問題行動等を指すこととする。

授業妨害，授業エスケープ，教師に対する暴言・暴力，頭髪違反，服装違反，化粧，（多重）ピアス，深夜徘徊，家出，万引き，飲酒，喫煙，生徒間暴力，暴走行為，器物損壊，自傷行為，火遊び，動物虐待，いじめの加害児童生徒，援助交際，性加害，デートDV，ネットトラブル加害，サイバー犯罪，遊び非行型不登校

● SCの生徒指導領域での活動が限定的な理由

SCが生徒指導領域で役割が十分に果たせない理由は，先に述べたSC導入の歴史以外に，SC自身が抱える課題と学校・教育現場が描いているSCのイメージ，とらえ方の問題があるようである。

(1) SC自身の課題
1) 非行・問題行動の児童生徒が苦手である　SCとしてはこの課題がどうやら一番大きいようである。現に，「私は非行・問題行動の臨床を専門です。得意です」とか「やんちゃな生徒と話すのが好きです」といったSCはあまりいない。非行・問題行動の児童生徒が多い学校とそのような生徒が一人もいない学校があるが，廊下や保健室，もしくはそのような生徒が遅刻して顔を出した職員室等で出会っていくきっかけは沢山ある。得意・不得意で自らの行動を限定したり，尻込みしていては，"学校"のカウンセラーとしては……ということになって

しまう。

2）不登校や発達障害，いじめの対応で手一杯である　相談活動が，不登校やいじめ，発達障害の児童生徒とその保護者のカウンセリングで手一杯であるということをよく耳にする。ただ，学校に非行・問題行動の児童生徒が在籍し，教員側の対応だけでは上手くいっていないのであれば，第三者としての SC がそこに携わっていく意義は非常に大きいと思われる。そこにどう関わっていけるかが本章の中心のテーマである。

3）大学や大学院で非行問題行動の演習や実習等が少ない（ない）　この課題は今後変わっていく可能性もあるが，司法領域の非行臨床等の科目はあったとしても，学校現場に限った非行問題行動等の演習の授業は少ないようである。

(2) 学校が抱える SC イメージの問題

1）SC は，いじめ・不登校・発達障害の専門家という固定的なとらえ　学校側に，どうしてもこの固定的なとらえやイメージが根付いてしまっているため，たとえ非行・問題行動の生徒がいたとしても，相談に回してもらえない，対応するチームのメンバーとして入れてもらえない，ケース会議等にも呼んでもらえないといったことが出てくる。常勤の SC は別として，週一回勤務の非常勤の SC としては，自分から関わらせてください，ケース会議に入れてください，というのは難しいといった課題がある。また，SC は非行・問題行動の生徒を苦手としているという学校側の認識も根強い。

2）前任の SC の相談活動の影響　前任の SC や前々任の SC がどのように相談活動を行ってきたかは，学校全体の相談活動に大変大きな影響を及ぼす。しかも，それは想像以上に大きく，そして長く学校全体に影響する。もし前任の SC が長い期間勤務をし，相談領域を不登校，発達障害等に限定していたら，非行・問題行動の相談を依頼されることはきわめて少なくなるだろう。そのような学校に新たに勤務することになったとしたら，どのような動きをしていく必要があるだろうか。

3）教育相談と生徒指導の棲み分けの問題　教育相談と生徒指導をまったく別々のものとして，別々のとらえ方をしている学校も少なくない。不登校，いじめ，発達障害は教育相談部，非行・問題行動は生徒指導部と棲み分けされ，SC が教育相談部だけに所属している形となると，非行・問題行動の案件に携わっていくことは難しくなる。望ましいのは，両部会の担当者と情報交換ができ，両部会のメンバーと協働していけることである。

4）SC に非行・問題行動の生徒をまかせると問題が大きくなるという懸念　このことは学校側が懸念する大きな心配事項である。たとえば，遊び非行型不登校生徒の面接を例に挙げよう。遊び非行型不登校生徒の面接として気を付けるべき点はどのようなことがあるだろうか。遊び非行型不登校生徒は，学校によっては，不登校生徒の数の半分を占めることがある。30 人の不登校生徒がいたとしたら，15 人が遊び非行型不登校ということである。遊び非行型不登校の生徒は，頭髪・服装違反，飲酒，喫煙，その他さまざまな問題行動を伴っていること

が多い。そのような生徒が"学校"に面接に来るのである。金髪のツーブロックで煙草を吸いながら私服で来るかもしれない。その時，教員が「その恰好では学校に入れない」と言ったらどうなるだろうか。「は？ 俺はカウンセリングを受けに来たんだ。テメーには関係ねーだろ」となり，トラブルが発生してしまう。また，一人の生徒と面接の約束をしたのに，「何で俺の話も聞いてくれんのー」と5〜6人で来るかもしれない。このようなことになった場合，学校としてはどのような思いになるだろうか。SCが関わったことにより，生徒がカウンセリングを理由に登校ルールを破ろうとしたり，学校の生徒指導体制が大きく崩れてしまうことがあるのである。また，非行・問題行動の生徒と学校側の関係が悪化している時に，「SCだけが俺らのことをわかってくれる」となってしまう場合等も，SCがチームの一員として相談活動を行っていくことが難しくなってしまう。SCは常に，部分と全体のバランスをしっかりと見る目を養っていなくてはならない。個別のカウンセリングを大事にしながら，それが学校全体の生徒指導体制にどのような影響を与えるかを理解し，学校現場と共通の理解・認識の下で相談活動を行っていかなければならない。

5）非行・問題行動の児童生徒には悩みはないという極端なとらえ　非行・問題行動の生徒，特に遊び非行型不登校生徒のカウンセリング後の学校側との情報交換の際によく耳にすることは，「え？　それは本当にあの子が言っていたことなんですか」「本当にそんなこと話すんですか？　カウンセラーさんがただそう感じたんじゃないんですか？」「全然知らなかったです。そういうことが今まで家庭にあったんですね…」といった言葉である。非行・問題行動の児童生徒は，表面ではテンション高く何も悩みがないように振舞っていたり，逆に挑戦的で反抗的な面ばかりを出していることが多いため，教員側としては何も悩みがないように見えたり，悩む力がないとか，何か障害があるとか，決め付けや表面的な理解にとどまっていることが多い。そのため，学校側としては，本人にカウンセリングを勧めるといった発想が思い浮かばないのである。

◉非行・問題行動の児童生徒・保護者とSCがつながる時

　小学校の場合，万引きや他害，学級崩壊，教師に対する暴言・暴力・授業妨害，落ち着きのなさ等の問題行動がSCにつながるケースは多い。それは，小学校側に，「このままこの子をほっておいたら中学校で大変なことになる」といった心配があったり，虐待や貧困等家庭が抱える複雑な問題と本人の問題行動との関連を察したり，または，表出されている問題行動のベースに発達障害等があるのではないかという見立てを担任や管理職，コーディネーター，養護教諭がもつことが多いからである。そういった意味で，近年は小学校における生徒指導は，カウンセリングをベースにしていることが非常に多いように感じる。ところが中学校に入ると様子は随分違ってくる。中1ギャップの言葉で代表されるように，中学校に入ると不登校やさまざまな問題行動が非常に多くなってくる。不登校や不適応生徒が増えれば増えるほど，SCの役割はそれらの対応が中心となっていく。さらに日本の教育の特質上，生徒指導は，生徒指導主事や学年の生徒指導担当，担任が対応し，本人・保護者との話し合いは学校が行っていくという暗黙のルールや規範があるようである。生徒指導という言葉の"指導"という響きが，厳しく，高圧的な対応をしなければならないといった雰囲気を作り出してしまうため，カウンセ

リングと生徒指導は相容れない領域になってしまうのかもしれない。さらに中学校に入ると，問題行動の内容や質ががらりと変わり，生徒本人の身体も大きくなり，行動範囲も広がり，警察が介入するような事案になってくると，カウンセリングという手立てや支援を思い浮かべることは難しくなってしまうのだろう。ここでは，上記の理由から，中学校を中心に，非行や問題行動の生徒とその保護者が SC につながっていくきっかけを見ていきたい。

(1) 学校の誰を主軸に連携をしていくのか

SC が誰を主軸に学校側と連携・連絡・情報交換を行っていくかによって，SC 自身の役割，動き方が変わってくる。つまり依頼される相談内容も異なってくるということである。不登校担当や養護教諭，保健主事といった役職の先生方との連携は当然必要であり，重要ではあるが，それらの先生方だけを中心に連携，連絡，情報交換を行っていくとどうしても，非行・問題行動の生徒や保護者のカウンセリングを依頼されることは少なくなるし，そういったケースに関する助言を求められることも少なくなってしまう。まして，教育相談部会と生徒指導部会が別々に開かれ，生徒指導部会に保健主事や不登校担当の先生，養護教諭が構成メンバーとして入っていない場合はなおさらである。SC を生徒指導部会のメンバーに入れてもらい，そこで発言をしていくことは大きなきっかけにはなるが，やはり，生徒指導主事との密な連携，情報交換，そして何よりも信頼が重要になってくる。たとえば筆者は勤務日に毎回生徒指導主事との顔を合わせた情報交換を大切にしている。生徒指導関係の案件が頻発する学校では，このことは非常に重要であるが，なかなか生徒指導主事と SC が毎回頻繁に直接情報交換をすることは少ないようである。

(2) 生徒指導主事と連携していくために

上記のように，生徒指導主事との連携が非常に重要になってくるのだが，SC と生徒指導主事がただ仲良しで信頼があるだけでは，非行・問題行動の生徒の相談活動にはつながっていかない。非行や問題行動を表出している生徒や保護者にとってカウンセリングに意味があり，有効であるということを実感してもらわなければならないのである。学校によっては，生徒指導主事が SC 担当である場合もあるが，そういったことをしっかりと理解してもらっていなければ，例え生徒指導主事が SC 担当であっても，関わるケースが不登校やいじめ，発達障害等に限定されてしまう。

筆者が勤務間もない中学校の保健室にたまたま一人でいた時，金髪で眉毛もなく，完全な違反服の生徒 2 人が遅刻をして保健室の外をふらっと通った。そのような場面に遭遇した際，あなたが SC だったらどうするだろうか。声をかけるだろうか。かけないだろうか。筆者は，保健室のドアを開け，「今登校したの？」と話しかけ，初対面であったため，自己紹介をし，毎週金曜日に週一回来てるからよろしくと挨拶をした。そこからなんだかんだ話は続き，保健室の外に 3 人で座り込み色々話をしている時，たまたま生徒指導主事が通りがかり，そこで 4 人で話をすることになった。残念ながら二人の生徒は，頭髪・服装違反で帰宅することになったのだが，話し終わった後その生徒指導主事が言ったことは，「あんなヤンキーと話せる SC は初めて見た」とのことだった。そこで，彼らが話していた内容を簡単に伝えると，「自分たちに話す内容と全然違うんですね」と。そういった些細なことから，生徒指導主事の生徒への見方が変わったり，もともと抱いていたカウンセリングのイメージが変容することがある。筆者

は，一般のSC以外に，生徒指導専属のカウンセラーとして複数の困難校を経験しているが，このようなことで生徒指導主事の見方が変わり，SCと生徒指導主事との連携が始まったり，関係が深まることは多い。そこから生徒指導主事との情報交換が密になり，カウンセリングの依頼があったり，本人・保護者に直接カウンセリングを勧めることが難しくても，助言を求められたり，チームとしての対応を求められることがあるのである。生徒が何か大きな問題を起こした時，夕方に本人・保護者を学校に呼び，担任や学年主任，生徒指導主事がさまざまな話をすることはどの学校にも見られる光景であろう。その際，この生徒にはカウンセリングを紹介した方がよいと判断する時に，生徒指導主事や学年主任からカウンセリングを提案したり，保護者が本人の対応に手こずっている場合に，保護者にカウンセリングを紹介するということから面接につながっていくことも少なくない。

また，学校によっては，学年主任が生徒指導の中心的な役割を担っている学校もある。そのような学校の場合は，生徒指導主事だけではなく学年主任との連携も非常に重要になってくる。

(3) 養護教諭との連携

学校によるが，非行や問題行動の生徒が保健室を居場所にしていることは少なくない。養護教諭が生徒の話を聞く中で，この生徒にはカウンセリングが必要だと判断する際にSCを紹介することもあるだろう。また，SCとしてたとえ空き時間が少しであっても相談室から出て保健室に顔を出したり，放課後生徒がふらっと立ち寄る時間帯にSCが何気なく保健室にいることは大切である。養護教諭からのSCの紹介は断ったとしても，SCとの雑談やふれあいからカウンセリングにつながったり，自らカウンセリングを申し込んでくる生徒も意外に多い。

(4) 学校全体にカウンセリングの意味を理解してもらうために

結局のところ，生徒指導主事に限らず，担任を含め，学校全体に，非行や問題行動の背景にあるものをしっかりと理解，認識してもらうことが非常に重要である。それは日々の担任の先生方との情報交換の際に，いかにわかりやすく説得力ある形で，その生徒の問題行動の背景にある要因や原因を伝えていけるか，そしてその生徒，保護者に対してどのような声掛けや対応をしていけばいいかを具体的に提案できるかが重要になってくる。この際，気を付けなければならないことは，非行問題行動の生徒が抱える寂しさや辛さにSCが同情，同一化し，学校側の厳し過ぎる指導に批判的になり，そのような思いを抱えたままSCが学校側と連携していくことである。このような形になってしまうと，相談活動が上手くいかなくなってしまうことが非常に多い。学校は学校としてのさまざまな大変さや事情を抱えている。今の生徒指導体制や生徒指導方針になってきた歴史もある。そしてさまざまな地域性もある。そこを理解することなく，一方的に生徒の思いだけに偏るスタンスは危険である。その学校の生徒指導の歴史，考え方を知る必要があるし，心理学の書籍や研修ばかりではなく，生徒指導の雑誌や書籍に目を通すことも大切である。本人・保護者と学校両者の思い・考えをしっかりと理解し，時には仲介者となり，本人のために今何が最大限にできるか，最善策は何かを学校と協力して検討していくことができる視野と力が必要である。

(5) 職員研修について

SCとして校内研修の講師を依頼されることがあるだろう。不登校，発達障害，いじめ，保

護者理解等，依頼される内容は学校が抱えている課題によってさまざまであろう。ただここでも，非行や問題行動に特化した研修を学校から依頼されることは少ないかもしれない。しかし，依頼された研修がたとえいじめに関するものだったとしても，単なるいじめの構造や被害者の心理，教師としての対応，保護者の心理といった内容だけを扱うだけではなく，なぜいじめは起こるかについての加害者の心理をしっかりと扱うことが重要である。いじめの加害児童生徒の心理をしっかりと理解してもらえば，そこからいじめの被害者である生徒のカウンセリングのみならず，加害生徒のカウンセリング，加害生徒の保護者のカウンセリングにつながっていくことになる。それは，"いじめはいけない"といった高圧的な指導ではなく，いじめを根源的に解決していくことにつながっていくのである。また，職員研修で注意したいことは，専門用語を立て続けに並べ，パワーポイントの資料をただ単調に読み上げるような研修は避けた方がいい。そのような研修は，参加者が受け身でただ聞くだけとなってしまい，聞き手が眠くなってしまうことが多い。学校現場は，生の現場である。研修会で求められるのは，ライブ感と新鮮さ，そして新たな気付きや理解を先生方に抱いてもらうことである。特に生徒指導関係の研修は，単なる生徒理解のさまざまな知識を詰め込む研修ではなく，心に響く，やる気と愛情を引き出す研修となることが大切である。SC の経験が 1 年目で突然職員研修を頼まれたとしたら，誰でも緊張はするし，その守りから資料やパワーポイントをひたすら読む形に終わってしまうかもしれない。ただ，それでは学校の先生方の心を動かすことはできない。不器用であっても，SC として，これを伝えたい！という熱い思いとあたたかな心をもって研修会に望むことが大切である。

(6) 相談室について

　学校が荒れた状態になり，授業エスケープの生徒が数名出てくると，相談室の開放や相談室での相談活動自体が困難になることがある。保健室もそのような生徒たちが出てくると，保健室が占拠されたり，必要な子が来室できない等，保健室本来の機能が失われてしまうことがある。そのため，保健室の利用に関する制限が増えたり，保健室自体が閉鎖されることもある。保健室と同様に相談室も安心して相談活動が実施できるよう，管理職や保健主事，生徒指導主事，学年主任，養護教諭等で，相談室の運営の仕方について粘り強く話し合っていかなければならない。先にも述べたが，遊び非行型不登校生徒のカウンセリングが，学校側としては非常に大きな懸案事項になることがある。頭髪違反や服装違反，化粧等で登校の可能性がある生徒達とどのようにカウンセリング活動を行っていくかについて，事前に学校側と話し合っておくことが必要である。放課後，全校生徒が帰宅した後の時間帯にカウンセリングの時間を設定することが一つの解決策となることもあるだろう。学校側の理解は必須であるが，そのような工夫だけでさまざまな問題や心配事が未然に防げることがあるのである。
　遊び非行型不登校生徒がカウンセリングを通して，カウンセリングの時間だけ登校することが出てくるかもしれない。そのような場合に，本人と SC に加え，担任や生徒指導主事，学年の生徒指導担当，学年主任と一緒に話をしていくことも重要である。SC はどんな時でも生徒と学校をつないでいくことも重要な役割であることを忘れてはならない。

(7) カウンセリングについて

　非行・問題行動の生徒が学校側に SC を紹介され，渋々 SC の面談を受けることがあるかも

しれない。生徒が相談室に連れて来られ，不貞腐れ目の前に座っている。あなたが SC だったらどのような言葉をかけるだろうか。「何か悩んでることがあるの？　何でもいいから話してみて」だろうか。そんなことを言ったらまず上手くいかないだろう。非行・問題行動の生徒は，人懐っこい生徒もいるが，傷つきが多く，不信感が非常に強い生徒も多い。一言目の入り方は非常に大切であるし，楽しく雑談ができることは非常に重要である。『無理やりこんなところ連れて来られたら嫌だよね…。カウンセラーとか言われると余計に嫌になっちゃうよね。知らん人と何で話さないといけないんだって腹も立つよね』といった入り方が良い子もいるだろう。SC として上から目線でも下からの目線でもなく，常に同じ目線をもっていたいものである。

　非行・問題行動を起こしてしまう生徒の多くは，非常に強いさみしさと居場所の無さを感じている。そのさみしさは，さみしさだけでは終わらず，「何で自分のことを見てくれないんだ。何で自分のことをわかってくれないんだ」という強い怒りの感情に移行し，それがさらに，憎しみ，恨みそして復讐へと発展してしまうことがある。

　そして非行・問題行動の児童生徒にもう一つ共通することは，強い劣等感である。非行・問題行動の生徒は，他人と比べて自分はダメだといったレベルの劣等感ではなく，"自分は必要ない存在だ" という強く深い劣等感を抱えていることが非常に多い。そこまでの劣等感に行くと，もうどうでもいい，どうなってもいいという自暴自棄で投げやりな行動に出たり，人の幸せが許せず，劣等感の反動から優越感を得るために，人を上から支配し，人の幸せを奪う行動に出てしまうことがある。さみしさや劣等感が無意識に追いやられたり，言語化できていない場合はさらに問題が複雑になってしまうことがある。このような視点から生徒を理解していくことも大切である。

●さいごに

　生徒指導という広い領域の中で，この章では非行・問題行動の生徒に焦点を当てながら，SC と生徒指導について述べてきた。本章では，中学校の生徒指導を中心に述べてきたが，高等学校では勤務形態や勤務時間数等が変わり，中学校の活動とは変わってくるところがあるだろう。ただ，高等学校では生徒指導関係で問題を起こした生徒が特別指導や学年指導と言われる指導を受けることがあるが，そのような生徒の中でカウンセリングが必要だと思われる生徒が SC につながってくることは近年徐々に増えてきているようだ。SC とつながった以上，そのカウンセリングをどのように意味あるものにしていくかは，その SC の心とセンスと技による。近年は，おとなしい生徒の SNS やインターネットでの問題行動も非常に多くなってきているが，そのような生徒は，問題が発覚し次第 SC につながることが多いようである。問題行動のレベルが上がってくると，警察や児童相談所，家庭裁判所等の関係機関との連絡・調整を担当する管理職との連携・情報交換も非常に重要になってくることがあることは心に止めておきたい。また，学校によっては，主幹教諭が配属されている学校もある。主幹教諭が生徒指導の中心的な役割を担っている学校もあるため，そのような場合には，生徒指導主事だけではなく，主幹教諭と SC の連携が重要になってくる。さらに，近年，スクールソーシャルワーカーが配置されている学校や市町村教委も増えてきている。スクールソーシャルワーカーからの依頼や紹介で非行・問題行動の児童生徒・保護者とつながっていく機会はこれから間違いなく増えていくだろう。

遊び非行型不登校生徒の支援に関しては，校外にこちらから出向いていくアウトリーチ的な活動も非常に重要になってくる。SC の活動を，アウトリーチまで広げていくことは現状の日本の SC の役割では困難な面が多い。アウトリーチ的な活動をどのように行っていくかについて今後さまざまな検討が必要である。

参考文献
吉田　順（2013）．荒れには必ずルールがある　間違った生徒指導が荒れる学校をつくる　学事出版
月刊生徒指導　学事出版

4 発達障害への支援

　発達に何かしらの偏り（発達障害）をもつ児童生徒が通常学校に多く在籍していることは，多くの心理臨床家や教育関係者の知るところであろう。本章では，発達障害の中でも自閉スペクトラム症，注意欠如・多動症，限局性学習症にスポットを当て，その特性を説明する。また，発達障害があると考えられる子どもがどの程度いるのかを統計データを用いて示す。そのうえで，学校でのアプローチとして，アセスメントとマネジメントのありかたについて記述し，その活用方法を実践例を通して紹介する。なお，子どもへの直接的な支援のありかた（ソーシャルスキル・トレーニングなどの心理療法）については，既に良書が多く出ているので簡単にふれるのみとし，ここでは特に家族との連携において留意したいことや，社会資源の利用について述べることとする。

●発達障害の特性

　ここでは精神疾患の世界的診断基準である DSM-5（Diagnostic and statistical manual of mental disorders, 5th ed.）に基づいて，自閉スペクトラム症，注意欠如・多動症，限局性学習症の診断基準と具体的な特性を説明する。

(1) 自閉スペクトラム症

　自閉スペクトラム症（Autism Spectrum Disorder: ASD）とは，①社会的コミュニケーションおよび対人的相互反応における持続的な欠陥，②行動，興味，または活動の限定された反復的な様式，を主な特徴とする障害である。学校臨床の現場では，それぞれ①は"社会性・コミュニケーションの問題"，②は"こだわり"として知られているだろう。①はたとえば「空気が読めない」「言葉を字義通りに受け取ってしまう」「共感性が乏しい」といった特徴を指している。②は，たとえば「勝ち負けやルールに執着する」「失敗を過度に警戒する」「特定の感覚にこだわる（嫌う，あるいは好む）」といった特徴が当てはまる。

(2) 注意欠如・多動症

　注意欠如・多動症（Attention-Deficit/Hyperactivity Disorder: ADHD）は，①"不注意"および／または②"多動性－衝動性"が持続的に見られ，その程度が発達の水準に不相応で，社会的および学業的活動に直接悪影響を及ぼしている状態像を指す。①はたとえば「集中することが苦手」「よく物を失くす」「時間の感覚が乏しい」といったことである。また②には，「じっとしていられない」「しゃべり過ぎる」「自分の気持ちを抑えるのが苦手」といったことが

ある。

(3) 限局性学習症

限局性学習症（Specific Learning Disorder: SLD）は、"学習や学業的技能の使用に困難"があり、その困難を対象とした介入が提供されているにもかかわらず、その改善が難しい状態像のことを言う。その症状にはたとえば「文字が読めない」「文字が書けない」「計算ができない」といったものがある。

●数値で見る学齢期の発達障害

文部科学省が2012（平成24）年に実施した全国の公立小・中学校を対象とした調査によると、通常学級に在籍する児童生徒の中で、"学習面又は行動面で著しい困難を示す"児童生徒の割合は6.5%との結果だった。つまり、40人の学級であれば、2～3人は発達障害の特性をもつ児童生徒がいることを示唆している。では、学校現場における相談件数はどうだろう。2016（平成28）年のなごや子ども応援委員会の報告によると、名古屋市の小・中学校（371校）における発達障害に関する相談等対応件数は834件だった。この数は、不登校、精神的不安定、家庭の問題、学校不適応についで5番目の多さである。また、上位のものの背景に発達障害がある可能性は高く、潜在的にはさらに多くの件数であると考えられる。これらの報告から、発達障害のある児童生徒への対応は、学校心理臨床実践において大きな位置づけを占めていると言える。

●発達障害へのアプローチ

ここでは、発達障害へのアプローチとして、アセスメントとマネジメントのありかたを示す。そのうえで事例を提示し、アセスメントと支援のありかたの具体的な例を示す。

(1) アセスメント

子どもに何かしらの発達障害が疑われる場合、子どもにどのような特性があるのかを見極める必要がある。また、本人の特性だけでなく、環境とのマッチングについても検討をすることが重要である。これらの活動をアセスメント（見立て）と言う。ここでは、発達障害のアセスメントにおいて注目したい点をいくつか提示する。

1）子どもの特性を見立てる　発達障害について、ASD、ADHD、SLDの3つに分けて記載したが、実際は一人の子どもがいくつかの障害特性を部分的に有していることがほとんどである。そのため、子どもを理解するうえでは、いずれかの障害に当てはめるのではなく、"どのような発達の偏りがあるのか"を丁寧に見立てることが重要となる。視覚的イメージを用いて言えば、図4-1の中のどの位置に該当するのかを考えることが実際の支援を行ううえで有用と思われる。具体的には、クラスでの様子の観察や教師・保護者からの聴取、絵や作文などの創作物からの考察が役に立つ。専門機関で実施したWISC-Ⅳをはじめとする知能検査の結果があれば、それらを検討することも重要である。

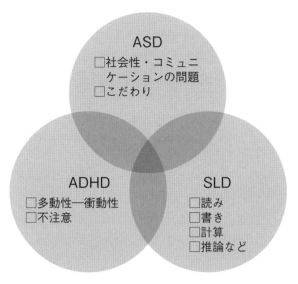

図4-1 図説 発達障害

2)"本人の力"と"環境からの要請"について　子どもは就学を機に，学校という場から多くのこと(ルールを守ることや課題の達成など)を求められる。そうした"環境からの要請"の質と量は，過ごす学級（通常学級や特別支援学級）や担任教師のカラー，学校の風土によってさまざまである。一方で，発達障害のある子どもには，得意なところと苦手なところがあり，その偏りは同じ障害をもつ子どもでもかなり違っている。そうした"本人の力"と"環境からの要請"のマッチングがあまりにも合致していない場合，子ども本人だけでなく，教師や保護者，クラスメイトといった周囲の者にとっても苦しい状況となり得る。"環境の要請"が本人にとってあまりにも困難なものとなっていないか，見極めることが重要だろう。

3) 学校と家庭での子どもの様子の違いについて　発達障害のある子どもの様子は，学校と家庭で大きく異なることが少なくない。たとえば，ADHDのある子どもの中には，慣れ親しんだ家庭だと比較的落ち着いているが，学校では刺激に翻弄されてしまい，落ち着きがなくなってしまうことがある。また，ASDのある子どもでは，たとえば学校での集団行動に疲れてしまい，帰宅後何もできなくなってしまうことがある。また，家に帰ると，学校という枠組みから解放され，「箍が外れてしまう」と語る子どももいる。"学校では○○しないといけない"と納得しているからできるけれど，家庭では緊張の糸が切れてしまい，「学校ではできたことが家ではできない」とのことである。こうした場合，教師と親とで子どもの理解に違いが生じ，共通認識をもつことが難しくなってしまうことがある。お互いに，「子どものことをきちんと見ていないのではないか」と不信感が募りがちである。このような状況では，教師と保護者とで協働的な関係を築くことは困難である。発達障害のある子どもにおいては，場による違いが生じやすいことに留意しなくてはならない。また，場による違いが何によって生じているのかを検討することも重要である。子どもの特性だけでなく，運動会や学芸会のようなイベントごとで疲れていないか，新しい学級になって戸惑っていないか，子どもにとって興味を惹きすぎる（あるいは嫌いな）刺激が多くないか，さまざまな視点から考えてみることが大切だろう。

4）二次障害について　これまでに述べたところからわかる通り，発達障害のある子どもは，上手くいかない経験（失敗体験）をしやすく，心に傷を負いやすい。その結果，強い無力感をもつようになったり，不安障害や抑うつといった精神科的問題，非行や不登校・引きこもりのような行動上の問題を呈したりする。こうしたいわゆる二次障害を防ぐことは，学齢期の発達障害支援において大変重要である。発達的な特性と同様，心のありようについても評価をすることが必要と言える。

（2）マネジメント

次に，アセスメントで得られた情報をもとにどのようにサポート体制の構築（マネジメント）をするか，その案をいくつか提示する。

1）学校環境の調整　アセスメントで得られた情報をもとに，教師らと相談し，子どもが過ごす環境を特性に応じたものに設えていく。この取り組みを環境調整という。たとえば，聞いた内容を覚えておくことや頭の中の情報を整理することが苦手な子どもに対しては，口頭指示を内容ごとに区切り短くすること，言葉だけでなく写真や動画といった視覚刺激を補助的に用いることが有効となる。漢字の習得に難しさがある子どもに対しては，宿題の質・量を本人の力に応じたものに変えることも必要だろう。また，特定の領域あるいは全般的な学習面の難しさがある子どもに対しては，通級指導教室および特別支援学級の利用や，補助の教師を付けることを検討してもよいだろう。環境調整によって，"環境からの要請"と"本人の力"とのギャップを小さくすることは，結果的に学業的な習得度の上昇につながる。また，成功体験が得やすくなるため，達成感や自信がもてるようにもなる。これは，自尊心の低下のような二次障害を防ぐうえでも重要である。

2）家庭と学校の協力関係の構築（橋渡し機能）　保護者の多くはわが子の特徴を正確にとらえている。しかしながら，保護者がニーズを学校に伝えることは，とても大変なことである。「先生もお忙しいだろうし…」「要求がましく思われないか…」といった思いから，伝えることを躊躇してしまい，必要な支援を依頼できずにいることも少なくない。一方で教師も，「子どもの様子を聞いて保護者がどう受け止めるのかがわからない」という思いを抱いており，支援上必要な話を切り出せず，困っていることが多い。そのため，心理臨床家が保護者と学校との"橋渡し"をすることは，子どもへの支援を円滑に行ううえできわめて重要な役割である。特に，先述したような学校と家庭とで様子が大きく異なる子どもの場合，共通認識を築きにくく，協働的な関係を構築することが難しくなりやすい。こうした場合，第三者が間に入り，"○○な場面では□□できるけれど，△△な場面では上手くいかないタイプ"といった子ども像をともに築き上げるプロセスを援助することが必要だろう。

3）学校での疲れを家にもち帰ってしまう子どもについて　発達障害のある子どもの多くは，学校での生活にとても疲れている。学年が上がるにつれ，周囲の様子が見えるようになり，周りに合わせることの大切さを知った子どもは，周りと同じように振る舞うことに必死になる。特に思春期を迎えた子どもは，自身と周りとの違いに悩み，「周りと同じでありたい」「友達と仲良くしたい」と強く願っている。彼・彼女らは，周囲の様子に神経を張り巡らせ，顔色をう

かがい，懸命に笑顔を作る。そうした努力は認められるべきものではあるが，その代償として，帰宅後はヘトヘトに疲れていて，何も手につかなくなってしまうことも少なくない。ついには息切れしてしまい，不登校になるケースも多い。こうした場合も，"本人の力"と"環境からの要請"とのバランスが悪い状態と考えるべきだろう。学校生活だけでなく，一日を通じてのスタミナ配分が大切である。学校生活に問題がない場合でも，過度に頑張っていないか，丁寧に観察し，必要に応じて子どもに求めるレベルを調整することをお勧めしたい。

4）二次障害への支援　　上のようなことに配慮し，アプローチをしても，完全に二次障害を防ぐことは難しい。学校での実践においては，校内のみで問題を抱えようとせず，校外の専門機関の協力を得て対応することが必要である。たとえば，不安障害や抑うつなどの精神科的な問題や，衝動コントロールの難しさや不注意，感情の爆発といった行動上の問題がある場合には，医療機関での薬物療法が有効かもしれない。また，問題の様相によっては，相談機関における心理療法も効果的だろう。二次障害へのアプローチは，早期であるほど効果が期待できる。地域の援助資源の情報を把握し，必要に応じてスムーズに連携が取れるよう援助システムを構築しておくことが必要だろう。

(3) 実 践 例

最後に架空事例を提示し，アセスメントとマネジメントの実践例を示す。

1）相談までの経緯　　"ルールは守らなくてはならない"というこだわりをもつ小学4年生のA君は，しばしば他児と衝突した。それは，"ルールを守らない"他児の行動を許せなかったためであった。この頃，学校では学芸会の練習がはじまっていて，クラス全体が落ち着かない雰囲気になっていた。そんな中，練習中にふざけはじめる子どももいた。そうしたクラスメイトに対してA君は，「いい加減にしろ！」と厳しい口調で注意するので，クラスメイトはA君に近づかなくなってしまった。当然，A君の言葉には教師も注意をした。しかしA君は，「僕は間違っていない！　理不尽だ！」と怒ってしまい，授業に参加できなくなることもあった。そんな日は，帰宅後もA君の怒りは収まらない。"帰ったらまず宿題"という親との約束も守れず，すぐにゲームに没頭するのであった。それに対して母親が，「帰ってきたらゲームより先に宿題でしょ」と言うと，「うるさい！　今やろうと思ってたのに！」「みんな僕ばかり注意するんだ！　僕は間違っていない！」と激怒するのであった。そんな日々が続き，とうとうA君は学校に行くのを渋るようになった。困り果てた母親が担任教師に相談し，スクールカウンセラー（以下SC）に相談することとなった。

2）アセスメント　　SCはまず，母親と会う前に教師に上の状況を確認した。そのうえで，A君の様子を観察することにした。その時はちょうど学芸会の練習だったが，A君は教室の隅に座り込んでいた。その表情には強い苛立ちが見て取れたが，一方でその気持ちを誰かに伝えることを諦めているようでもあった。クラスの掲示物に目を移すと，子どもたちの書いた作文の中にA君のものを見つけた。強い筆圧と過度に丁寧な字面からは，真面目さ，几帳面さが見て取れた。こうした理解を築きつつ，母親との面接を行った。母親は，A君のことをきちんと理解されていて，問題意識も高かった。A君について，きっちりしていないと嫌なタ

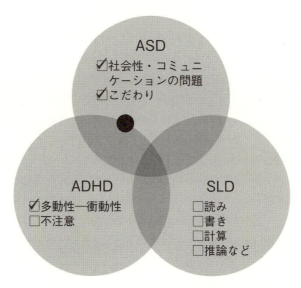

図4-2　図説　Aくんの特徴

イプで，人から注意されるのが嫌いと説明される。また，本当は担任教師にも極力注意をしないようお願いしたかったのだが，過保護に思われるのではと不安に思い，切り出せずにいたとのことであった。SCは，A君のルールへの執着とそれを他児にも強要する傾向から"こだわり"だけでなく，"相手の立場に立って考えることの難しさ（社会性・コミュニケーションの問題）"があると理解した。また，そこでの苛立ちをそのまま他者にぶつけてしまうという衝動性の問題もあると考えられた。そうして，A君を"衝動コントロールの苦手さを併せもったASDのある子"と見立てた。

3）マネジメント　上のような理解については，母親もすでに気づいておられるようだったので，その通り説明をした。その際，図4-2を書いて"今うかがった感じだと，チェック（☑）した特徴があって，この辺り（●の個所）にいる子だと思う"と伝えた。この説明に母親は，ショックを受けたようではあったが，「スッキリしました」と納得はされたようだった。ただし，A君の見立てを担任教師と共有することについては，「障害と思われるのは…それで学級が変わってしまったりしないかも不安」と抵抗感が語られた。そのため，障害名は出さず，特性のみ伝えることとした。また，実際の支援については，担任教師と情報共有・相談をしたうえでまた改めて提案したいと伝え，了承を得た。

その日の放課後，担任教師と相談し，また管理職の協力も得て次の①から③の案，①職員室に"頑張りスペース"を設け，集中して練習したい児童が利用できるようにする，②A君がイライラしている時には可能な範囲で話を聞き，正当な理由については担任教師からクラスメイトに注意をする，③A君の様子が落ち着いたところで，少しずつ他者視点に立つことを促す声かけ（「あの子はこう思っていたのかもしれないね」など）をする，を作成した。この案を担任教師から母親に伝えたうえで実践した。その結果A君は，個別練習の時間になると積極的に"頑張りスペース"を利用し，その様子は職員室にいる教師からもほめられた。一方で教室でも，担任がA君の様子を気にかけ，積極的に場を占めるように配慮することで，以前

ほど苛立つことは少なくなった。こうして，無事学芸会を終え，A君は安定して登校できるようになった。また，この一連の取り組みを通じて，担任に信頼感をもったA君は，他児への苛立ちを積極的に話すようになった。その際,他者視点に立つことを促す声かけをされても，"注意"ではなく"意見""アドバイス"として肯定的に受け入れられるようになっていった。

●むすびに代えて──教師や保護者の葛藤について

子どもへの支援を進める中で，教師と保護者の"育てる者としての思い"が語られることがある。ある教師は「できないことがあるのはわかっている…けれど私はあの子をほかの子たちと同じように扱ってあげたい」と語る。また，ある母親は「支援は必要なのはわかっている…けれど，今後この子は一生障害児として生きていくのかと思うと，踏み切れない」と語る。こうした思いは，時に心理臨床家としての我々にとって"子どもへの支援における障害"のように思えてしまうことがある。しかし，それは育てる者として当然の葛藤であるとも思う。我々は，本人の力に応じた環境を整えるうえで，こうした育てる者としての思いに葛藤が生じることを念頭に置きつつ，それらが語られた際には理解するよう努め，ともに苦しみ，歩んでいくことが必要と考える。

引用文献

American Psychiatric Association (2013). *Diagnostic and statistical manual of mental disorders* (5th ed.). Washington, D.C. : American, Psychiatric Association.
文部科学省（2012）．通常の学級に在籍する発達障害の可能性のある特別な教育的支援を必要とする児童生徒に関する調査結果について　http://www.mext.go.jp/a_menu/shotou/tokubetu/material/1328729.htm
なごや子ども応援委員会（2016）．なごや子ども応援委員会の相談等対応の状況について　http://www.city.nagoya.jp/kyoiku/cmsfiles/contents/0000093/93695/kodomo.pdf

5 児童虐待への支援

　子ども虐待とは，保護者が子どもの心や身体を傷つけ，子どもの健全な発達を阻害する行為のことを指す。安心・安全が脅かされ，危険にさらされている子どもに対しては，早急に支援の手を届ける必要がある。しかし，虐待を受けた子どもが自ら助けを求めることは稀である。虐待を受けた子どもは「親が悪い」と思うのではなく「自分が悪い」と自責感を抱えていることが少なくない。また，「家族が大変なことになるかもしれない」と周囲への影響を懸念して誰にも相談できず，一人で悩みを抱え込んでいることもある。こうした子ども虐待ケースへの支援では，法律的な枠組みを背景にした介入が必要不可欠であり，児童福祉法や児童虐待防止法などに準拠した対応が展開されている。

　子ども虐待への支援を行う心理職は，これらの法的枠組みの中で，臨床活動を行わなければならず，特に重点課題である児童虐待防止施策への適切な理解は欠かせない。たとえば，虐待通告後の調査に関する手続きや不適切な環境下にある子どもの保護に関する児童相談所の権限に関する規程，子どもを家族から離して里親や施設に子どもの生活の場を移す場合の法的ルール，子どもの施設入所に保護者が同意しない場合の法的手続きなどについては，少なくとも学んでおく必要があるだろう。子ども虐待への支援は，一人の支援者だけで行われるものではなく，他機関や他職種との連携が前提となる。チーム全体でトータルに求められる職務を遂行するために，心理職として，具体的に役に立てる業務に当たることになる。したがって，表5-1のような子ども虐待への支援の全体像をしっかりと把握しておくことが重要である。

●架空事例Ⅰ：子どもから虐待の被害を打ち明けられた時

> 中学2年生の女子。不定愁訴が多く，スクールカウンセラーへの継続的な相談があった。ある日，突然泣き出したので，時間をかけて子どもの話を聴いてみると，父親から性的虐待を受けていることが疑われるような内容の話があった。しかし，子どもからは「誰にも言わないで！　二人だけの秘密にしてほしい」と強くお願いされた。

(1)「誰にも言わない」という約束は禁物

　子どもから虐待の事実が疑われるような相談があり，「誰にも言わないで！」と言われた場合，どのように対応すべきか。子ども虐待への支援で重要な局面である。心理臨床的枠組みでは，カウンセラーと子どもとの秘密厳守は，心理的支援の基礎となる最も大切なことである。したがって，「誰にも言わないで！」という約束をした内容については，基本的には外に漏らすことができない。もちろん学校では個人情報についての集団守秘義務の考え方を採用されている

が，それでもカウンセラーは学校内の情報の取り扱いであっても細心の注意を払うことが少なくない。それほど心理臨床的枠組みにとって守秘義務とは重いものである。

表5-1 児童虐待防止に関する基本的なこと（川畑，2015を参考に作成）

- 児童虐待の防止に関する法律の必要性：家庭内での虐待は外から見えない。暴行だけが虐待行為ではない／他の法律を適用できない場合も，子どもを救わなければならない。
- 虐待の禁止：虐待は誰も行ってはならないが，法律の対象は保護者による虐待。
- 虐待は4種類：身体的虐待／ネグレクト／性的虐待／心理的虐待。
- 虐待の認定：調査の上，子どもの立場から見て虐待であれば認定する。
- 虐待を疑う時：子どもだけで放置されている／傷や傷跡，身長や体重の不変化や減少，食事が普通でない，不潔，同じ着衣，いじめられる，荒れる，表情の変化，無気力，おびえ，家に帰りたがらない／怪我や火傷の医学的所見と保護者による説明の食い違い／長期間姿が見えない，保育所や学校に行かせない／他の症状や問題行動の背後にある場合／DV環境，兄弟への虐待環境／その他。
- 虐待する保護者が抱える要因：「生活」の困窮と人間関係（虐待の当事者ではない私たちの体験としても想像できる範囲）／力量の育ちの課題（「できて当たり前」のこともその人の「育ち」の結果である）／引き金と虐待行為（「正論」ではコントロールできない感情や必然がある）／その他。
- 虐待された子どもにありうる特徴：諸理由があっての被虐待事実の否認／親からの保護を求め続ける／基本的安全安心がなく，予測をもった関係維持ができない，主体性が後退し，期待がもてない，他者依存，状況依存／自己肯定感，自己効力感，自尊感情がもてない，諦め（負の物語の蓄積）／欲求の自己コントロールのできにくさ，被虐待によって経験した対人行動をモデルとして学習している／その他。
- 国民による通告制度：児童福祉法に要保護児童の通告義務，児童虐待防止法に被虐待児童の通告義務が定められている／子どもによく関わる職種，団体により求められる早期発見，通告義務／おそれのレベルでもかまわない。通告者の秘密は守られる。したがって，通告内容が間違いでも責任を問われることはない／通告先は，市区町村児童福祉関係課，児童相談所。警察も「住民の安全を守る」職務を行う。
- 通告を受けた側の動き：緊急の協議と調査，リスクアセスメント，48時間以内に安全確認を行う。
- 要保護児童対策地域協議会の設置：代表者会議，実務者会議，個別ケース検討会議の3層からなる非常に重要な枠組みであり，その機敏性と内容の充実が課題である／要支援事例，特定妊婦も対象となる。
- 市区町村児童福祉課などや児童相談所，家庭裁判所，児童福祉施設ほかの被通告後の業務：地域連携による在宅ソーシャルワークと家族支援／同意による家族分離（一時保護，社会的養護（児童福祉施設，里親））と職権による強制的家族分離（一時保護，家庭裁判所の審判）／社会的養護現場での子どもの生活などの保障とケア／保護者指導，家族支援／その他。
- 関係機関職員：住民，民生委員・児童委員，主任児童委員，子育て支援関係者，保健師，保育士，教師，医師・看護師，学校内のソーシャルワーカーやカウンセラーなど／警察官，弁護士，家庭裁判所調査官，児童福祉施設長・職員，里親など／市町村児童福祉関係職員，生活保護担当ケースワーカー，家庭相談員，児童家庭支援センター職員，児童相談所職員／その他。

しかし，その一方で，児童福祉法および児童虐待防止法では，こうした子どもについて通告することを，すべての国民に義務づけている。心理職とてその例外ではない。「虐待は秘密と仲良し」と言われるように，むしろ虐待を防止するためには，守秘義務を積極的に解除し，オープンにしていくことを重視するという考え方もある。もしかしたら，通告先の児童相談所などに対する信頼感の乏しさや，これまでの子どもとの相談関係が崩れてしまうことへの懸念から通告をためらう気持ちが生じるかもしれない。しかしながら，虐待はいつどのように子どもの福祉を損なっているかわからない。また，児童相談所と今後の対応について協議することは，ケースを俯瞰的な視点からとらえ直す機会になるという側面もある。

このケースのように「誰にも言わないで！」という訴えがあった場合，そのことを安請け合いするのではなく，まずはじっくりと子どもの話を聴くことが何よりも大切である。子どもは自分一人で抱えることに耐え切れなくなるからこそ訴えてきているのであり，誰にも知られたくない気持ちと誰かに助けてもらいたい気持ちの両方を丁寧に確認していく。そのうえで，心理職一人の力だけでは，子どもの安心・安全を守ることは難しいことを伝え，子どもの信頼できる大人に相談する必要性があることを伝える。そして，「どういう形であれば，伝えてもいいのか」について，今後の見通しを説明しながら，粘り強く話し合っていくプロセスが重要となる。

(2) 性的虐待ケースへの対応の留意点

子ども虐待の種別には，身体的虐待，心理的虐待，ネグレクト，性的虐待の4つがあるが，この中でも最も対応が難しいのは性的虐待である。性的虐待に対する一般的なタブーや嫌悪感はとりわけ強く，支援者側にも「信じたくないという思い」や「どうしていいのかわからない」という感情が生じることも少なくない。

性的虐待を受けた子どもを理解するうえでは，サミット（Summit, 1983）の「子どもの性的虐待順応症候群」という概念が参考になる。この概念では，子どもの心的な体験を①秘密（子どもが性的関係に巻き込まれていく），②無力感（子どもが自分の力では性的な関係から逃れることができないと感じる），③とらわれと順応（虐待者が子どもに対して，性的虐待の事実を秘密にするように強要し，子どもは虐待環境に適応してしまう），④遅れた不確かな開示（子どもが性的虐待の事実を告白するが，大人に信じてもらえない），⑤撤回（子どもが自分の告白に対する親や周囲の大人の予想もしなかった反応に驚いて，自分の告白を取り消してしまう）という5段階に分けて考える。支援者が子どもから性的虐待の告白を受けるのは，第4段階になるが，ここで不適切な対応をしてしまうと，子どもを第5段階に追いやることになってしまう。

たとえば，事例Ⅰのようなケースに対して，学校や児童相談所が強引な手法で介入を進めてしまうと，子どもが「さっき話したことは嘘です」と発言を撤回してしまうことが考えられる。子どもが性的虐待の事実を匂わせたときには，敏感で慎重な対応を行うことが必要であり，「法律で命じられているから」という杓子定規なマニュアル対応ではなく，子どもの安心・安全に焦点を当て続ける誠実な対応が求められる。こうした支援姿勢が子どもに伝わることで，子どもは秘密を他者に共有することに同意したうえで，話を続けてくれると思われる。

(3) 学校で虐待の疑いのある事例に出会った時の対応

通告義務は全国民に課せられているが，児童虐待防止法が求めているのは「疑いがあったら通告すること」であり，「虐待の確証を得ること」は学校の義務ではない（玉井，2007）。虐待の疑いのある事例に出会ったときには，子どもから虐待に関する情報を得る必要がある。しかし，虐待とはほとんどの場合，密室の中で生じている現象であり，具体的な証拠があるわけではないため，立ち入り調査などの権限をもたない学校には，そもそも確証を得ることは困難である。むしろ質問の仕方によっては，子どもの罪悪感や不信感を強めてしまったり，話すことへの意欲を低下させてしまったりするなど，その後の支援の妨げとなりうる危険性もある。

学校の教師やスクールカウンセラー（以下 SC）が，子どもから虐待の聴き取りをする際には，

虐待を疑うことができると判断した時点で、子どもの気持ちに配慮した対応に移行することが望ましい。誘導尋問にならないように、「開かれた質問」と「閉じた質問」を上手く使い分けること、子どもの「わからない」という答えを尊重することなども大切である。目の前の子どもの安心・安全を守ることも含めた子どもの権利擁護の視点を中心に置き、何を優先すべきかを柔軟に判断し、実行する力が心理職に要求されていると言えるだろう。

●架空事例Ⅱ：子ども虐待に対する介入的なアプローチ

> 小学校3年生の男子。顔に複数のあざを作って登校してきた。担任の先生が「これはどうしたの？」と確認するが、黙り込んでしまった。以前にも不審な怪我があり、身体的虐待の可能性が心配されたため、直ちに学校内で協議し、児童相談所に通告した。

(1) 児童相談所の対応例

通告を受けた児童相談所は、直ちに緊急受理会議を開き、対応について協議した。会議では、頭部への複数の暴力の疑いがあり、虐待のリスクとしては深刻であるという理由から、一時保護を前提とした対応について話し合われた。児童福祉司と児童心理司の2名で学校訪問し、子どもとの面接から状況を確認したところ「昨日パパから叩かれた」と話したので、直ちに子どもの一時保護を行った。なお、子どもの怪我については記録として写真を撮り、病院受診をさせた。

子どもを保護した直後に保護者に連絡し、児童相談所への来所を促した。面接は複数対応で行い、虐待告知と児童相談所の介入意図を伝えることを目的とした。まず怪我の写真を見せ、病院受診させたことを伝えたうえで事実確認を行った。そのうえで、「児童相談所としては、子どもの頭部への暴力は、最悪の場合、命を落とす危険性があると判断し、児童福祉法第33条による一時保護をしました」と説明した。保護者は突然の介入に対する怒りの感情を抱きながらも、「一日でも早く子どもを引き取りたい」という気持ちから、児童相談所との継続的な話し合いにしぶしぶ応じることにした。

一時保護中には子どもの行動観察が行われたが、一時保護所での生活の様子を見る限りは、発達などに問題はなさそうであった。また、親子関係も悪くはないようであり、子どもは早く家に帰りたいと話していた。そのため、保護者に暴力や暴言を使わない子育てスキルを伝えるペアレント・トレーニングをベースに作成された保護者への心理教育プログラムを実施することで親子関係の修復を試み、早期の家庭復帰を目指すという援助方針が決定された。

(2) 介入的な文脈における保護者との関係性

子ども虐待への支援では、子どもへのアプローチだけではなく、保護者に対しても積極的に介入していくことが求められる。千賀（2017）によると、こうした介入的な文脈における支援者と保護者の関係性としては以下のものが挙げられる。

1) 対峙関係 子どもの保護など、保護者の意向に反した強権的な介入を行えば、強い反発が生じることは避けられない。保護者は脅しや腕力に訴えてくることもあるが、支援者は毅然とした態度で対応を行う。このように虐待行為をめぐって支援者と保護者が正面から対峙す

る関係性は，決してネガティブなものではなく，将来的には支援関係に移行可能なものである。

2）しぶしぶの相談関係　介入を受けた保護者は怒りや悲しみなどの感情を抱えながらも，子どもを返してもらうために仕方なく児童相談所に通所してくる。これは法的な強制力をもつ児童相談所特有の相談関係であり，これまで支援に拒否的で接触が困難であった保護者との継続的な関わりが可能になるため，今後の支援の糸口となりうる関係である。

3）偽りの相談関係　表向きは協力的だが，反抗を隠している関係性のこと。たとえば，前項の対応例で実施したような心理教育プログラムに対して，保護者は表面的には熱心な態度で参加し，家庭復帰後の定期的な家庭訪問など，提案された支援計画に全面的に同意する。支援者が「保護者は指導によく従っているから大丈夫」という誤った安心感をもってしまうと，子どもを危険にさらすことになってしまう。

4）不適切な依存関係　保護者が支援者に過度に依存的になり，親としての役割が果たせなくなってしまう関係性のこと。対峙的な文脈において，保護者からの「支援してほしい」というケアの求めは支援者にとって魅力的だが，保護者自身の問題に巻き込まれてしまうと，子どもの安全から焦点が外れてしまい，支援がかみ合わなくなってしまうことがある。

5）パートナーシップ　子どもの安全という共通のゴールに向けた協働的な関係性のこと。対峙関係から始まる子ども虐待への介入的アプローチでは，しぶしぶの相談関係を契機にその後の支援につなげていく必要がある。しかし，支援者の対応によっては，偽りの相談関係や不適切な依存関係に陥ってしまう危険性があるため，「させる」でも「してあげる」でもなく「共にする」というパートナーシップという関係性を重視した支援姿勢が重要となる。

(3) SC に求められる連携

　子ども虐待対応では，支援者同士の連携が必須である。一人のカウンセラーが一身に問題を引き受けるのではなく，専門性の異なる複数の支援者が協働し，多面的なアプローチを展開していくことが求められる。したがって，他機関や他職種の動きについて日ごろから関心をもつようにし，どのような段階で，どのような人が，どのような支援をしているのか，子ども虐待対応における支援プロセスの全体像を理解しておくことが重要となる。

　しかし，実際のところ，多くの SC は学校に常駐しているわけではなく，児童相談所も多忙をきわめていることから，ケースについて直接話し合う機会をもつことは決して簡単なことではない。たとえば，事例Ⅱのような一時保護が行われたケースについて，対応の経過などの基本的な情報共有さえも行われていない場合，学校側からすれば，突然，子どもが保護されて，すぐに家庭復帰となり，後始末を丸投げされたと感じるだろう。

　児童相談所の虐待ケースの内，施設や里親への措置に至るのは 5% 未満であることを鑑みれば，たとえ通告をしたとしても，ほとんどのケースは元の地域での支援を継続することになる。子どもの安心・安全とは簡単に保障されるものではなく，児童相談所の介入後にも地域で連続性のある支援を提供していくためには，学校との連携が必要不可欠であり，特に子どもへの心理的支援を行ううえで SC の果たす役割は大きいと思われる。したがって，今後は，児童相談

所と学校（教師およびSC）の双方が積極的にコミュニケーションをとる努力をするなどして，より連携を密にしてくことが望まれる。

引用文献

川畑　隆（2015）．児童虐待防止の専門技能　臨床心理学, 15(5), 602-606.
千賀則史（2017）．子ども虐待　家族再統合に向けた心理的支援―児童相談所の現場実践からのモデル構築　明石書店
Summit, R. C.（1983）．The child sexual abuse accommodation syndrome. *Child Abuse and Neglect*, 7, 177-193.
玉井邦夫（2007）．学校現場で役立つ子ども虐待対応の手引き―子どもと親への対応から専門機関との連携まで　明石書店

6

学校心理臨床で出会うさまざまな問題

　学校臨床の現場では本当にさまざまなケースに出会う。第Ⅳ部では不登校，いじめ，非行・問題行動，発達障害，児童虐待など，深刻さには程度の差はあれ，スクールカウンセラー（以下SC）がどこの学校に行っても必ず出会うであろうケースについて，これまで経験豊かな諸先生方がそれぞれの視点から論じてきた。本章ではまずそのほかのさまざまな問題について，出会う頻度が高いだろうと思われる自傷行為，LGBT，インターネット依存，強迫性障害，貧困家庭への援助などについて各論的にふれ，その後，学校という枠組みの中での援助について述べる。

●学校場面で出会う頻度の高い問題

(1) 自傷行為

　代表的なのはリストカットであるが，リストカットしたくてもできない子どもたちは，ときに定規で腕に筋を入れる，自身の体を爪でかきむしる，針で体を刺す等の自傷を繰り返す。また多くはファッション感覚からされる針で体に縫い目を作るボディステッチやピアスなども自傷的な要素を含むこともある。また，摂食障害や性非行も根幹にある病理には共通性があり，自身の体と人生を傷つける行為という点で，広義では自傷行為とする見方もある。筆者がカウンセリングの中で「痛くないの？」と聞いても，返ってくる答えはさまざまである。「まったく痛くない」むしろ「気持ちいい」「安心する」という答えの場合もあれば，「痛いけど，その痛さがいい」「痛いからこそ切るんだ」という場合もある。いずれにせよ，自傷行為の当事者は自分を傷つけることで自分を護ろうとしているというパラドックスを生きている。自傷行為の裏には無意識下で怒りや不安，無力感，空虚感など千差万別のメッセージが込められているが，多くの場合，当事者の意識上では失感情状態にある。自傷する人は希死念慮が強いと誤解されがちであるが，「死にたい」と口にして自らを傷つける彼／彼女らは実は切実に生を求めているのである。誰よりも「生きたい」と願っているのである。そして言葉にならないモヤモヤ感に苦しみ，死んでいるのか生きているのかわからない自分の身体感覚を確認するためにリストカットするのだ。流れる血を見て，「あぁ，私は生きてるんだ」と実感して安心するのである。この苦しみをSCがいかに理解し，周囲への通訳者になるかが対応の鍵になる。理解と対応については林直樹先生の『リストカット・自傷行為のことがよくわかる本』（講談社）が読みやすい。

　また，リストカットは時に伝染する性質がある。極端な話ではあるが，ある時気づいたらクラスの大半の女子がリストカットしていたということもある。男子生徒に喫煙が流行するのと

似ている。担任は動揺するかもしれないが，リストカットの行為そのものを制限しても大して意味も効果もない。むしろリストカットによって生徒らの課題があぶり出されたと考えるべきだろう。より一層彼女らの悲痛な声なき叫びに耳を傾け，抱えている辛さ，生きづらさに思いを馳せ，あなたたち一人ひとりがクラスの大切な一員であるということを伝え続ける必要がある。

他に発達障害生徒で自我解体を起こした場合に，パニックで頭を壁や床に打ち続ける子どももいるが，その種もここで論じると論点が拡散してしまうので，その解説は発達障害の稿に譲る。しかし事例を理解するうえで，発達障害のパニックと一般的に言われる自傷との鑑別は大切なのでここでもふれた。

(2) LGBT（Lesbian・Gay・Bisexual・Transgender）

近年，性のあり方の多様性が少しずつではあるが社会で認められるようになり，性的指向や性自認におけるマイノリティの人たちが生活しやすい環境を整えるための努力が学校にも求められるようになった。LGBT も発達障害と同じく，本来，集団に参加しなければほとんど問題ないにもかかわらず，社会という枠組みに適応しようとする時に困難を覚えるという，すなわち社会が創り出している障害であるという視点を忘れてはならない。また決して LGBT を一括りにしてはいけない。性的なマイノリティという意味で括られる LGBT の性的指向や性自認のあり方は非常に千差万別であるうえに，そのことを本人がどうとらえているかも個々によって異なる。学校では，名簿での扱い，呼称の問題，制服の問題，トイレの使用や更衣の際の部屋，部活動や修学旅行における配慮，その他さまざまなことが問題になる。彼／彼女らは，性的にマジョリティに属する人が普段気に留めないような日常的なことで，恥ずかしい思いをし，傷つき，悲しみを重ねて生きてきている可能性が高い。このこと自体がうつに代表される二次障害の下地となっているので，できることならばその予防に着目した援助ができるとよい。しかし，上に挙げたような問題について当事者の性自認に応じた支援がどこまでできるかは決して簡単ではない。本人や保護者の希望を深い共感をもってよくよく聴き，そのうえで学校が抱える物理的，状況的な制約の中でできることを関係者と一緒に模索していく努力を絶やしてはならない。より具体的な対応については保育社からでている『学校・病院で必ず役立つLGBT サポートブック』が詳しい。

(3) インターネット依存

昨今のゲームはとかく中毒性が強く作られており，特にオンラインゲームへの依存から抜け出せなくなっている男子生徒は多い。また四六時中周囲とつながれる SNS では，その便利さゆえに情報が目まぐるしく更新されていき，リアルタイムでついていかないとあっという間に取り残され，仲間集団から孤立してしまう。その恐怖から SNS から離れられなくなってしまうケースは女子生徒に多い。不登校など実際の生活破綻に行きつきやすいオンラインゲームに没頭する男子のほうが相談対象にはなりやすいが，ネットの病的利用の割合は女子のほうが高いという報告もある（大野ら，2016）。

いずれも一度依存してしまうと本人の意思でコントロールすることが難しい。ネット依存への対応は使用のルールを決めること，生活サイクルを立て直すことが原則だが，重度のケースでは親，教師といった生身の大人との関係性が破綻してしまっており，それゆえ，ネットの制

限は余計に本人の反発を招き事態を悪化させることも多い。不登校の男子生徒から無理やりゲームを取り上げようとした母親が，息子から非常に激しい暴力を受け，命の危険すら感じたという報告を受けた経験は一度や二度ではない。またスマホを取り上げられたことを理由に，「親を殺したい」と訴えた女子生徒もいた。このような激しい抵抗にあってまで機器を取り上げられる親は珍しいし，たとえできたとしても，子どもとの関係をより悪くしてしまう。結果，子どもは，隠れてネット環境をつくろうとする可能性が高い。それは時に親や他人の金を盗んでネットカフェに通うなどである。

そうならないようにSCとしては行動に焦点を当ててスマホ等の機器を取り上げればいいというのではなく，本人が周囲の大人に対する信頼感を取り戻せるように援助を組み立てる。そのためには自堕落な生活をしているどうしようもない奴と見るのではなく，低い自尊心や寂しさ，不安を抱えた子どものSOSからの行動であるという理解を周囲の大人に発信し，本人の心の世界との橋渡しを目指す。そのうえで病気としての理解を促し的確な治療機関への受診につなげられるとよいのだが，国内でネット依存症を診ることができる機関は多くはない。信頼できる機関がない場合にはSCが適切な本人理解に基づき援助を組み立てるしかないだろう。その際には本人の同意のもと，本人の意思で機器使用のルールをつくっていくのを援助する必要がある。

対応の詳細について，ネット依存症の外来を日本で最初に立ち上げた久里浜医療センターの樋口進による『ネット依存症から子供を救う本』（法研）を参照されたい。

(4) 強迫性障害

強迫性障害で代表的なものに不潔恐怖による洗浄強迫がある。何度手を洗っても，汚れているという観念が湧いてくるため，手を洗い続けるという儀式をすることで観念を打ち消そうとする症状である。このように強迫性障害は客観的に見たらあり得ないような強迫観念とその観念を打ち消すための強迫儀式がセットになっている。他にも家のコンロの火を消したかや，鍵を掛けたかが心配で何度も確認しに家に戻ってしまい，結果として出かけられなくなってしまう場合もある。筆者のクライアントには何度鏡で確認しても自分が禿げている気がして外に出られなかった高校生がいた。親にも何度も自分が禿げてないか頭を確認させていた。このような強迫観念は時に統合失調症の幻覚や妄想と誤認されることがあるが，統合失調症のそれは本人が本当にそう信じ込んでいるのに対して，強迫性障害では，強迫観念が間違いであるということは本人にはわかっている。それなのにどうしても不安になってしまいやめられないというのが特徴である。

学校場面では儀式をやめさせて良いのかということが議論になることが多い。確かに強迫性障害では儀式を行い，不安が一時的に低減する体験が，次に観念が湧いてきた時に同じ行動をとることを強化してしまうという悪循環を生んでいるので，儀式を止めさせる方向で治療が進められる。しかしだからと言って，学校でも押しなべて儀式を止めさせればよいというのは早計だろう。と言うのも治療場面では患者の治療動機に基づいて，儀式を止めることに合意を得たうえで，治療セッション前後の不安の計測などを含めて，計画的に枠の中で治療が進められる。このような配慮なしに「止めなさい」という指導をしても，児童生徒にとっては「わかってくれない教師」という認識にしかならず，結果として反発を生んでも儀式はおさまらないだろう。治療についての詳細は名古屋メンタルクリニックの原井宏明先生と岡嶋美代先生コンビ

が多数の良書を書いている。中でも『図解やさしくわかる強迫性障害』（ナツメ社）は治療のエッセンスが凝縮されており，わかりやすい。

また，岡嶋先生はその著書の中で「暇は強迫観念の呼び水になる」と述べている。それまで完全主義が強く，忙しく日常を過ごしていた人が急に何かの転機で暇になったり，抑圧されていた状況から安全な環境に変わったりすると強迫性障害の症状が出たという事例は多数報告されている。これは優等生の息切れ型で不登校になった子どもや虐待環境から保護された状況が当てはまる。不登校や虐待のケースの経過では頭に置いておくとよい。

(5) 子どもの貧困

貧困を主訴としてSCにつながってくるケースを筆者は聞いたことがない。しかし貧困は依然としてSCが頭に置いておかなくてはいけない問題である。というのも貧困そのものは心理的な援助によって解決される問題ではなく，福祉の領域で検討される課題であるが，たとえば，授業態度の悪さからSCにつながってくる児童生徒の背景に貧困があることは珍しくない。相対的貧困層では子どもの学習意欲は全体的に低く，そのため低学力，低進学率につながることがわかっている。また本人もしくは保護者の中にさまざまな精神的疾患を抱えているケースも多数あり，自ら援助を求めることができない家庭も多い。

子どもの生活環境に思いを馳せるうえで貧困の実態を肌で感じることができることは，援助をより深く心に寄り添ったものにしていくうえで重要である。貧困が子どもに引き起こすさまざまな問題の現状や対処法については『子どもの貧困ハンドブック』（かもがわ出版）に詳しく述べられている。

(6) その他の家庭的状況

両親の離婚や再婚，さらには家族との死別を経験した児童生徒もさまざまな2次的問題を抱えるリスクは高い。それらのインシデント直後に介入した場合にはそれらの話題が多くの時間を占めるカウンセリングになるかもしれないが，時としてかなり時間が経ってからカウンセリングにつながってくる児童生徒においては，そのような過去の喪失体験は語られないことも多い。しかしそのような場合にもその体験が児童生徒の心に深い傷となって残っていることは珍しくなく，喪の作業を念頭においた援助が必要となる。参考図書としては『悲しみに押しつぶされないために―対人援助職のグリーフケア入門』（大月書店）が役に立つ。

ここまで学校臨床現場において比較的出会う頻度が高い問題について列挙してきたが，上記の問題以外にも児童養護施設入所にまつわる児童生徒の不適応行動，レイプ被害もしくは加害，異常性行動，保護者の逮捕，クレプトマニア，虚言癖，殺人願望，複数人格が同居する解離性障害など，挙げ始めたらキリがないほどさまざまな主訴を抱えた児童生徒，もしくはその保護者がSCの前に姿を現す。また2016年4月に施行された障害者差別解消法を根拠とした合理的配慮の問題も今後は相談が増えていくと思われる。

しかもこれら多くの問題はどれも独立していないという点は押さえておく必要がある。たとえば生得的に発達に偏りがあり，その関わりの難しさから親から虐待を受け，基本的な信頼感を獲得できないまま成長した子どもが，あるときはいじめに関わり，またあるときは不登校になり，またあるときは非行，自傷などの行動で症状形成し，またあるときはさまざまな依存症

に陥っていくなどはむしろ必然であり，問題が独立して起こっていることの方が少ないのが実際の学校現場である。あまりに問題が多く複雑すぎて，援助者は「さてどこから手をつけたものか」と頭を悩ませるのである。

　これらの問題にどう向き合うかは個々のSCの得意不得意や依って立つオリエンテーションにより判断が分かれるところであろう。カウンセリングで支えていくのか，教員へのコンサルテーション中心に進めるのか，それとも学校外の医療機関等にリファーするのかなどである。もちろんこれらはどれか一つに絞るということではなく，併用しながら進められることも多い。またカウンセリングも傾聴を中心にするのか，積極的に治療的な介入をするのか，どこまで内容を深めるのが妥当なのか等の判断もしなくてはならない。

　ただどんな関わりをするにせよ，個々のSCが臨床心理学的理解に基づいて，それまで培った専門的技術と，なにより心を使ってそれぞれの事例に向き合うことが重要である。さまざまな問題に対しての基本的なノウハウや専門機関にリファーされた際の典型的な処遇などはある程度押さえておいた方が有利と言えなくもないが，その知識を効果的な援助に結び付けるには，基本的なことであるが，クライアントとのラポート形成が不可欠であり，そのために深い共感性をもった傾聴のスキルが求められる。

　しかし，それでも学校でできる援助には限りがあり，すべての問題に対して一人のスクールカウンセラーがその道の専門家として振る舞うには難しい側面を筆者は感じている。餅は餅屋に任せた方が美味いのは当然で，適切な見立てのもと，SCによる介入が難しいような場合や学校外での治療の方がより適切な場合には，しかるべき機関にケースをつなげていく努力も必要になってくる。

　その意味でSCの役割は医療でたとえるなら地域の小児科のクリニックに似ている。非常に雑多な困りごとを訴えるクライアントにとりあえず会い，見立て，機関連携を含めた適切な処遇をすることが求められる。

●学校という構造の中でのケースに対する立ち位置

　学校現場で出会う問題は多種多様であるが，SCが配慮しなくてはならないのは問題を呈している児童生徒にだけではない。職員室内での教員同士の力動の問題や，教員とSCの関係性の問題も児童生徒を援助するうえで配慮しなくてはならない重要な問題である。SCがどこまで，どのような形でケースに関与するのか，教員との役割分担はどうするのかという問題はいくつもの要因により左右されるのでモデルとして論じることが難しい。基本的に教員はSCにとって，ともに児童生徒に対して成長促進的な関わりを遂行する共同援助者である。SCがカウンセリングをし，理解したことを教員と共有していくのは基本中の基本となる。しかし建前上はそうであってもその通りいかないのが学校臨床の醍醐味と言ってもいいのかもしれない。と言うのも，教員のSCに対する見方もそれぞれであり，いつも好意的に接してくれる人ばかりではなく，また逆に過度にSCに依存してくる人もいる。他にもたとえば職員室内でセクハラ関連の噂の絶えない教員（これ自体あってはならないことだが，実際にあることは誰も否定しないだろう）と，児童生徒の性に関する繊細な話題を共有するのに抵抗を覚えることもある。状況は本当に多様であるが，どのケースについてもそれぞれSCと教員との関係性があり，それによって援助の構造が変わってくるので，留意が必要である。

ここでは特に教員との協働関係を築くのが難しいようなケースについて述べる。たとえば，明らかに学級運営が上手くいっておらず，周囲に心配されているクラスの担任とケースについて話そうとしても「大丈夫です」という言葉で拒否されてしまうような場合や，「カウンセリングって何なんですか。何も変わらないじゃないですか」と責められるような場合である。筆者もこの様な経験は一度や二度ではないわけだが，振り返ると多くの場合，その背景に教員の無力感があることがわかる。一生懸命に関われば関わるほど，上手くいかないケースにいら立ち，そんな自分に傷ついているのである。

　吉井・山下（2008）は教員はSCの専門的な立場からの話を聞くことに関しては抵抗感が少ないが，自身の教員としての無力感から援助を求めるような場合には抵抗が強くなると述べている。そのようなときに上手くいかない原因をその教員の専門家としての未熟さや，ましてや個人の特性に帰結させるようなコンサルテーションは厳に慎まなくてはならない。むしろ教員の努力や専門性に最大限の敬意を払い労いの姿勢で臨むべきである。

　そのうえで，SCの活動はすべて基本的に現場の要請に従って行われる。誰かが何かについて困っており，このままではいけない，何とかしないといけないと認識している状態を事例性があると言うが，事例性があると認識している人が援助の対象になるのである。そうでないケースに押しかけで介入してもまず失敗に終わるだろう。たとえ潜在的に認識していたとしても，意識下で否定しているような場合も同様である。教員の感じている無力感に胸を痛め，最大限労いながらも実際の行動としては事例性を共有できる対象を援助していくことになる。児童生徒本人にカウンセリングを行うのが直接的な援助なら，保護者へのカウンセリング，担任へのコンサルテーションは間接的な援助になる。それすらもできないときには学年主任や管理職など児童生徒からさらに遠い対象に援助するしかない場合もある。ケースごとに立てる立ち位置は変わってくるのである。そのことを意識しつつ担任の立場を最大限尊重し，学校現場という構造をよく理解したコンサルテーションに留意する必要がある。

　ここまで学校現場で出会うさまざまな問題を取り上げてきたが，児童生徒や保護者，教員，誰に相対するときも，個人臨床の時と同じく，謙虚さをもって誠実に関わり，かつ自分と援助対象との距離を常にモニタリングしていくことが大切である。

引用文献

原井宏明・岡嶋美代（2012）．図解やさしくわかる強迫性障害　ナツメ社
はたちさこ・藤井ひろみ・桂木祥子（編著）（2016）．学校・病院で必ず役立つLGBTサポートブック　保育社
林　直樹（監修）（2008）．リストカット・自傷行為のことがよくわかる本　講談社
樋口　進（監修）（2014）．ネット依存症から子どもを救う本　法研
松本伊智朗・湯澤直美・平湯真人・山野良一・中嶋哲彦（編著）（2016）．子どもの貧困ハンドブック　かもがわ出版
水澤都加佐・スコット・ジョンソン（2016）．悲しみにおしつぶされないために―対人援助職のグリーフケア入門　大月書店
大野志郎・天野美穂子・堀川雄介（2016）．中学生のインターネットの利用状況と依存傾向に関する調査　総務省情報通信政策研究所
吉井健治・山下一夫（2008）．教師へのコンサルテーション　村山正治（編）臨床心理士によるスクールカウンセリングの実際―コラボレーションを活かす時代へ―　至文堂　pp.111-120.

7

学校危機への緊急支援

　現在，学校危機への緊急支援はスクールカウンセラー（以下SC）の重要な役割の1つとなっている。決して容易ではないが，学校で勤務するSCが必ず対応できなければならない心理臨床である。

　学校危機が生じた際に，子どもたちに対するいわゆる心のケアを行うことへの社会的なニーズは高い。各種報道においても災害や事件後にSCの緊急配備がされたといったことが報じられることも多い。

　学校危機はSCがいつかは遭遇するものであり，緊急支援はその学校に勤務するSCとして必ず求められるものである。本章ではそうした学校危機への緊急支援についての概説を述べる。

●学校危機とは

　そもそも学校危機とは，どういったことを指すのか。窪田（2017）によると，学校危機とは，構成員の多くを巻き込む突発的で衝撃的な出来事に遭遇することによって，学校コミュニティが混乱し，本来の機能を発揮できない状態に陥ることと定義される。

　では，そうした学校危機をもたらす出来事にはどういったものがあるのか。代表的なものとして子どもの自殺・自殺未遂，管理内外の事件・事故による子どもの死傷，教師の不祥事，教師の突然死，自然災害，子どもの加害事件，地域で生じた大きな事件などが挙げられる。これらは，子どもや教職員といった学校コミュニティの構成員が強い恐怖や喪失を経験するものであって，突発的に起こり，通常の対処方法のみでは対処が難しい事態である。

　こうした学校危機はめったに起こらないもので，自分には関係ないことだと思う人もいるかもしれない。だが，筆者らのグループが行った2つの調査では，そうではないという結果が得られている。A県内の小・中学校の教師3,507名に対して2011年に実施した調査では，927名（26.4％）の先生方が過去10年の間に何らかの危機を経験したということであった（樋渡ら，2016）。また2015年に，B市の全小・中学校の教職員を対象にした調査においても，回答者2845名のうち，994名（34.9％）が，何らかの危機を経験したという結果であった（窪田ら，2016）。どちらの結果においても約3割の教師が危機を経験しており，学校における危機が決して稀なことではなく，非常にありふれたものであることがわかる。

　Brocks et al.（2001）は，学校危機が「自分には関係ないことだ」「ここで起きるはずがない」という神話があるために，事件・事故が起きるまで対策を考えない学校がアメリカでも多いと述べている。危機が起きないように予防していくことは当然必要ではあるが，どんなに優れた予防策でもすべての危機を予防することはできない（Brocks et al., 2009）。そのため，学校危

機への緊急支援については，日ごろから準備を怠らず備える必要があるのである。

●学校危機によって起こる個人・集団の反応

　危機に遭遇したとき，学校ではどういうことが起きるのか。大きく分けて，個人の反応と集団の反応がある。
　個人の反応としては，以下の3つのストレスが関係してくる。
　①自分も同じような危険にあうかもしれない，またはあっていたかもしれないという恐怖に関わるストレス（外傷後ストレス）。
　②大切な級友や先生がいなくなったことによる喪失に関わるストレス。
　③事件・事故，災害によって日常生活が変化したことによるストレス。
　こうしたストレスから感情面，身体面，認知面，行動面での反応がでる。不安，イライラ，不眠，疲労感，集中困難，落ち着きのなさといった一般的なストレス反応はもちろん，強い恐怖，フラッシュバック，過敏さ，回避的行動といったトラウマ反応まで，その反応は多岐にわたる。当然のことではあるが，子どもたちだけではなく，子どもを支える教職員，保護者も同様に影響を受ける。
　ただ，危機に遭遇した直後にこうした反応が出ることについては，ある程度自然なことである。「異常な状態における正常な反応」と言うべきことで，こうした症状の多くは時間とともに自然と消失していく。そのため，日常生活を阻害するような大きな反応を除き，こうした早期の反応のすべてを問題視し，病理化して扱うことは望ましくない。こうした反応に対して第一に行うこととしては，反応が起きることは自然なことであると説明し，対処の仕方を教えることである。
　また，忘れてはいけないこととして，支援者であるSCにも同様の反応が出るということがある。特に当該校SCには「事件の徴候に気づけなかった」「事故を防ぐために何かできていたのではないか」といった強い自責感や自分が知っている子どもが事件に関わっているショックが出ることもわかっている（樋渡ら，2015；山田ら，2015）。支援者であるSCのケアもまた考えておかねばならない。
　次に集団の反応についてであるが，学校コミュニティ集団に起きやすいこととして，人間関係の対立，情報の混乱，学校が抱えていた問題の顕在化の3つが挙げられる。
　まず人間関係の対立についてであるが，事件や事故に遭遇した学校では人間関係の対立が起こりやすくなる。もともとあった対立がより激しくなることも多い。数名の間で生じるものから，学校コミュニティが分断されるものまで，対立の規模や対立の形はさまざまである。その背景としては，自分と違った反応をしている他者が受け入れられないことや，事件・事故の責任を他者に転嫁することがある。「自分と同じように悲しまない（怒らない）あいつはおかしい」，「あの人のせいだ」といった思いから対立が生じていく。こうした対立の中には，危機に対する反応の多様性について心理教育することで防げるものもある。
　次に情報の混乱についてであるが，正しい情報に基づいて行動することは事件・事故後の対応において非常に重要なことである。ただ，事件や事故に遭遇した学校では情報の混乱がしばしば起こる。その結果として，学校の混乱がさらに大きくなることがある。情報の伝達が正しく行われないことや，うわさ（デマ）の拡散によって，不適切な対応が行われたり，新たな傷

つきが生じることによって，人間関係の対立がさらに大きくなることもある。

学校が抱えていた問題の顕在化とは，それまで学校が抱えていた問題が事件・事故で学校の機能が低下することによって顕在化することである。

以上のような個人・集団の反応によって，二次的な被害が生じることがある。人間関係の対立や情報の混乱などによる傷つきや深刻なトラブル，事件・事故の影響を受けた子どもへの不適切な対応によって状態を悪化させることなどが起きてしまうのである。そして，そうした二次被害は学校コミュニティの機能をさらに低下させることとなり，悪循環に陥ってしまうこともある。

学校が事件・事故・災害に遭遇することというのは，個人だけではなく，学校コミュニティ全体に影響が出るのである。そのため，二次的な被害を予防するためにも学校コミュニティを対象とした緊急支援が必要となる。

●緊急支援とは

緊急支援とは，急性ストレス反応への対応と二次被害の予防を組織的に行うものであり，学校コミュニティの機能を回復することへの後方支援活動のことを言う（福岡県臨床心理士会，2001）。緊急支援の目的は，危機に遭遇して一時的に混乱に陥った学校コミュニティの機能の回復および促進を支援することにある。

その目的を達成するため緊急支援の内容として大きく以下の3つのことが行われる。

(1) 情報共有と情報の統一化

（当事者や保護者の了解のうえで）出来事についてのできるだけ正確な情報を共有する。情報がないことによる不安や噂の蔓延を防ぐ。関係者で検討して決定した内容について，全校集会や保護者会などの場を通して，同じ内容を一貫して伝えることが重要である。

(2) 心理教育・ノーマライゼーション

危機的な出来事を体験した際のストレス反応と対処方法についての情報提供を行う（心理教育）。自分自身に起こっていることが，突然の危機に遭遇すると生じる「異常な事態への正常な反応」と知ることで，多くの健康な人は落ち着くことができる。また，身近な人の反応に対する理解ができるようになることで，その人に適切に接することができるようにもなる。

(3) 表現の機会の保障

出来事についてのありのままの気持ちや考えを表現する機会を保障する。無理に気持ちを抑え込んでしまうことなく周囲と気持ちを分かち合えるようにする。ただし，これはあくまで表現の機会を保障するということであり，無理に表現させることではない。

具体的なプログラムは，教職員対象として，支援プログラム全般への助言・提案，職員研修，心理教育，コンサルテーション，教職員へのカウンセリング，情報収集・情報共有といったものが挙げられる。そして，子ども対象として，心理教育，アンケート，カウンセリングがあり，保護者対象として保護者向けの説明，文書作成，個別対応が挙げられる。これらのプログラム

はすべて同じように行われるというわけではなく，事案の性質や子どもの発達段階に応じて柔軟に修正されて実施されることとなる。

なお，子ども対象に行うアンケートはスクリーニングや調査を目的としたものではなく，あくまで心理教育ならびに表現の機会の保障，ソーシャルサポートの構築を目的としたものである。そうした目的があるため，アンケート実施前後には担任教師による全員面談，ストレスマネジメント授業などのフォローアップを可能な限り入れるようにしている。

また，子どもの全員面談の実施者が担任・副担任といった日常的に関係がある教員が想定されている理由としては，表現の機会の保障とともに子どもと教員のソーシャルサポートの促進を行われるようにということである。

過去の事件・事故や災害においても多く批判が出ているアンケートのやりっぱなしや，過度に頻回にアンケートを実施するようなことは避けなければならない。冨永（2014）も「調査のためのアンケート」と「心理教育のためのチェックリスト」を専門家が区別することの大切さを指摘し，セルフケアを促進する心理教育のためのチェックリスト（アンケート）を推奨している。

●緊急支援の実際例

ここでは，こうした支援が具体的にどのように行われるのかについて架空の事例をもとに紹介する。当然のことであるが架空の事例であり，依頼経路，支援内容などは，地域や事案，学校の様子などによって大きく変わる。また，紙幅の関係上，大まかな部分しか記述していない。

（1）（架空事例）下校時の交通事故によって児童が亡くなる

X年Y月Z日事故発生。放課後，下校していた5年生児童が横断歩道で車と衝突。轢かれた児童は死亡。学校の近くで発生したため，学年をまたいだ複数の児童が事故を目撃していた。

（2）支援の開始まで

事故当日の夕方，管轄の教育委員会から当該地域の臨床心理士コーディネーターに緊急支援の要請が入る。学校，教育委員会との協議のもと，当該校SCを含む3名の臨床心理士チームで支援が行われることとなった。

（3）支援1日目

Z＋1日の早朝，管理職，教育委員会指導主事と臨床心理士チームで緊急支援の打ち合わせが行われた。そこでは，臨床心理士チームのチームリーダーが中心となって，事故の概要，子どもたちや教職員の様子，亡くなった児童と関係が深い児童や目撃児童の名前などの情報の確認が行われた。また，子どもたちへの事故の伝え方，質問への答え方などの情報の統一化や支援プログラム実施の流れの検討も行われた。

その後，緊急の職員会議を実施する。まず，チームリーダーから臨床心理士チームの紹介と緊急支援についての説明が行われた。続いて資料を配布して，子どもたちの反応，子どもたちの反応への対処方法についての心理教育が行われた。職員会議の雰囲気は重たく，担任教諭の疲弊が大きい様子であった。

1時間目,臨時の全校集会で校長から子どもたちに事故についての説明が行われた。その後,各クラスで担任から改めて事故の説明がなされ,そこで「こころの健康調査票」アンケートが実施された。「こころの健康調査票」については,子どもたちの発達段階や事案に沿うように事前に臨床心理士チームが文言や表現など項目の修正を行っている。そして,その「こころの健康調査票」をもとに,各担任によって児童一人ひとりとの面談が行われた。亡くなった児童の担任に対しては,面談の負担の大きさを考えて,別の教諭が交代を申し出たが,本人の強い希望により実施することになった。臨床心理士チームは子どもたちの様子を観察するとともに,「心の健康調査票」のチェックを行っている。

 放課後,「心の健康調査票」の記載内容,面談時の様子について,それぞれの担任に確認しながら子どもたちの対応のコンサルテーションを実施した。事故を目撃した子どもたちが前日怖くて寝られていないこと,亡くなった児童と仲が良い子が自分のせいだと泣き続けていたこと,事故の場所を通学路にしていた子どもが怖がっていることなど,多くの気になる子どもたちの情報が挙げられていた。そうした子どもたちを翌日,臨床心理士が面談することとなった。

 その夜,緊急保護者会が開催されている。校長からの事故についての説明の後,臨床心理士から子どもたちが示す反応の説明と,子どもへの対応についてのお願いがなされている。

(4) 支援2日目〜

 前日に抽出された子どもたちに対し3名の臨床心理士がそれぞれカウンセリングを行った。そのカウンセリングの結果から,さらにフォローが必要な子どもがいるかどうかを検討した。今回は事故を目撃したために強い恐怖反応を示している子どもと,自分を責めている子どもが,継続して対応が必要と判断された。

 臨床心理士チームの緊急支援はこの日で終了となり,継続支援が必要と判断された子たちは当該校SCがカウンセリングを行うこととなった。

●緊急支援におけるSCの役割

 架空の事案であるが,緊急支援についての例を紹介した。この例を見てもわかる通り,緊急支援におけるSCの大きな役割は教職員のバックアップである。子どもたちを直接支えるのは教職員と保護者であって,そこをバックアップすることでコミュニティの機能を回復させていく。

 こうした緊急支援は当該校SCだけで良いのではないかという疑問もあるが,前述したように当該校SCもまた出来事によって大きな影響を受けていて,冷静に対応できない場合もある。また,学校危機対応は児童生徒全体に対して行う必要があり,どれほどのベテランであっても一人で対応することには限界がある。緊急支援はチームで行うことが望ましい。

 チームにおける支援者間の役割分担についてであるが,外部から派遣されてくる臨床心理士は管理職や教育委員会とのやりとり,支援プログラムへの助言といった学校全体への支援を中心になって行う。そして,当該校SCは,日ごろの様子などの情報を外部の臨床心理士に伝えるとともに,長期的ケアの担い手として支援を行うのが望ましいだろう。当然ではあるが,役割分担はこの限りではない。

●緊急支援の際の留意点

　緊急支援を行ううえでの留意点は数多くあるが，事案の見立て，学校コミュニティの見立てと個人の見立てに留意することは重要なことである。ここではそれぞれについて簡単にふれるが，詳しくは窪田（2017）を参照してほしい。

　事案の見立てが必要な理由は，当然ではあるが事案によって受ける影響は異なるためである。自殺事案と教師の不祥事では学校コミュニティの反応は異なったものとなる。事案が予測可能なものだったのか，目撃者がどのくらいいるのか，死亡事案かといったことも学校コミュニティの反応に影響を与える。

　また，学校コミュニティの見立ても行う必要がある。過去に遭遇した事案，日ごろの教職員の人間関係など，もともとのコミュニティの様子によっても学校コミュニティの反応は異なったものとなる。

　そして，個人を見立てるうえにおいて配慮が必要なハイリスクな構成員は以下の4つである（Brock et al., 2009）。

①情緒的な近さがある構成員。亡くなったり重篤な被害を受けたりした子どもと関わりが深かった人たち（当該学級，部活など）。
②物理的な近さがある構成員。事件・事故を目撃したり，現場の近くにいた人たち。
③時間的な近さがある構成員。当該事案とは無関係に，近い過去に他の被害や身近な人の死などを経験している人たち。
④もともと不安定で学校適応が難しかった人たち。

　特にまったく無関係に思われる構成員が③や④といった事情で大きく動揺することがあるので注意が必要である。

●学校危機が起きる前に準備すべきこと

　学校危機に対して適切に緊急支援を行うためには，学校危機が起きる前に日ごろから予防や準備を行っていくことも重要となる。予防的活動としては他章でふれられているため，ここでは準備についてふれる。学校危機に対して日ごろから準備すべきことは主に以下の3つである。

（1）緊急支援システムの構築

　学校危機に対して適切な緊急支援を行うためには，SC組織内やSC組織と教育行政とで，事前に緊急支援システムを構築することが必要となる。

（2）緊急支援の訓練

　多忙な学校においては実際には難しいが，避難訓練と同じように学校危機に対する緊急支援の訓練ができると理想的であろう。

（3）緊急支援の研修

　学校危機後に適切な緊急支援が行われるためにも日ごろから研修を行うことが重要である。SCは当然であるが，学校の教職員対象にも研修が行われることが必要である。これまでの

研究からも，緊急支援の研修によって，緊急支援時の見通しをもつことができ，緊急支援を行うことに対する不安が減少することがわかっている（山下ら，2015; 山下ら，2016; 山田ら，2015）。

こうした危機発生以前の準備によって緊急支援が円滑に行われるようになるため，日ごろから危機に備えておく必要があるのである。

また，こうした準備に加えて，子どもや教職員と日ごろからしっかりと関係をつくっておくことも緊急支援の時には大きく役立つ。日ごろから，声をかけたり，話しかけて関係をつくることはSCとして当然やるべきことであるが，そうしたことが学校危機時の緊急支援を円滑に進めることにつながるのである。混乱状態にある中において，日ごろから関係がもてているSCの存在が安心感を生み支援が円滑になるのである。

●緊急支援の課題

ここまで緊急支援についての概要を述べてきたが，最後に緊急支援が抱える課題について述べる。

学校危機に対する緊急支援について，これまでレトロスペクティブ研究ではコミュニティの回復に寄与しているという効果が示されている（樋渡ら，2016）。ただし，高いエビデンスレベルでの効果はまだわかっていない。また，個別の介入の効果についてはレトロスペクティブな研究であっても明確になっていない。これは日本に限らず世界的にもそうである。現在，心的外傷に対する早期介入に対するコンセンサスは存在しない。専門家によって広くその有効性が支持されているものにPsychological First Aidがあるが，効果検証が乏しく十分な科学的エビデンスが欠如していると指摘されている（Jeffrey et al., 2012）。緊急支援については，さらに研究を進めていく必要がある。

また，緊急支援体制にも課題がある。全国の臨床心理士へのアンケート調査から，バックアップ体制がなかったことや，一人で緊急支援を行わなければならなかったため支援が困難であったという意見が見られている（樋渡ら，2015）。支援が効果的に行われるような体制整備が求められる。

そして，当然ではあるがSC自身の研鑽も求められる。同じアンケート調査から，SC自身の知識不足や能力不足で支援が困難であったとの記述も見られている。適切な緊急支援が行えるように，研修等を通して日々の研鑽を続けていく必要があるのである。

引用文献

Brock, S. E., Nickerson, A. B., Reeves, M. A., Jimerson, S. R., Lieberman, R. A., & Feinberg, T. A. (2009). *School crisis prevention and intervention: The PREPaRE model*. Bethesda, MD: NASP Publications.

Brock, S. E., Sandoval, J., & Lewis, S. (2001). *Preparing for crises in the school: A manual for building school crisis response teams* (2nd ed.). New York: Wiley.

福岡県臨床心理士会（2001）．学校における緊急支援の手引き　福岡県臨床心理士会

樋渡孝徳・窪田由紀・山田幸代・向笠章子・林　幹男（2016）．学校危機時における教師の反応と臨床心理士による緊急支援　心理臨床学研究，34, 316-328.

樋渡孝徳・窪田由紀・山田幸代・向笠章子・林　幹男・山下陽平（2015）．臨床心理士アンケートに見る学校危機への緊急支援の実際(2)―支援を行う上での臨床心理士としての困難―　日本心理臨床学会第34回秋季大会

Jeffrey, H. F., Frederick, M. B., Judith, B., Francesco, A., Jonathan, L. E., & David, M. (2012). The effectiveness of psychological first aid as a disaster intervention tool: Research analysis of peer-reviewed literature from 1990-

2000. *Disaster Medicine and Public Health Preparedness*, **6**, 247-252.

窪田由紀（2017）．学校コミュニティの危機　福岡県臨床心理士会（編）　窪田由紀（編著）　学校コミュニティへの緊急支援の手引き　第2版　金剛出版　pp.15-37.

窪田由紀・樋渡孝徳・山下陽平・山田幸代・向笠章子・林　幹男（2016）．学校危機遭遇体験と教師の危機対処効力感，危機後成長の関連(1)―調査の概要と教師の学校危機遭遇体験の実際―　日本教育心理学会総会発表論文集，467.

冨永良喜（2014）．災害・事件後の子どもの心理支援―システムの構築と実践の指針　創元社

山下陽平・窪田由紀・樋渡孝徳・山田幸代・向笠章子・林　幹男（2015）．学校コミュニティの危機への支援者養成プログラムの検討―臨床心理士研修の実際―　日本心理臨床学会第34回大会発表論文集，652.

山下陽平・窪田由紀・樋渡孝徳・山田幸代・向笠章子・林　幹男（2016）．学校コミュニティの危機への支援者養成プログラムの検討(2)―プログラム内容の違いによる研修効果の比較―　日本心理臨床学会第35回大会発表論文集，608.

山田幸代・窪田由紀・樋渡孝徳・向笠章子・林　幹男・山下陽平（2015）．学校危機への臨床心理士による支援の実態(3)　緊急支援に関する研修について　日本教育心理学会総会発表論文集，505.

参考文献

学校コミュニティ危機と心の支援プロジェクト　学校コミュニティ危機への心の支援―予防・準備から事後対応まで―　http://kinkyusien.info/（2018年2月19日取得）

V 学校心理臨床の実践的展開②
予防啓発的な活動

　学校における予防啓発的な活動としてはどのようなものが考えられるのか？　その中でスクールカウンセラーはどのような役割を果たすことが求められているのだろうか？
　ここでは，チーム学校に向けて今後ますますスクールカウンセラーへの期待が高まると考えられる予防啓発的な活動について，さまざまな心理教育の実際とそこでのスクールカウンセラーの役割について検討する。

1
学校心理臨床における予防啓発的活動

●予防啓発的活動とは何か

　みなさんは「予防」という言葉を聞いてどのようなイメージをもつだろうか。
　身体面のことに関する予防といえば，一番身近に感じられるのが風邪の予防だろう。風邪の予防といえば，うがい，手洗い，マスクをすることなど，さまざまなことが頭の中にイメージされるだろう。端的にいえば，風邪にならないように，もしくは風邪にかかる可能性を少なくするようにできることを考えるのが予防である。虫歯にならないための予防教室なども，自治体や学校ぐるみで大きく展開されているところが多い。
　しかし，心理面の問題への予防というと何をすればよいか，パッと思い浮かぶ人は少ないのではないのだろうか。同じように子どもたちも，心理面の問題への予防として何をすればよいか，何が大切かを思い浮かべられる子はそれほど多くないだろう。最近では，ストレスを減らすためにどうすればよいかといった話題を中心に心理面，メンタル面の予防やケアに関する話題もメディアで多く扱われ，一般的に語られるようになったが，身体面での話題と比較すると，より一層の啓発が求められる。また，風邪や虫歯の予防もそうだが，身体面のことに関する予防は，常に最新の研究の知見をもとに予防の常識が更新されている。山崎・内田（2014）も学校予防教育の普及の過程を論じる中で指摘しているように，心理面の問題への予防も常に最新の研究の知見をもとに予防されるべきである。
　2017（平成29）年9月16日に施行された公認心理師法のなかで，公認心理師の行う業務が定められているが，その業務の中でも，「心の健康に関する知識の普及を図るための教育及び情報の提供を行うこと」が明記されており，心理の専門職に就くものにとって，最新の研究の知見を踏まえたうえで予防啓発的な活動を行うことは非常に大切な仕事である。
　それでは学校の中で，どのように予防啓発的な活動に取り組んでいけばよいだろうか。学校場面の問題を思い浮かべると，いじめ，不登校，非行など，本書でも取り上げられているさまざまな問題が考えられるが，そのような問題行動も予防の対象となると考えられる。また，ネット依存や抑うつなどへの予防を考えることも重要である。このような問題を減らしていくために，もしくは起こったときに対処できる力を育むために普段からできることが予防であろう。心理面，メンタル面でもさまざまな問題が起こる可能性がある以上，風邪と同じくらい，予防啓発的な活動は非常に重要なのである。

●3段階の心理的援助サービス

　学校心理臨床の中での予防的啓発活動を考えるうえで参考になるのが，石隈（1999）による

心理教育援助サービスの考え方である。石隈（1999）は，コミュニティ心理学の3段階の予防的介入モデルを援用して，心理教育的援助サービスを一次的援助サービス，二次的援助サービス，三次的援助サービスの3段階に分け，状況に応じた援助サービスを行うことの重要性を説いている。

一次的援助サービスとは，「すべての子ども」を対象にどの子どもにも必要な対人関係能力や学習スキルなど基礎的な能力を促進するものである。後でも述べるが，ソーシャルスキルトレーニングや感情マネジメント，ストレスマネジメント教育などの心理教育をひろめることはこの一次的援助サービスにあたる。次に，二次的援助サービスとは，問題をもつ危険性が高いというような「一部の子ども」を対象に早期発見・早期介入を目指したものである。そして，三次的援助サービスとは，不登校，いじめ，非行など重大な問題をもつ「特定の子ども」を対象に行う，いわゆる治療的な援助である。

この3段階の心理的援助サービスの考え方のように，子どもたちへのアプローチが多層的に行われるシステムを整えることが，いわゆる問題を起こりにくくし，問題が起こったときにも対処できる力を育てる予防啓発的活動につながっていくと考えられる。

●生徒指導の中での予防啓発的活動

学校の中での予防啓発的活動を考える時に重視したいことが，わが国で行われている「生徒指導」をどうとらえるかである。生徒指導は，古くからわが国の学校教育の中に根づく活動であるが，筆者は学校の生徒指導力を高めることこそが，子どもたちの心理面での問題への予防につながると考えている。学校心理臨床の現場に関わるうえでは，心理の専門職も生徒指導の観点をもつことは非常に重要である。

「生徒指導」と言われると，「問題行動を指導する」といった狭い意味でとらえられる方も多いかもしれない。しかしながら，実際は生徒指導はより広い意味をもつ。生徒指導提要（文部科学省，2010）によると，生徒指導とは「一人一人の児童生徒の人格を尊重し，個性の伸長を図りながら，社会的資質や行動力を高めることを目指して行われる教育活動のこと」であり，教育相談も中に含まれている（図1-1参照）。先に紹介した心理教育的援助サービスの考え方と照らし合わせて考えると，生徒指導の中には3段階の援助サービスのすべてが含まれていると考えてよいだろう。

生徒指導の中に含まれる予防啓発的な要素について理解するためには，生徒指導提要をひもとくことが重要であると考える。生徒指導提要は，2010（平成22）年に生徒指導に関する

図1-1 生徒指導と教育相談（山下，1999から作成）

学校・教職員向けの基本書としてまとめられたものであり，生徒指導の重要なポイントが整理されている。本章では，その一部を紹介しながら，生徒指導に含まれる予防啓発的活動について述べる。

まずは，一次的援助サービスにあたると考えられる内容から述べる。生徒指導提要の中には，「問題を未然に防ぐ（予防的）教育相談の進め方」という項があり，「何も生じていないときの働きかけの大切さ」が述べられている。特に，「コラム（発達促進的・開発的）教育相談という考え方」で記されている内容が非常に参考になる。このコラムでは育てる教育相談のポイントとして，「学級の雰囲気づくり」「帰属意識の維持」「心のエネルギーの充足」「児童生徒理解へのかかわり」「学習意欲の育成」「学業へのつまずきへの教育相談的対応」「教員の指導性」が挙げられており，その内容について解説されている。それぞれの項目について生徒指導提要に述べられていることを，筆者が少し短めにまとめたものを表1-1に示すので，参照されたい。

表1-1　育てる（発達促進的・開発的）教育相談のポイント（文部科学省，2010をもとに作成）

学級雰囲気づくり	子どもたちにとって適切な学級の雰囲気作りを目指す。
帰属意識の維持	子どもたちが学級に居場所があることを大切にする。
心のエネルギーの充足	心のエネルギーが満たされていない子どもにとっても，学校に来ればエネルギーが補充されるように心がける。
児童生徒理解へのかかわり	どのような行動にも「そうせざるを得ない」理由があるという前提で，子どもたちへの理解を図る。
学習意欲の育成	暖かく楽しい学級の雰囲気や教員の見守り，心のエネルギーの充足，社会的能力の獲得，授業の工夫など。
学業へのつまずきへの教育相談的対応	教科学習のつまずきを把握し，学習スキルの獲得の程度や，学業の背景にある心理的背景や家庭環境を把握する。
教員の指導性	「生徒を無批判に受け入れる」のではなく，時にリーダーシップを発揮し，児童生徒の先頭に立ってモデルを示す。一方で，カウンセリング的配慮をもって接することもする。

また，二次的心理教育援助サービスにあたるものとして，児童生徒の不適応問題に早期に気づく，いわゆる「心の危機サインに気づく」ためのポイントも生徒指導提要の中でまとめられている。具体的なポイントとしては，学業成績の変化，言動の急変化，態度，行動面の変化，身体に表れる変化，児童生徒の表現物，その他（日常の教員や保護者とのよい関係）が挙げられている。子どもの心の危機サインに気づくのは簡単なことではないかもしれないが，子どもたちの変化を「理由なく起こるものではない」ととらえることで随分ととらえやすくなるだろう。

生徒指導提要からは離れるが，井上（2011）は，クラスの子どもたちの欠席状況や欠席理由を把握することの重要性を指摘し，著者が関わっているプロジェクトで「明らかな病欠以外での欠席や，月3日以上の断続的な欠席については家庭訪問をすることを推奨している」と述べている。変化が起こっている理由を把握して，早期に子どもにアプローチすることで，

大きくなってしまうと解決が難しい問題も解決することにつながるのである。また，和田・小倉（2016）は，小学校から中学校への移行の時期の学校適応感に着目し，小学校時点での中学入学への期待感や不安感を把握し，まずは小学校時点での適応感を高めることを提言しているが，小学校・中学校それぞれでスムーズな移行がなされるための工夫を教育活動の中で行うことも大切な予防の一つであろう。

このように生徒指導提要で述べられているポイントを整理していくと，学校心理臨床の現場でスクールカウンセラー（以下 SC）などの心理の専門家がすべきことも見えてくる。たとえば，学級雰囲気作りや帰属意識の維持のためには，グループエンカウンターやピア・サポート活動が有効であろう。このような活動を SC が，学校の先生と一緒に実施することは，生徒指導上にも大きな意味をもつ。また，心の危機サインに気づくためには，実態調査や子どもの行動観察を行う必要があり，学校で実態調査や行動観察を行う際には，SC が教員へのコンサルテーションを行うことも有効であろう。さらに，発達障害や精神障害などについての最新の知見について教職員研修などを行うことも，子ども理解を促進し，適切な生徒指導・教育相談を行ううえで重要である。

●学業へのつまずきから心理面での問題を予防する

生徒指導提要にも記されており，多くの研究から指摘されているように，学業面でのつまずきが，心理面での不適応につながっている例が多い。学業面でのつまずきを抱えた生徒が自信をなくしてしまったり，学校に足が向きにくくなったりする例も少なくない。以下に，学業面でのつまずきから心理面での問題に至ることへの予防的な介入を行った事例を紹介する。

> **架空事例　学業のつまずきからカウンセリングに訪れた子どもへの対応**
>
> A さんは小学校 2 年生になったばかりの頃，母と一緒に SC のところを訪れた。母の困りごととしては，宿題にとにかく時間がかかり，教えるのが難しいとのことだった。そして，「そんなに心配するほどのことではないかもしれないですが…」と言いながらも，「最近 A が宿題をやっているときに泣きながら『私どうせ馬鹿だから』という言葉をよく使うのがすごく気になるんです」と語られた。まずは A さんの学び方を把握するために，知能検査をうけることをすすめた。A さんは，知能検査に積極的に取り組み，家でも楽しかったと繰り返していたという。
>
> 知能検査の結果をふまえ，A さんには何が得意か，困ったらどうすればよいかを伝え，保護者と担任には A さんの認知面での特徴と指導方法を提案し，可能な範囲で個別に担任から声をかけてもらうように御願いした。また勉強したい要望が A さんから出てきたので，月 2 回程度 SC ともお話ししながら学習する時間をもつようにした。スクールカウンセラーとの時間の中では，担任と相談してできる限り「できた」という体験を積んでもらうことができるように工夫をした。そのような取り組みの中で，A さんは宿題をしていても泣かなくなり，自分から宿題に取り組むことができるようになってきた。また，わからなくても「私馬鹿だから」とは言わなくなったとのことであった。

上記の事例は，個別の支援を行っているが，学校での不適応や不登校という観点からみれば予防的な関わりといえよう。学校という場は，学業を行う時間が多く，授業や宿題が本人にとってどのような時間であるかは，心理面での適応を大きく左右する。学習面での困難さが，「自分はダメなんだ」という自己否定的な認知につながりはじめていたら，できるだけ早期に

介入できる体制を整えるべきである。上述したように，個別の介入をしなかったとしても，日々の教員からの声かけも大いに意味があるだろう。

●さまざまな問題に対処するスキルを身につける

　前述したが，心理面での問題への予防を考える際には，子どもたちにさまざまな問題に対処するスキルを学んでもらうことも非常に重要である。その具体的な内容については後の項で詳しく述べられているが，代表的なものとしては，ソーシャルスキルトレーニングや，アサーショントレーニング，感情マネジメント教育，ストレスマネジメント教育などが挙げられる。クラスワイドのものから特別支援教育の文脈で実施されているものまで，最近ではさまざまな研究や実践集がでているので，ぜひ参照して実践していただきたい。

　それでは，スキルを身につけることがどうして予防につながるのかを具体的な例を挙げて説明する。たとえば，よく喧嘩してばかりいて，時には手が出てしまう子どもたちがいたとしよう。この子どもたちに，喧嘩はどうしていけないかを説明し，納得してもらうことも大切なことである。しかし，もし子どもたちが，嫌なことがあったときになんて言えばいいかわからなかったら，もしくは怒りがわきあがってくるのを上手く抑えることができなかったらどうだろうか。そのような場合は，喧嘩がダメなことがわかっていたとしても，子どもたちはすぐにはやめることができないだろう。嫌なことがあっても上手く言えないなら，上手く伝えるためのスキルを，怒りを抑えることが上手にできないのであれば，感情のマネジメントをするスキルを学んでいくことが大切である。同様にストレスをためやすいタイプの子どもに，「ストレスをためるな」といっても効果はないだろう。ストレスと上手に付き合うためには，科学的な知見に基づいたストレスマネジメント教育が求められる。

●助けられ上手になる

　もう一つ，予防的な取り組みとして非常に重要であり，わが国でも近年研究が増えてきているのが，援助要請行動という観点である。心理面，メンタル面での予防を考える時に，必要な時に誰かに援助を求めることができるかどうかは非常に重要な話題である。

　本田（2015）は，助けてと言わない（言えない）子どもを「困っていない」「助けてほしいと思わない」，「『助けて』と言えない」という3つに分類し，「困っていない」「『助けて』と言えない」子どもたちをさらに2つのタイプに分類して介入方法を考えている。本田（2015）によると，「困っていない」人の中には，問題状況の認識が乏しいタイプと問題状況は認識したうえで自分の対処で解決できると考えているタイプがあり，「助けてと言えない」人の中には身近な人に相談したいけどできないタイプがいるとしており，この5つのタイプに応じた介入が必要であることを述べている。

　ここでは，援助要請行動を高めるための取り組みのすべてを紹介はできないが，いくつかのタイプに有効だとされているメンタルヘルスリテラシーへの介入について述べる。メンタルヘルスリテラシーとは，おおまかにいうと精神疾患の予防に役立つような知識や信念のことであり（Jorm et al., 1997 など），わが国でも近年メンタルヘルスリテラシーを高めるための教育が着目されてきている（特定非営利活動法人地域精神保健福祉機構／学校メンタルヘ

ルスリテラシー研究会，2015など）。このメンタルヘルスリテラシーを高める中で，メンタルヘルスを保つことの大切さを知り，そのことが誰かに援助を求めることにつながる可能性を広げるのである。メンタルヘルスリテラシー教育を含め，子どもたちが助けられ上手になるようなさまざまな取り組みが望まれる。

●スクールカウンセリング活動の中で

これまでも随所で述べてきたが，ここでは学校心理臨床現場でSCが予防啓発的な活動を行うために必要なことを述べる。

まずは，スナイダー（Snyder, 2000）もその重要性を指摘するように，学校や子どもたちのニーズを把握することである。学校風土やニーズを把握することができたら，相談室運営の仕方，相談室だよりの内容，心理教育への貢献，コンサルテーションの体制づくりなどを考えることができ，スクールカウンセリング活動の中で予防啓発的な活動をどのように位置づけるかを考えることができる。

たとえば，小倉・平石（2007）は，中高一貫校の校内相談室へのニーズ調査のなかで，「相談室に来たいから来ている」生徒だけでなく，「相談室に来たいけど来られていない」生徒も「相談室に来たいと思うわけではないけれど，相談室に来ている」生徒もいることを把握し，実際の相談活動との関連を検討している。当然のことではあるが，相談室運営の方法が先にあるのではなく，学校のニーズに応じた形で相談室運営を含むスクールカウンセリング活動全般を行うことで，より多くの子どもたちのニーズに応じることができるだろう。心理教育も，学校のニーズの応じた形で実施することができるとよい。

また同様にニーズに応じて，相談室だよりの内容に関してもさまざまに工夫できる。ここで相談室だよりと呼んでいるのは，SCが発行している子どもたちや保護者，教師に向けた広報紙のことで，通常SCへの予約の仕方などを記したものである。SCによってさまざまな工夫がなされており，メンタルヘルスに関わる内容を載せていたり，少しSCの人柄が伝わる内容を書いたりしている。メンタルヘルスに関わる内容を書くことで，間接的ではあるが心理教育的な内容を子どもたち，保護者，教職員に伝えることができ，予防的なアプローチになりうるだろう。また，SCの人柄が伝わるような内容を載せることで，SCに相談することへのハードルが少し低くなるかもしれず，来談の抵抗や不安を下げるという意味で予防に働きうる。

このようにスクールカウンセリング活動のなかに予防啓発的な要素を織り交ぜていくことが，学校心理臨床の現場で予防の意識を広めるためのポイントの一つになるだろう。

●おわりに

本章では，スクールカウンセリング活動にこだわらず，予防啓発的な活動が学校現場で展開されるために大切なことを述べてきた。近年，中央教育審議会（2015）は「チームとしての学校」の重要性を説いているが，まさに学校・家庭が連携し，地域ぐるみで予防にも取り組み，語られるようになることが子どもたちを守るために重要である。

引用文献

本田真大（2015）．援助要請のカウンセリング―「助けて」と言えない子どもと親への援助　金子書房

井上雅彦（2011）．解決の鍵を握る保護者との関係づくり　斎藤万比古（編著）　発達障害が引き起こす不登校へのケアとサポート　学研教育出版　pp.158-166.

石隈利紀（1999）．学校心理学―教師・スクールカウンセラー・保護者のチームによる心理教育的援助サービス　誠信書房

Jorm, A. F., Korten A. E., Jacomb, P.A., Christensen, H., Rodgers, B., & Pollitt, P. (1997). Mental health literacy: A survey of the public's ability to recognize mental disorders and their beliefs about the effectiveness of treatment. *Medical Journal of Australia*, **166**, 182-186.

文部科学省（2010）．生徒指導提要　教育図書

中央教育審議会（2015）．チームとしての学校の在り方と今後の改善方策について（答申）　文部科学省（2017年10月30日取得）

小倉正義・平石賢二（2007）．中高一貫校の校内相談室へのニーズ調査の利用法―実際の相談室活動と校内相談室への相談ニーズを比較して―　中等教育研究センター，**7**, 41-50.

Snyder, B. A. (2000). Managing an elementary school developmental counseling program: The role of the counselor. In J. Wittmer (Ed.), *Managing your school counseling program: K-12 developmental strategies. Mineapolis*. Educational Media Corporation. pp.241-249.

特定非営利活動法人地域精神保健福祉機構／学校メンタルヘルスリテラシー教育研究会（2015）．効果的な学校メンタルヘルスリテラシー教育プログラム立ち上げ方，進め方ツールキット，地域精神保健福祉機構ホームページ　http://comhbo.html.xdomain.jp/（2017年10月30日取得）

山崎勝之・内田香奈子（2014）．学校予防教育の普及への方途と過程　鳴門教育大学学校教育研究紀要，**28**, 47-53.

山下一夫（1999）．生徒指導の知と心　日本評論社

和田邦美・小倉正義（2016）．小中移行期における児童の学校適応感に関する研究―中学校生活への期待感・不安感に着目して―　兵庫教育大学教育実践学論集，**17**, 39-50.

2

学校心理臨床における心理教育の実際1

◉学校教育における心理教育

　日本の学校教育で実施されている心理教育は，学校，あるいは学級に所属する全員の児童生徒対象に行われるユニヴァーサル（一次予防）タイプの予防教育である。欧米では，二次予防に該当する選別型（selective），特定型（indicated）タイプを含め，多くの予防プログラムが実践されており（Greenberg et al., 2001），これらのプログラムが，子どもの学業成績や社会性の発達を促し，問題行動や学校不適応を予防するというエビデンスが示されている（Durlak, 2009）。

　これらの予防プログラムは，多くの心理学の理論に基づき，子どもの学校不適応を起こすリスク要因を減らすこと，子どもの学校適応を促進する防御要因を増やすことを目的に開発されてきた（Durlak, 2009）。特に，後者の「子どもの学校適応を促進する防御要因を増やす」という目的は，子どもの不適応や問題行動そのもの，その原因やプロセスに着目するのではなく，子どもたちが学校で適応的，健康的に生活し，将来的に社会に貢献できる大人となるためのコンピテンスを育むことに着目している。

◉心理教育の実際

　本章では，心理教育の実際として，先行研究において，子どもたちの活用能力（コンピテンシー；competency）を高める（Durlak, 2009），エンパワーメント中心（市橋，1999），成長促進的介入（近藤，1994）などとして表現されてきた，子どもたちが発達過程で出会うさまざまな危機に適切に対処するための一般的な適応能力を高めることを目的とした心理教育を紹介する。具体的には，日本の学校教育において現在実践されている「構成的グループ・エンカウンター」「ソーシャルスキル・トレーニング」「ストレスマネジメント教育」について，以下に説明する。

(1) 構成的グループ・エンカウンター

　1）背　景　　構成的グループ・エンカウンターとは，「ありたいようなあり方を模索する能率的な方法として，エクササイズという誘発剤とグループの教育機能を活用したサイコエディケーション（國分，2000）」である。米国留学から帰国した國分らによって1970年代の後半に導入され（片野，2003），小学校低学年から高校，大学に至るまで，学校を中心に多数の実践報告がなされている（國分，1992，2000など）。

構成的グループ・エンカウンターとロジャース（C. Rogers）によって実践されたエンカウンター・グループは，名称は似ているが，その手法はまったく異なる。エンカウンター・グループは，ロジャースが，個人を対象とした来談者中心療法の効果を一般の人へ拡大するために，来談者中心療法の「グループ化」として集団を対象に行ったものである（Rogers, 1970）。ファシリテーターを加えた10人前後のグループで個人的で情緒的な側面についての自由な表明や交流が行われる（清水，1992）。

1960年代以降，米国において第二次世界大戦以降戦後の課題解決（例：ユダヤ人とアメリカ人の雇用差別の撤廃，復員者を対象とするカウンセラーの養成など）と経済の安定化を背景にTグループ，エンカウンター・グループなどグループ活動形式の心理学的な活動が活発に行われた（清水，1992；Rogers, 1970）。このような集中的グループ経験（Rogers, 1970）が発展していく中で個人の心理的成長がより重視され，人間関係技法の訓練を目的に用意された課題（エクササイズ）や作業に取り組む構成的グループ・エンカウンターの枠組みが形成された（清水，1992）。

2）目　的　構成的グループ・エンカウンターの目的は，①人間関係をつくること，②人間関係を通して自己発見をすることである（國分，2000）。この目的を達成するために，実践者（例：教師，スクールカウンセラー）が用意したエクササイズでワークや話し合いを行う方法が実践される（國分，1992）。

構成的エンカウンター・グループの「構成的」の意図するところとして，「エクササイズの遂行」，「グループ・サイズの指定」，エクササイズに取り組む「時間の設定」を挙げ（片野，2003），そのエクササイズ集は現在多数出版されている。片野（2003）は，エクササイズのねらいを，①自己理解，②自己受容，③自己表現，④感受性，⑤信頼体験，⑥役割遂行に分類している。構成的エンカウンター・グループでは，多数のエクササイズの中から，参加者の特徴（例：対象学年，時期，ニーズなど）に応じて，適切なエクササイズを選択し，実施することが重要である。

3）内　容　構成的グループ・エンカウンターの進め方は，以下の4つである（片野，2003；國分，1992, 2000）。

①インストラクション。エクササイズのねらいや内容を説明する。

②エクササイズの実施。エクササイズを実施する。

③シェアリング。エクササイズに取り組んだあとに，参加者（例：児童生徒）はエクササイズに取り組んでみて「感じたこと」「気づいたこと」を自由に話し合い，お互い共有（シェア）する。参加者は，感じたことや気づいたことを自由に表現することで，自分の体験を整理することができる。シェアリングを行うことで，参加者の体験が再認され，たとえば，自己理解，感受性などのエクササイズのねらいが促進される。

④介入。実施者（例：教師，スクールカウンセラー）は必要に応じて，参加者に対して適切な助言を行う。介入は，「参加したことによる傷つき（心的外傷）を防ぐ」「実施者が参加者の良いモデルとなる」「エクササイズのねらいを達成する」「参加者の中で起こっている（自己開示に対する）心理的抵抗に気づかせる」ために必要である（片野，2003）。

(2) ソーシャルスキル・トレーニング (Social Skill Training)

1) 背　景　ソーシャルスキル・トレーニング（以下，SST）は，向社会的な行動を育むことを意図した教育実践であり，「人と人とのつきあい方を学び，不足している知識を充足し，より社会的に望ましい行動を新たに獲得していく方法（渡辺，1996）」である。ソーシャルスキル教育，社会的スキル訓練，SST とも言われている。

「ソーシャル」には，対人的な事柄や人間関係，人と人，人と集団の関係や相互作用に関すること，また「スキル」には，練習して身につけた技能と言う意味があり，ソーシャルスキルとは「人と人との付き合い方の技法」といえる（相川，2000）。ソーシャルスキルに関するモデルを最初に社会心理学の領域で提示したアーガイル（M. Argyle）は，運動スキルと同様にソーシャルスキルも，適切に練習して上手になれば身につく技能であると考えた（相川，2000）。

つまり，ソーシャルスキルは学習によって習得されるという考え方に基づき，SST は，人間の行動の形成に着目したスキナー（B. F. Skinner）のオペラント条件づけやバンデューラ（A. Bandura）の社会的学習理論などの学習理論を背景に，1970 年代以降，欧米において発展してきた。その後の認知心理学の隆盛に伴い，行動だけではなく認知（思考，言語，イメージ）の役割が重視され，認知そのものの修正や変容をめざす認知行動療法が開発された。SST においても，このような流れの中，認知行動療法が教育実践としてアレンジされ実施されるようになった（渡辺，2014）。1990 年代以降，ソーシャル・エモーショナル・ラーニングが注目され，社会に適応するための必要なスキルや態度の学習に，より感情の役割が強調されている。（渡辺，2015）。このように，SST は行動，認知，感情を包括的に学習することが可能となるプログラムへと発展してきている。

2) 目　的　SST は，問題行動を子どもの性格に原因があるととらえずトレーニングによって子どもが適切な考え方や新しい行動を学び，日常生活に生かせるようになることを目的としている（渡辺，2015）。

SST を学校に導入する際に，児童生徒に教えるソーシャルスキル（＝ターゲットスキル）を選択する必要がある。表 2-1（p.174）に示すように，相川・佐藤（2006）は，中学生のための基本的なソーシャルスキルを 4 領域で計 14 項目，菊池・堀毛（1994）は基本となるスキルを含め 10 領域の上位スキルに各 10 のスキルを設定し計 100 項目のソーシャルスキルを挙げている。

多数のソーシャルスキルの中から，SST を実施する学校，学級，児童生徒のニーズ，つまり問題行動や学校不適応の背景にあると考えられる不足しているソーシャルスキルを選択するためには，アセスメントを行うことが重要である。アセスメントの方法としては，児童生徒対象にソーシャルスキルや自尊感情，自己効力感，学校適応等を測定する質問紙を用いる方法，行動観察，教師や児童生徒対象のインタビューが考えられる（渡辺・小林，2009）。SST の実践前後でこれらのアセスメントを実施することで，SST の効果を客観的に示し，実施する学校（例：教師，児童生徒）へフィードバックすることも重要である。

3) 内　容　ソーシャルスキル・トレーニングの基本的な授業の流れは以下の通りである（相川・佐藤，2006；渡辺・小林，2009）。

表2-1 具体的なソーシャルスキルの例

中学生のための基本的なソーシャルスキル（相川・佐藤, 2006）
　関係開始スキル
　　①さわやかにあいさつをする，②自己紹介をする，③仲間に誘う，④仲間に加わる
　関係維持スキル
　　⑤しっかり話を聞く，⑥上手に質問する，⑦気持ちに共感する，⑧あたたかい言葉をかける
　主張性スキル
　　⑨はっきり伝える，⑩きっぱり断る，⑪やさしく頼む
　問題解決スキル
　　⑫きちんと謝る，⑬怒りをコントロールする，⑭トラブル解決策を考える

社会的スキル−100のスキル（菊池・堀毛, 1994）
　A. 基本となるスキル
　　①聞く，②会話を始める，③会話を続ける，④質問する，⑤自己紹介をする
　　⑥お礼を言う，⑦敬意を表わす，⑧あやまる，⑨納得させる，⑩終わりのサインを送る
　B. 感情処理のスキル　C. 攻撃に代わるスキル　D. ストレスを処理するスキル
　E. 計画のスキル　F. 援助のスキル　G. 異性とつきあうスキル　H. 年上・年下とつきあうスキル
　I. 集団行動のスキル　J. 異文化接触のスキル

---

①インストラクション（言語的教示）。ソーシャルスキルを学習する意義，学習するスキルの内容について説明する。
②モデリング。児童生徒が手本（モデル）を観察することで，スキルの学習を促進させる。
③リハーサル。学習した知識を言語リハーサル（例：イメージトレーニング）する。また，学習した行動を繰り返す行動リハーサル（例：ロールプレイ，ゲーム）を行う。
④フィードバック。児童生徒自身の行動の評価（例：「○○はとてもよかった」「○○すればもっとよくなる」）を，他者（例：教師，同級生）が情報として伝える。

(3) ストレスマネジメント教育

1) 背　景　ストレスマネジメント教育とは，ストレスに対する自己コントロール能力を育成するための，ストレスに対する予防を目的とした健康教育である（山中・冨永, 2000）。

生理学に基づき外的刺激（ストレッサー）が人間の身体に与える仕組みであるストレス学説を提唱したのは，セリエ（H. Selye）である。セリエは，実験を通して異なる外的刺激に対して生体が同じ反応（例：副腎皮質の肥大）を示すことに気づき，この有害作用に対する生体の反応（ストレス反応）の仕組みを表現する呼称として，物理学用語であった「ストレス」という名称を用いた（Selye, 1976）。その後，ラザルスとフォルクマン（R. S. Lazarus & S. Folkman）が，個人のストレスの対処と適応を目的に，心理面に重点を置いた認知的アプローチから，認知的評価と対処（コーピング）に焦点を当てたストレス理論を展開した（Lazarus & Folkman, 1984）。ストレスマネジメント教育は，欧米を中心に1980年代から実践され，ラザルスとフォルクマンの心理社会的ストレスモデルに基づき，対処法としてはリラクセーション法が多く取り入れられている。

リラクセーション法とは，不要・過剰な緊張が低下するように筋群を弛めることである（成瀬, 2001）。ストレス反応の多くは，交感神経と副交感神経の働きのバランスが崩れる自律神経系の失調によって引き起こされ，その結果，心臓，血液循環，消化管などの異常や筋肉の緊張をもたらす（杉, 2008）。リラクセーション法は，自分自身の力で身体を適切に弛め，リラック

スさせることにより，ストレスに対処する方法である。特に，ジェイコブソン（E. Jacobson）によって開発された漸進性弛緩法は骨格筋を十分弛緩させることで，緊張とリラクセーションの違いに関する感覚や，緊張した筋肉の見極めやリラックスした感覚を高め，自律神経系の間接的なコントロールができ，精神的な安静状態をもたらすと言われている（成瀬，1969）。

自然災害や事件事故等学校コミュニティの危機が生じた場合の危機対応プログラムとして導入されている心理教育も，このストレスマネジメント教育を基盤とするものである（窪田，2013；冨永，2013）。

2）目　的　　ストレスマネジメント教育は，児童生徒がストレスに対する自己管理を効果的に行えるようになることを目的としている（竹中，1997）。「刺激（ストレッサー）→評価（認知的評価）→対処方略（コーピング）→反応（ストレス反応）」という心理的ストレス過程を学習し，児童生徒がストレスの本質を知り，自己の特性，ストレス耐性を理解し，ストレスに対処する手段の習得を目指す。

対処方略として学習するリラクセーション法は，自分で弛める方法（自己弛緩）と他者に弛めてもらう方法（例：マッサージ等）がある（成瀬，2001）。ストレスマネジメント教育では，ストレスに対する自己コントロール能力を育成することを目的としているため（山中・冨永，2000），リラクセーション法は自己弛緩である，呼吸法，漸進性弛緩法等の身体的アプローチや，イメージを用いた心理的アプローチが取り入れられている。

3）内　容　　ストレスマネジメント教育の内容は，ストレスそのものをなくすことではなくストレスと上手くつきあえるようになることを目指し，以下の4つの段階が示されている（竹中，1997；山中・冨永，2000）。
①ストレスの概念を知る。心理社会的ストレスモデル（Lazarus & Folkman, 1984）に応じて，ストレスの概念を学ぶ。
②自分のストレス反応に気づく。自分にとってのストレッサーや自分自身のストレス反応に気づく。
③ストレス対処法を習得する。自分の心身のストレス反応を軽減する対処方法を習得する。具体的な対処法として，リラクセーション技法を導入する場合，ストレスマネジメント教育の一環としてリラクセーション法を組み込むことを明確に児童生徒に示し，発達段階に適した方法を実施することが望ましい。
④ストレス対処法を活用する。習得したストレスマネジメントの知識とスキルを日常生活の中で活用できることをめざす。

◉心理教育におけるスクールカウンセラーの役割

2017年9月に施行された公認心理師法では「心の健康に関する知識の普及を図るための教育及び情報の提供」が公認心理師の行為として明文化され，文部科学省（2017）の通知にも，児童生徒対象の個別対応だけではなく学級や学校集団に対する援助を含めた不登校，いじめ等の未然防止，早期対応及び支援対応がスクールカウンセラーの職務内容として明記された。今後，学校教育における心理教育の実施など，児童生徒の学校不適応予防に向けたスクールカウ

ンセラーの役割はますます重要である。心理教育を学校教育において実施する際の，スクールカウンセラーの具体的な役割を，心理教育の導入前，実践中，導入後（Han & Weiss, 2005）各時点において以下に述べる。

(1) 導 入 前

1) ニーズアセスメントと実践計画の作成　ニーズアセスメントでは，心理教育を実践する学校，学級，児童生徒のニーズを把握し，それらのニーズに応じた適切な心理教育，またターゲットスキル，エクササイズを選択し，実施回数や授業実践者の決定など導入する準備を行う。導入を計画しようとする学校や学級の教師が心理教育の実践を受け入れやすい状況にあるかどうかアセスメントをすることも重要である（Han & Weiss, 2005）。

2) 教師に対する研修会　心理教育の導入，実践に関する教師の理解を促進すること（例：心理教育の考え方や心理教育の実施後，学校，学級，児童生徒に対して予想される効果を説明する），また，効果的な心理教育を実践すること（例：心理教育の知識とスキルを説明する，模擬授業を実施する）を目的に教師対象の研修会を実践する。心理教育の効果測定（質問紙調査等）を行うことについての教師の理解を得るために，その目的，実施方法等について，研修会の際に教師に説明することが望ましい。

(2) 実 践 中

1) 授業実践　心理教育には，教師が単独で授業を実践する形式，スクールカウンセラーが単独で授業を実践する形式，教師とスクールカウンセラーがチームティーチングで行う形式があると考えられる。学級，児童生徒のニーズや，心理教育の目的や対象とするテーマに応じて，授業実践者を選択する。

2) コンサルテーション　教師が心理教育の授業実践を行う場合，教師の心理教育の実践スキルの向上（例：心理教育の目標と一致していたかどうか，児童生徒が心理教育のねらいや内容を理解していたかどうか）や心理教育の実践に対する教師のモチベーションの促進（例：授業実践の工夫や良かった点を指摘する）を目的にコンサルテーションを行う（Han & Weiss, 2005）。また，導入前に実施するアセスメントに基づいた授業案や教材の作成などについてのコンサルテーションも重要である（渡辺・小林，2009）。

(3) 導 入 後

1) 効果測定とフィードバック　心理教育の効果を把握するために，実践前後に複数回効果測定（例：質問紙調査，教師インタビュー，児童生徒観察等）を行い，結果は，教師にわかりやすい形式でフィードバックを行うことが望ましい。効果測定の結果から心理教育実践そのものを振り返り，得られた課題を改善するなど次回以降の心理教育の実践に活用する。

2) フォローアップ　心理教育の継続的な実践に向けて，授業観察やコンサルテーションを通して教師の心理教育の実施を支援する。また心理教育実践の際，気がかりな児童生徒が顕在化した場合は，それらの児童生徒対象にカウンセリングなどの直接的な支援を実施する。

● ま と め

　本章では，児童生徒の学校生活や社会生活における一般的な適応能力を高めることを目的に行われている心理教育の中で，現在，学校教育において比較的多く実践されている，構成的グループ・エンカウンター，ソーシャルスキル・トレーニング，ストレスマネジメント教育を紹介した。

　スクールカウンセラーは，学校や学級など集団対象に，児童生徒の学校適応を促進し，不適応を予防する取り組みを行う役割も期待されている。そのために，スクールカウンセラーが心理教育の背景となる理論や実践についての知識・スキルを習得し，教師と連携し，子どもたちの発達段階やニーズに応じた心理教育プログラムを選択，実践することが重要である。

引用文献

相川　充（2000）．人づきあいの技術―社会的スキルの心理学　サイエンス社
相川　充・佐藤正二（2006）．実践！ソーシャルスキル教育　図書文化
Durlak, J. A.（2009）. Prevention programs. In T. B. Gutkin & C. R. Reynolds（Eds.）, *The handbook of school psychology*（4th ed.）. Hoboken, NJ : John Wiley & Sons. pp.905-920.
Greenberg, M. T., Domitrovich, C., & Bumbarger, B.（2001）. The prevention of mental disorders in school-aged children: Current state of the field. *Prevention & Treatment*, 4, 1-59.
Han, S. S., & Weiss, B.（2005）. Sustainability of teacher implementation of school-based mental health programs. *Journal of Abnormal Child Psychology*, 33, 665-679.
市橋直哉（1999）．学校における心理教育的アプローチの構造―形式的側面を中心にして―　東京大学大学院教育学研究科紀要，39，245-253.
片野智治（2003）．構成的グループ・エンカウンター　駿河台出版社
菊池章夫・堀毛一也（編著）（1994）．社会的スキルの心理学―100のリストとその理論　川島書店
國分康孝（編）（1992）．構成的グループ・エンカウンター　誠信書房
國分康孝（編）（2000）．続　構成的グループ・エンカウンター　誠信書房
近藤邦夫（1994）．教師と子どもの関係づくり―学校の臨床心理学　東京大学出版会
窪田由紀（2013）．学校にせまる危機　速水敏彦（編）　教育と学びの心理学―基礎力のある教師になるために　名古屋大学出版会　pp.265-280.
Lazarus, R. S., & Folkman, S.（1984）. *Stress, appraisal, and coping*. New York: Springer.（本明　寛・春木　豊・織田正美（監訳）（1991）．ストレスの心理学　認知的評価と対処の研究　実務教育出版）
文部科学省（2017）．教育相談等に関する調査研究協力者会議報告書　児童生徒の教育相談の充実について―学校の教育力を高める組織的な教育相談体制づくり　http://www.mext.go.jp/component/b_menu/shingi/toushin/__icsFiles/afieldfile/2017/07/27/1381051_2.pdf（2018年2月27日取得）
成瀬悟策（1969）．自己コントロール　講談社
成瀬悟策（2001）．リラクセーション　講談社
Rogers, C. R.（1970）. *Carl Rogers on encounter groups*. New York: Harper and Row.（畠瀬　稔・畠瀬直子（訳）（2007）．新版　エンカウンター・グループ―人間信頼の原点を求めて　創元社）
Selye, H.（1976）. *The stress of life*. New York: McGraw-Hill Book（杉　靖三郎・田多井吉之介・藤井尚治・竹宮　隆（訳）（1988）．現代社会とストレス　法政大学出版局）
清水幹夫（1992）．構成法・非構成法の異同　國分康孝（編）　構成的グループ・エンカウンター　誠信書房　pp.345-355.
杉　晴夫（2008）．ストレスとはなんだろう　講談社
竹中晃二（編）（1997）．子どものためのストレス・マネジメント教育―対症療法から予防措置への転換　北大路書房
冨永良喜（2013）．大規模災害後の予防教育　山崎勝之・戸田有一・渡辺弥生　世界の学校予防教育―心身の健康と適応を守る各国の取り組み　金子書房　pp.375-385.
渡辺弥生（1996）．ソーシャル・スキル・トレーニング　日本文化科学社
渡辺弥生（2014）．学校予防教育に必要な「道徳性・向社会的行動」の育成　発達心理学研究，25，422-431.
渡辺弥生（2015）．健全な学校風土をめざすユニヴァーサルな学校予防教育―免疫力を高めるソーシャル・スキル・トレーニングとソーシャル・エモーショナル・ラーニング―　教育心理学年報，54，126-141.
渡辺弥生・小林朋子（2009）．10代を育てるソーシャルスキル教育　北樹出版
山中　寛・冨永良喜（2000）．動作とイメージによるストレスマネジメント教育　基礎編　子どもの生きる力と教師の自信回復のために　北大路書房

3

学校心理臨床における心理教育の実際2

◉特定問題の予防教育とは

　学校現場では不登校やいじめ，暴力行為等の学校不適応が社会問題となっており，児童生徒の学校適応に関する予防・開発的支援である心理教育の導入が広まりつつある。学校における集団を対象とした心理教育は，基本的な対人関係スキルの獲得・維持を目的としたものと，特定問題の予防教育の大きく2つに分類される（窪田, 2013）。

　それでは，特定の問題とは何か。米国疾病予防管理センター（Centers for Disease Control and Prevention）は，青少年の危険行動として，①不慮の傷害や暴力につながる行動，②喫煙，③飲酒および薬物乱用，④望まない妊娠およびHIV感染を含む性感染症に関連する性行動，⑤不健康な食行動，⑥運動不足を挙げ（Kann et al., 2016），これらは相互に関連性が強く，メンタルヘルスと深く関係していると言われている。また，佐々木（2013）は，特定の問題の予防に焦点を当てた教育について，①行動的問題（暴力，いじめ，非行，性関連問題行動，薬物乱用）の予防，②身体的問題（肥満，生活習慣病）の予防，③精神的問題（うつ病，不安障害，自殺，ストレス）の予防を挙げている。

　これらの問題行動については，一つの問題に対して独立したアプローチではなく，包括的に，系統的で持続可能な健康教育が必要であると考えられる。

　本節では，主に喫煙・飲酒・薬物乱用防止教育，自殺予防教育，心の減災教育を取り上げ，特定問題の予防教育について概観してみることにする。

◉喫煙・飲酒・薬物乱用防止教育

　喫煙，飲酒，覚せい剤や大麻などの薬物乱用は，依存性がきわめて高く，そこから抜け出すのは困難である。特に薬物乱用は社会復帰にも困難を伴うとされ，一度手をつけてしまうと，後戻りできない深刻な事態に陥ってしまう。喫煙，飲酒，薬物使用のきっかけとしては，好奇心や「なんとなく」が多く（市村ら, 2001），薬物使用者のほとんどが薬物よりも先に飲酒または喫煙を経験しており，喫煙や飲酒が薬物使用のGateway Drugであるとされている（呉ら, 1998）。

(1) 喫煙・飲酒・薬物乱用の要因

　喫煙・飲酒・薬物乱用の要因として，第一に喫煙・飲酒・薬物乱用に寛大な雰囲気や環境への接触（喫煙・飲酒・薬物乱用を行う，もしくはこれらを行うことに寛大である仲間が多いこ

となど）が挙げられる（呉ら，1998）。ソーシャルコントロールの弱さが喫煙・飲酒・薬物乱用にポジティブな仲間との付き合いを促進し，直接的に薬物乱用につながる他，喫煙・飲酒・薬物乱用にポジティブな仲間に接し，薬物使用を容認する信念（薬物を使用しても問題ない，あるいは少しなら大丈夫など）を身につけることにより薬物乱用につながるとしている（呉ら，1998）。また，喫煙・飲酒・薬物乱用の要因としては，この他にも，規範意識（市村ら，2001）や自己肯定感の低さ（Kaplan, 1975；川畑ら，2005）などが挙げられる。

(2) わが国における喫煙・飲酒・薬物乱用防止教育

わが国の学校における喫煙・飲酒・薬物乱用防止教育は，学習指導要領にも明記され，学校現場で指導が行われている。喫煙・飲酒・薬物乱用の有害性・危険性等について，小学校では「体育，保健分野」で，中学校・高等学校では「保健体育，保健分野」ですべての子どもが履修することとなっており，「体育・保健体育」において行われる授業が中核であると言える。さらに，「薬物乱用防止教育の充実について」（通知）（文部科学省，2013）において，先述の保健体育の時間はもとより，特別活動，総合的な学習の時間，道徳等も活用しながら，学校教育全体を通じて指導を行うこととし，学校における児童生徒への薬物乱用防止教育の充実強化を図っている。また，薬物乱用対策推進会議（2008）が，「第三次薬物乱用防止五か年戦略」の中で，初めて大学生を対象とした薬物乱用防止に言及したことで，大学でも薬物乱用防止教育への取り組みが行われている。

喫煙・飲酒・薬物乱用防止教育は，喫煙・飲酒・薬物乱用をまだ経験していない児童生徒を対象とする一次予防が最も本質的な予防策である（山田ら，2014）。飲酒・喫煙・薬物乱用などの問題行動は中学校期において顕在化すると言われている。学校における喫煙・飲酒・薬物乱用防止教育の充実には，小学校期における指導の推進が重要であり，系統的な指導計画を立て，指導者や時間の確保，教材作成などに組織的に取り組み，継続可能なプログラム開発を行う必要があると言われている（上野ら，2015）。このように，わが国において，特に薬物乱用防止教育は，小学校から高等学校での実施が制度化され，小学校から大学までにかけ，繰り返し学習することで意識の定着が図られるように構造化されていると言える。

(3) 喫煙・飲酒・薬物乱用防止教育の概要

思春期から始まる喫煙・飲酒・薬物乱用の防止教育は，単に非行の防止としてとらえるのでなく，自らの心身を育む能力を身につけることを目標にした教育が，問題の本質的な解決につながると言われている。ブコスキ（Bukoski, 1991）は，薬物乱用防止に関する教育的働きかけを，①知識・認識に関する領域，②意識・態度と対人関係に関する領域，③行動に関する領域，④環境に関する領域，⑤治療に関する領域の5つの領域に分けている。当初は薬物の種類と身体および精神に及ぼす影響，薬物乱用の結果としての社会的危険などについての知識・認識に関して，薬物の恐ろしさを映像や体験者の語りなどを通して学習することを重視した内容であったが，それでは問題行動の低下にはつながらなかった。そこでこれに代わるものとして，意識・態度と対人関係に関する領域，行動に関する領域，環境に関する領域を重視した包括的な薬物乱用防止教育プログラムが開発された（勝野，2001）。これらのプログラムは，基本的には，①危険なもの，自分に都合の悪いと考えられるものを拒否したり，それに抵抗したりする能力・方法（スキル）を学ぶこと，②ロールプレイなどの手法により，友人・仲間，家

族などからの誘いの手口とそれを断る方法を学ぶこと，③スキルの獲得に対する賞賛を受けること，④日常生活の中で学んだスキルを生かすこと（普遍化），といった内容で構成されており，児童生徒参加型のプログラムが主流となっている。隅田（1996）も従来のただ単に薬物乱用の知識を教えるだけではなく，米国の Drug Abuse Resistance Education プログラムに代表されるように，児童生徒が薬物使用の誘惑をはっきりと断り，どのように自己をコントロールする力を養うか，その主体性・自立性を発達させることを重視した防止教育を展開することが推奨されていると述べている。このように，今日の喫煙，飲酒，薬物乱用防止教育においては，正しい知識を提供するにとどまるのではなく，正しい知識と判断のもと，誘惑への断り方を学習させることが求められる。加えて，規範意識を高めたり，自己肯定感を高めたり，仲間の誘い方や入り方などの対人関係のスキルを学習したりすることなどを目的とした心理教育を行うなど，包括的な取り組みが求められていると言えよう。

●自殺予防教育

　我が国の自殺者は，1998（平成10）年以来，14年連続して3万人を超える状況が続いていたが，ここ数年は減少傾向であり，2016（平成28）年には21,897人と，22年ぶりに22,000人を下回った（厚生労働省自殺対策推進室ら，2017）が，依然として高い状況であることは間違いない。青少年の自殺については，自殺者数全体からみるとわずかではあるものの，10代の死因の第一位を占め，「死にたい」と思ったことのある子どもの割合は中高生では2～3割に達することから，青少年対象の自殺予防教育は喫緊の課題である。

　教育基本法第2条「教育の目標」の中には，「生命を尊び，自然を大切にし，環境の保全に寄与する態度を養うこと」と記され，同様のことが学校教育法の中にも明記されている。また，学習指導要領にも，道徳教育と関連して，「人間尊重の精神と生命に対する畏敬の念を家庭，学校，その他社会における具体的な生活の中に生かし……」とある。我が国の学校教育において，道徳教育と関連させながら，自他の生命の尊重について主に命の教育という形で教育現場において実践されてきた。

　2016年に制定・施行された「自殺対策基本法の一部を改正する法律」では，「学校は，当該学校に在籍する子ども児童生徒等の保護者，地域住民その他の関係者との連携を図りつつ，当該学校に在籍する子ども児童生徒等に対し，各人がかけがえのない個人として共に尊重し合いながら生きていくことについての意識の涵養等に資する教育又は啓発，困難な事態，強い心理的負担を受けた場合等における対処の仕方を身に付ける等のための教育又は啓発その他当該学校に在籍する子ども児童生徒等の心の健康の保持に係る教育又は啓発を行うよう努めるものとする」とされており，学校における自殺予防教育の実施を規定している。近年，自殺予防教育の重要性はますます高まってきていると言えよう。

(1) 自殺予防教育のポイント

　学校における自殺予防の3つのポイントとして，窪田（2016）は，①生涯を通じてのメンタルヘルスの基礎の構築，②ゲートキーパー養成，③自殺予防の視点に立った教育活動を挙げている。

　第一に「生涯を通じてのメンタルヘルスの基礎の構築」については，子どもの時に「メンタ

ルヘルス」について学ぶことで，一生を通じた生き方，すなわち自らの命を守る生き方の育みにつながることが期待できる。さまざまな人生の危機に遭遇した際に，一人で黙って苦しむのではなく，「周囲に援助を求めること」を選ぶことができるのではないかと考えられる。また，自分に合ったストレス対処の方法をもつなどの日常的なストレス対処の方法をもつことの大切さを伝えていく。

　第二に「ゲートキーパー養成」についてであるが，ゲートキーパーとは，自殺に至ってしまわないための「門番」のことで，自殺のサインに気づき，見守り，つなぐ存在のことである。子どもは自殺を考えるような危機的な状況に遭遇した際には，親や教師よりも圧倒的に高い確率で友人に相談すると言われている。したがって，友人の危機に遭遇した際の適切な対処方法を学ぶことによって，「ゲートキーパー」としての役割を担うことが期待できる。

　第三に「自殺予防の視点に立った教育活動」についてである。自殺予防教育の実施といった特別な状況下でだけではなく，日常の教科教育や道徳教育，部活動指導など，児童生徒へのさまざまな関わりの中に，自殺予防教育の視点をもつことによって，たとえ特設された自殺予防教育の授業が実施できない場合でも自殺予防教育で伝える大切なメッセージが児童生徒に伝わることが考えられる。

(2) 自殺予防教育の概要

　自殺予防教育の授業の例として，シャルマ（2016）が挙げられる。その中では，ストレス対処法について学ぶことや，友人の危機に遭遇した際の適切な対処方法として相談された時の「話の聴き方」スキルを学習する。また，①だれにでもこころが苦しくなるときがある，②どんなに苦しくても，必ず終わりがあること，③だれかに相談できる力を身につけようといった自殺予防教育で重要視している3つのメッセージを学習する。最後に，相談できる人，相談機関などの紹介を通して，ソーシャルサポート知覚を向上させる。

　しかし，このような自殺予防教育の授業の実施は，あくまで学校，学級内のあたたかい関係性が前提になる。ぎすぎすした，とげとげしい言葉が飛び交っている学級においては，こころが苦しい時に「話をしよう」「話を聴こう」という学習は困難であり，学校，学級の実態に合わせて実施する必要性がある。

●心の減災教育

(1) 心の減災教育とは

　わが国は地震大国であり，大きな災害が，いつどこで起こってもおかしくない。東日本大震災や熊本地震のような大規模な災害後，被災した子どもには不適応行動が増加したことが指摘されている（吉田，2012）。学校における心理教育を含め，災害後の支援はきわめて重要であるものの，災害に事前に備える教育もまた重要である。わが国の学校現場でも，避難訓練は定期的に行われているが，心理面に特化したものはあまり見られない。

　「心の減災」とは，心理的側面においても事前に準備を行うことで，災害時に生じる心理的な被害を減らすことで，「心の減災教育」とは，災害時に生じ得る心理的影響についての理解と適切に対処するスキルを育成し，最終的には健康的な心の発達促進を目指すプログラムのことである（窪田ら，2016）。特に子どもの場合には心の健康な発達支援という点からも，災害

に前もって備え，心理的な被害を減らすことを目的とした心理教育もまた重要であると考えられる。

(2) 心の減災教育の概要

心の減災教育は，心の健康的な発達促進を最終目標としつつ，その基礎として自己効力感や対人関係能力を促進することである。加えて，災害時のストレスに関する知識，ストレスに対処するコーピングを獲得するような働きかけを行い，災害対処効力感の向上や災害時の心理的反応の軽減を目指す。

心の減災教育には，発達段階にあわせて，小学生用プログラム，中学生・高校生用プログラム，成人用プログラムがある。これら全てのプログラムにおいて，①ストレス反応とリラクセーション法，②認知の修正，③信頼と協力の3つのテーマが盛り込まれている。ストレス反応とリラクセーション法では，災害後のストレス反応に関する基礎知識と一人でできるリラクセーション法を学ぶ。認知の修正では，ストレス反応や避難所などでの対人関係上のトラブルなどに対する考え方や物の見方についての理解と対処法を学ぶ。信頼と協力では，長引く避難所生活や不自由な生活における人間関係のもち方について学ぶ。これらのことは，災害対処効力感の向上や災害時の心理的反応の軽減につながることはもちろん，日常生活における対人関係においても共通するものであると考えられる。

(3) 心の減災教育の効果

心の減災教育の効果として，避難行動の効力感の向上，一般的効力感の向上，呼吸法対処効力感の向上，否定的な認知が修正できるという理解（認知の修正），対人的信頼感の向上が認められている（窪田ら，2016）。

●その他の特定問題の予防教育

その他にも，学校現場では既に多くの予防・開発的な教育が導入され，実践されている。性教育や交通安全教育，いじめ防止教育，非行防止教育，デートDV防止教育などが挙げられる。

性教育は，喫煙・飲酒・薬物乱用防止教育と同様に，安易な性交渉による望まない妊娠や中絶，性感染症の危険性などの知識を伝えたうえで，自分を大切にすること，上手な断り方を身につけさせることを目的に実践されている。2013年のいじめ防止対策推進法の施行以来，いじめ防止教育も広がってきている。

しかし，これらの予防教育が導入される経緯や時期がバラバラであるために，それぞれが独立して実施されているのが現状である。

●特定問題の予防教育を実践するうえでの留意点

喫煙・飲酒・薬物乱用防止教育や性教育などの特定問題の予防教育は，教育課程に位置づけられているものもあり，学校現場でさまざまな形で実践を重ねてきている。しかし，それぞれのプログラムが独立した形で実施されているのが実態である。そもそも，自己肯定感が低く，投げやりになっている子どもにとって，自身を大切にすることは困難である。また，周囲から

孤立している子どもにとって，数少ない仲間からの誘いを断ることは簡単なことではない。対人関係スキルの未熟さから，たとえ断りたくてもその方法を知らない可能性も考えられる。薬物や危険な性交渉に走る子どもは，それらの危険性に対する知識を知らないのではなく，その背景として自己肯定感の低さやソーシャルサポートの乏しさ，対人関係スキルの未熟さなどがある（窪田，2013）。したがって，特定問題の予防教育を実施する前に，自己肯定感，自他への信頼感，衝動コントロール，対人関係スキルを育むことが重要である（窪田，2013）。

　図3-1に基本的対人スキルアップ学習と特定問題予防教育の関係について示す。窪田（2013）は，特定問題の予防教育に関しては，第6章第2節で取り上げたSST，ストマネ，エンカウンターなど全般的なスキルアップのための予防教育のような基本的な対人スキルの獲得・維持を目的にした心理教育を基礎としながら，薬物乱用防止教育や自殺予防教育などの各テーマを関連付けて体系的に実施することで，より効果的な展開が可能になると述べている。ここで言う対人スキルとは，「子どもが良好な人間関係を結び，保つための感情の持ち方および認知や行動の具体的な技術やコツのこと」である（小林，2007）。それらの基礎のうえに，特定問題を予防する教育を位置づけ，体系的に実施することで効果的に予防教育を進めることが可能になると考える。したがって，児童生徒や学級・学年集団のアセスメントが重要になってくる。心理教育全般に言えることではあるが，各プログラムを実施する際に，対象となる児童生徒，学級・学年集団の状態を見立て，彼らがどの段階でつまずいているのか，ニーズは何かを明らかにすることが重要である。それに応じて，どのプログラムを選択し，発達段階などを考慮したプログラム内容を立案し，実施することで，より効果的になると考えられる。その際，スクールカウンセラーがコンサルテーション過程において，学級のアセスメントを実施し，助言することが有効に働く可能性も考えられる。

　さらに，各プログラムを単発で実施するだけでは効果は持続しない。児童生徒がプログラムで得たものを実生活の中で生かしていく工夫をしていく必要がある。そのためには，児童生徒に日々接する機会が多い教師が，各プログラムの実施にとどまることなく，教科教育や学級経営，生徒指導や部活動など，日常生活のさまざまな場面での指導の中に各プログラムの視点を

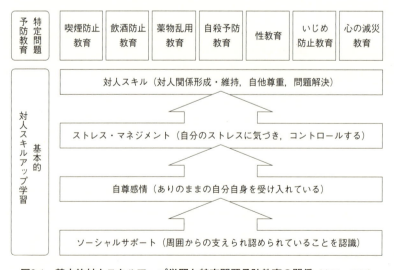

図3-1　基本的対人スキルアップ学習と特定問題予防教育の関係（窪田，2013）

生かしていくことが重要である。

引用文献

Bukoski, W. J.（1991）． A framework for drug abuse prevention research. In C. G. Lukefeld & W. J. Bukoski（Eds.）, *Drug abuse prevention intervention research: Methodological issues. NIDA Research Monograph*, 107, 7-28.

市村國夫・下村義夫・渡邊正樹（2001）．中・高校生の薬物乱用・喫煙・飲酒行動と規範意識　学校保健研究, 43, 39-49.

Kann, L., McManus, T., Harris, W. A., Shanklin, S. L., Flint, K. H., Hawkins, J., Queen, B., Lowry, R., Olsen, E. O., Chyen, D., Whittle, L., Thornton, J., Lim, C., Yamakawa, Y., Brener, N., & Zaza, S.（2016）． Youth Risk Behavior Surveillance — United States, 2015. *MMWR Surveillance Summaries*, 65, 1-174.

Kaplan, H. B.（1975）． Increase in self-rejection as an antecedent of deviant responses. *Journal of Youth and Adolescence*, 4, 281-292.

勝野眞吾（2001）．学校における薬物乱用防止教育：研究の動向　学校保健研究, 43, 5-14.

川畑徹朗・西岡伸紀・石川哲也・勝野眞吾・春木　敏・島井哲志・野津有司（2005）．青少年のセルフエスティームと喫煙, 飲酒, 薬物乱用行動との関係　学校保健研究, 46, 612-627.

小林正幸（2007）．子どもの対人スキルとは　小林正幸・宮前義和（編）子どもの対人スキルサポートガイド—感情表現を豊かにするSST　金剛出版　pp.11-15.

厚生労働省自殺対策推進室・警察庁生活安全局生活安全企画課（2017）．平成28年中における自殺の状況　https://www.npa.go.jp/safetylife/seianki/jisatsu/H28/H28_jisatunojoukyou_01.pdf（2017年10月1日取得）

窪田由紀（2013）．学校に迫る危機　速水敏彦（編著）教育と学びの心理学　名古屋大学出版会　pp.265-280.

窪田由紀（2016）．子どもを直接対象とした自殺予防教育の必要性　窪田由紀（編）窪田由紀・シャルマ直美・長﨑明子・田口寛子（著）（2016）．学校における自殺予防教育のすすめ方—だれにでもこころが苦しいときがあるから　遠見書房　pp.16-23.

窪田由紀・松本真理子・森田美弥子・名古屋大学こころの減災研究会（編）（2016）．災害に備える心理教育　今日からはじめる心の減災　ミネルヴァ書房

文部科学省（2013）．薬物乱用防止教育の充実について（通知）　http://www.mext.go.jp/a_menu/kenko/hoken/1396485.htm（2017年10月1日取得）

呉　鶴・山﨑喜比古・川田智恵子（1998）．日本における青少年の薬物使用の実態およびその説明モデルの検証　日本公衆衛生雑誌, 45, 870-882.

佐々木恵（2013）．予防教育の目標, 理論, 方法の多様性　山崎勝之・戸田有一・渡辺弥生（編）世界の学校予防教育　金子書房　pp.17-67.

隅田陽介（1996）．アメリカ合衆国における薬物乱用防止教育：DARE（Drug Abuse Resistance Education）を中心として　比較法雑誌　30, 83-109.

シャルマ直美（2016）．授業プログラムの実際　窪田由紀（編）窪田由紀・シャルマ直美・長﨑明子・田口寛子（著）学校における自殺予防教育のすすめ方—だれにでもこころが苦しいときがあるから　遠見書房　pp.102-132.

上野芳子・西村孝江・保坂小百合・山本雅恵・赤坂理恵・有松亜由美・藤井治江・湯口真琴・鳥越加奈子・大西真莉香・難波有美子・森　文子・鷲田洋恵・西本圭子・日野裕子・松本智子・石原智子・藤堂真莉子・山本久美子・定森奈月・山上奈緒・岡本佳菜子・松尾裕未・小林静香・林加奈子・水島希望・関山賢一・福嶋　隆・上村弘子・高橋香代（2015）．養護教諭が推進する組織的で継続可能な小学校の喫煙・飲酒・薬物乱用防止教育プログラムの開発と実践　岡山大学教師教育開発センター紀要, 5, 139-148.

薬物乱用対策推進本部（2008）．第三次薬物乱用防止五か年戦略　http://www.mhlw.go.jp/file/06-Seisakujouhou-11120000-Iyakushokuhinkyoku/3_5strategy.pdf（2017年10月1日取得）

山田純一・高柳理早・横山晴子・鈴木康弘・篠原智美・山田安彦（2014）．中学生を対象とした薬物乱用防止教育へのSmall Group Discussion（SGD）の導入とその効果　YAKUGAKU ZASSHI, 134, 1331-1345.

吉田弘和（2012）．東日本大震災被災地での子どものこころ：宮城県における支援活動から見えるもの（ミニ特集 東日本大震災における子どもの心とその支援）　小児科臨床, 65, 2123-2129.

事項索引

あ

アウトリーチ　132
アサーショントレーニング　104
アセスメント　96, 134
新たな期待　65
アンガーマネジメント　104
アンケート　156
居心地　79
いじめ　41, 112, 117, 130
　　──の4層構造　119
　　──の加害者　117
　　──の被害者　118
　　──防止対策推進法　7, 28, 102
異常な状態における正常な反応　154
一次的援助サービス　164
一次的支援　87
一時保護　144
インターネット依存　148
インフォームド・コンセント　32
うつ病　112
LGBT　148
エンカウンター・グループ　172
援助の構造　151
援助要請　119
　　──行動　167
エンパワメント　121

か

解決焦点化アプローチ　24
外国人児童　46
外部性　18, 50, 52, 53, 71
カウンセリング　92
　　──・マインド　3
加害　130
学習指導要領　28
学級集団　119
学校危機　153
　　──によって起こる個人・集団の反応　154
学校基本調査　39
学校教育相談　3, 16
学校教育法　27
　　──施行規則の一部を改正する省令　30
学校心理学　22
学校精神保健　17
学校組織　75
学校のルール　81
学校保健安全法　28
学校臨床心理学　4
学校臨床心理士　17, 49
　　──コーディネーター　50
　　──担当理事　50
　　──ワーキンググループ　5, 50
家庭内紛争　102
家庭訪問　114
環境調整　136
関係教員　77
患者の治療動機　149
観衆　119
管理職　130
危機カウンセリング　24
儀式化　23
喫煙・飲酒・薬物乱用防止教育　179
基本的対人スキルアップ学習　184
虐待　112
教育基本法　27
教育支援センター（適応指導教室）　112
教育相談コーディネーター　9
教員研修　86
教員との連携　85
共感性　118
教師カウンセラー　9
共同援助者　151
強迫観念　149
強迫儀式　149
強迫性障害　149
起立性調節障害　101
記録　86
緊急支援　59, 155
　　──システムの構築　158
　　──の研修　158
グループ・エンカウンター　116
形成期　77
ケース会議　104
限局性学習症（Specific Learning Disorder: SLD）　134
攻撃性　117
構成的グループ・エンカウンター　171
行動連携　98
校内会議　85
校内ケース会議　86
校内適応指導教室　9
校内連携　77
公認心理師法　30, 57
広報活動　83
合理的配慮　29
コーディネーター　58
コーピング　174
心の減災教育　182
子どもの心を癒す　68
子どもの心を育てる　69
子どもの心を守る　69
子どもの貧困　45, 150
　　──対策推進法　7, 29
個へのアプローチ　68
コミュニティ心理学　22
コンサルテーション　31, 85, 88, 91, 101, 176

さ

サポートチーム　98
三次的援助サービス　164
三次的支援　90
3段階の心理的援助サービス　163
シェアリング　172
自殺　43
　　──対策基本法の一部を改正する法律　28
　　──予防教育　181
自傷行為　147
システム検証型　77
システム補完型　77
システム論　22
児童生徒との日常的な関わり　83
児童虐待　45
　　──防止法　28, 141
児童心理司　144
児童相談所　96, 141
児童福祉司　144
児童福祉法　141
自閉スペクトラム症（Autism Spectrum Disorder: ASD）　133
社会的スキル教育　116
社会的養護　142
集団守秘義務　141
自由来室活動　85
準備期　75
準備重点型　77
障害者差別解消法　29
少年法　28
情報共有と情報の統一化　155
情報交換　128
情報の混乱　154
職員研修　129
事例性　152
心理教育　6, 31, 83, 171, 179

──・ノーマライゼーション　155
──的アセスメント　88
──的アプローチ　69
スーパービジョン　34, 61
スクールアドバイザー　68
スクールカウンセラー（SC）
　教員と──の関係性　151
　常勤型──　65
　──活用事業　53
　──活用実施要項　49, 50
　──活用調査研究委託事業　4, 49
　──等活用事業実施要項　51, 57
　──に準ずるもの　51, 53
　──の研修　60
　──の推薦と配置　59
　──の役割　151
　──を活用するシステム　77
スクールソーシャルワーカー（SSW）
　7, 66, 104, 131
　──活用事業　53
スクールポリス　68
ストレスマネジメント　101
　──教育　174
性自認　148
成長促進的な関わり　151
性的虐待順応症候群　143
性的指向　148
生徒指導　125, 164
　──主事　128
　──提要　164
全員面談　84
専門職としての能力と訓練　32
早期発見・早期対応段階　7
相談室　130
　──運営　81
　──だより　168
　──の環境づくり　84
相談の予約方法　84
相談ポスト　84
ソーシャル・エモーショナル・ラーニング　173
ソーシャルスキル　90, 173
　──・トレーニング　173
組織的アプローチ　70

た
対象者との関係　32
対人スキル　184
他機関との連携　86
地域のサポート会議　93
チーム会議　88
チーム学校　10, 30, 54, 66, 103
チーム内守秘義務　33, 121
チック症状　102
注意欠如・多動症（Attentiuon Deficit/ Hyperactivity Disorder: ADHD）　133
通告義務　143
適合性理論　23
展開期　79
統合失調症　112
特定問題予防教育　184
特別支援学級　39
特別支援教育　29, 44
特別支援コーディネーター　10
閉じた質問　144
中1ギャップ　103

な
内部性　18
なごや子ども応援委員会　54
ナショナルモデル　14
ニーズアセスメント　176
ニーズ探索型　77
二次的援助サービス　164
二次的支援　88
二次的な被害　155
人間関係の対立　154

は
パートナーシップ　145
ハイリスクな構成員　158
発達障害　43, 112, 133
発達段階 - 環境適合　23
発達理論　23
非行　29, 112, 125
人々の心を繋ぐ　70
秘密保持　32
表現の機会の保障　155
開かれた質問　144
フィードバック　174

フォローアップ　176
不登校　40, 99, 101, 111
　遊び非行型──　126
ブリーフカウンセリング　24
ペアレント・トレーニング　144
別室登校　114
包括的スクールカウンセリング　13
傍観者　119
暴力行為　42
保健室　128
保護者　130
　──向けの講演　83
母子分離不安　101

ま
マネジメント　134, 136
メンタリング　61
メンタルヘルスリテラシー　167
モデリング　174
喪の作業　150
問題行動　125
問題対応段階　7
問題の顕在化　155
文部省スクールカウンセラー活用調査研究委託事業　57

や
養護教諭　9
要保護児童対策地域協議会　93, 142
予防啓発段階　7
予防啓発的活動　83
予防的アプローチ　69

ら
ラポート形成　151
リハーサル　174
リラクセーション法　174
倫理　31
　──綱領　31
　──的葛藤　33
劣等感　131
連携　95

人名索引

A
阿部　彩　46
相川　充　173, 174
明田川知美　50
新井　肇　43
Argyle, M.　173

B
Bandura, A.　173
坂西友秀　118, 119
Brock, S. E.　153, 158
Bukoski, W. J.　180

C
Caplan, G.　7
Clark, M. A.　13, 14
Corey, G.　31

D
出口治男　34
Durlak, J. A.　171

E
Eccles, J. S.　23
Eliot, M.　120
江村理奈　116
Erikson, E. H.　24

F
Fekkes, M.　118
Folkman, S.　174, 175
藤田恵津子　46
深谷和子　117

G
後藤綾文　23, 120
Greenberg, M. T.　171

H
濱口佳和　117
Han, S. S.　176
原　裕視　22
原井宏明　149
長谷川啓三　33, 121
林直樹　147
樋口　進　149
平石賢二　23, 120, 168
久田　満　23
久村恵子　61
樋渡孝徳　153, 154, 159
保原三代子　49

本田真大　167
本間恵美子　116
本間友巳　103, 118
堀英太郎　21
堀毛一也　173, 174

I
市橋直哉　171
市川千秋　24
市村國夫　179, 180
生田倫子　33
今井五郎　3, 4
井上雅彦　165
石隈利紀　7, 13, 23, 55, 87, 88, 163, 164
伊藤美奈子　95, 117, 118

J
Jacobson, J.　175
Jeffrey, H. F.　159
Jorm, A. F.　167

K
亀田秀子　119
神田橋條治　114
Kann, L.　179
Kaplan, H. B.　180
かしまえりこ　114
片野智治　171, 172
香取早苗　119
勝野眞吾　180
川畑　隆　142
川畑徹朗　180
河村重雄　121
菊池章夫　173, 174
桐山雅子　17
清永賢二　117, 119
小林正幸　114, 184
小林哲郎　85
小林朋子　173, 176
國分康孝　171, 172
近藤邦夫　4-6, 20, 24, 171
窪田由紀　6, 7, 9, 24, 35, 106, 153, 158, 175, 179, 181-184
倉光　修　41
黒沢幸子　24

L
Lazarus, R. S.　174, 175

M
増田健太郎　70
松原達哉　4
松岡靖子　18
松尾直博　118, 122
箕口雅博　22
三島美砂　120
水野治久　22
森田洋司　112, 117, 119
村本詔司　31
村山正治　49, 50
村山恭朗　118

N
中村惠子　95
中村泰江　76
成瀬悟策　174, 175
Nieminen, E.　117
西井克泰　56
野田正人　10

O
小倉正義　166, 168
呉　鶴　179, 180
岡嶋美代　149, 150
岡安孝弘　116, 118
大久保真喜子　101, 103
大久保智生　24
大西彩子　118, 120
大野精一　16
大野志保　9

R
Rogers, C. R.　172

S
相良順子　119
齋藤万比古　112
坂本真佐哉　24
Salmivalli, C.　117
佐々木恵　179
佐藤正二　173, 174
Schmidt, J. J.　14, 24
Selman R. L.　23
Selye, H.　174
千賀則史　144
シャルマ直美　182
清水幹夫　172
Skinner, B. F.　173
Smith, P. K.　119
Snyder, B. A.　168

曽山和彦　116	田村節子　23	Weiss, B.　176
杉　春夫　174	徳山美智子　17	Wittmer, J.　13, 14
隅田陽介　181	冨永良喜　156, 174, 175	
Summit, R. C.　143	坪田知広　55	**Y**
Sutton, J.　118		山田純一　180
鈴木庸裕　46	**U**	山田幸代　154, 159
鈴木聡志　121	内田香奈子　163	山本和郎　23
鈴木純江　121	上野芳子　180	山中大貴　23
鈴村眞理　23	鵜養啓子　20, 23	山中　寛　174, 175
	鵜養美昭　4, 6, 20, 23, 49, 50	山野則子　10
T	宇野宏幸　120	山崎勝之　163
高原晋一　54		山下一夫　152, 164
高山　巖　118	**W**	山下洋平　159
竹中晃二　175	和田邦美　166	吉田弘和　182
滝口俊子　58	渡辺直登　61	吉井健治　69, 152
玉井邦夫　143	渡辺弥生　173, 176	吉村隆之　77

【著者一覧】(五十音順, *編者, **監修者)

荒木史代（あらき　ふみよ）
福井工業大学基盤教育機構教授
担当：第Ⅴ部第2章

五十嵐哲也（いがらし　てつや）
名古屋大学心の発達支援研究実践センター准教授
担当：第Ⅳ部第1章

伊藤絵理奈（いとう　えりな）
名古屋市中学校・名古屋大学教育学部附属中学校高等学校スクールカウンセラー
担当：第Ⅲ部第2章

稲田尚史（いなだ　なおふみ）
九州産業大学人間科学部臨床心理学科教授
担当：第Ⅱ部第3章

小倉正義（おぐら　まさよし）
鳴門教育大学大学院学校教育研究科准教授
担当：第Ⅴ部第1章

金井篤子（かない　あつこ）**
名古屋大学大学院教育発達科学研究科教授

木邨（二見）真美（きむら（ふたみ）　まみ）
大阪府チーフスクールカウンセラー
担当：第Ⅲ部第5章

窪田由紀（くぼた　ゆき）*
名古屋大学大学院教育発達科学研究科教授
担当：第Ⅰ部第1章, 第Ⅰ部第3章

久利恭士（くり　たいし）
豊橋市教育会館教育相談室臨床心理士
担当：第Ⅱ部第2章

小林由美子（こばやし　ゆみこ）
名古屋学院大学スポーツ健康学部准教授
担当：第Ⅲ部第3章

鈴木真之（すずき　しんじ）
愛知県・名古屋市スクールカウンセラー
担当：第Ⅳ部第6章

千賀則史（せんが　のりふみ）
名古屋大学ハラスメント相談センター講師
担当：第Ⅳ部第5章

野村あすか（のむら　あすか）
日本福祉大学社会福祉学部社会福祉学科助教
担当：第Ⅱ部第1章

平石賢二（ひらいし　けんじ）*
名古屋大学大学院教育発達科学研究科教授
担当：第Ⅰ部第2章

樋渡孝徳（ひわたし　たかのり）
九州産業大学非常勤講師／北九州市スクールカウンセラー
担当：第Ⅳ部第7章

松岡靖子（まつおか　やすこ）
学校法人野田鎌田学園主任カウンセラー
担当：第Ⅲ部第4章

松本真理子（まつもと　まりこ）**
名古屋大学心の発達支援研究実践センター教授

森田美弥子（もりた　みやこ）**
名古屋大学大学院教育発達科学研究科教授

山口　力（やまぐち　ちから）
小・中・高等学校スクールカウンセラー
担当：第Ⅳ部第3章

山下陽平（やました　ようへい）
愛知県スクールカウンセラー／名古屋大学大学院教育発達科学研究科
担当：第Ⅴ部第3章

山中大貴（やまなか　だいき）
福井工業大学学生生活支援室臨床心理士
担当：第Ⅳ部第2章

吉井健治（よしい　けんじ）
鳴門教育大学大学院学校教育研究科教授
担当：第Ⅱ部第4章

吉村隆之（よしむら　たかゆき）
福岡県スクールカウンセラー／有吉祐睡眠クリニック主任臨床心理士
担当：第Ⅲ部第1章

和田浩平（わだ　こうへい）
医療法人仁精会三河病院
担当：第Ⅳ部第4章

心の専門家養成講座　第7巻
学校心理臨床実践

2018年3月17日　初版第1刷発行　（定価はカヴァーに表示してあります）

　　　監修者　森田美弥子
　　　　　　　松本真理子
　　　　　　　金井　篤子
　　　編　者　窪田　由紀
　　　　　　　平石　賢二
　　　発行者　中西　　良
　　　発行所　株式会社ナカニシヤ出版
　　　〒606-8161　京都市左京区一乗寺木ノ本町15番地
　　　　　　　　　　Telephone　075-723-0111
　　　　　　　　　　Facsimile　075-723-0095
　　　　　　　Website　http://www.nakanishiya.co.jp/
　　　　　　　E-mail　iihon-ippai@nakanishiya.co.jp
　　　　　　　郵便振替　01030-0-13128

装幀＝白沢　正／印刷・製本＝ファインワークス
Copyright © 2018 by Y. Kubota & K. Hiraishi
Printed in Japan.
ISBN978-4-7795-1269-8

本書のコピー，スキャン，デジタル化等の無断複製は著作権法上での例外を除き禁じられています。本書を代行業者等の第三者に依頼してスキャンやデジタル化することはたとえ個人や家庭内の利用であっても著作権法上認められておりません。